U0165082

吾志所向

孙中山与现代中国

文丛 史学 中大

赵立彬 著

中华书局

图书在版编目(CIP)数据

吾志所向:孙中山与现代中国/赵立彬著. —北京:中华书局,
2024.3
（中大史学文丛）
ISBN 978-7-101-16508-1

Ⅰ.吾…　Ⅱ.赵…　Ⅲ.①孙中山(1866~1925)-人物研究
②中国历史-现代史-研究　Ⅳ.①K827＝6②K270.7

中国国家版本馆 CIP 数据核字(2023)第 243776 号

书　　名　吾志所向:孙中山与现代中国
著　　者　赵立彬
丛 书 名　中大史学文丛
责任编辑　欧阳红
责任印制　陈丽娜
出版发行　中华书局
　　　　　（北京市丰台区太平桥西里 38 号　100073）
　　　　　http://www.zhbc.com.cn
　　　　　E-mail:zhbc@zhbc.com.cn
印　　刷　河北新华第一印刷有限责任公司
版　　次　2024 年 3 月第 1 版
　　　　　2024 年 3 月第 1 次印刷
规　　格　开本/920×1250 毫米　1/32
　　　　　印张 8¾　插页 2　字数 250 千字
印　　数　1-1500 册
国际书号　ISBN 978-7-101-16508-1
定　　价　58.00 元

《中大史学文丛》编辑说明

中山大学历史学科肇始于学校创立之日，近百年来，始终在中国学术界占有重要的一席之地。在中国现代学术史上影响深远的"中央研究院历史语言研究所"，即在中山大学筹设。1952年，岭南大学并入中山大学，历史系由此兼祧两校史学之学脉。傅斯年、顾颉刚、陈寅恪、岑仲勉、梁方仲、朱希祖、刘节、朱谦之、陈序经、罗香林、容肇祖、端木正、戴裔煊、梁钊韬、朱杰勤、金应熙、陈锡祺、蒋湘泽、何肇发等多位大师、名家，先后在历史系任教，为历史系奠定了丰厚的基础和优秀的传统。他们的学术事业，构成中国现代史学史上的精彩篇章，他们创设并发展的诸多学术领域，至今仍为历史系具有特色和优势的学术园地。其教泽绵长，历史系历代学人均受沾溉，濡染浸润，以研求学问为职志，以守护学风为己任。

近数十年来，历史系同仁奋发有为，在继承前辈学术传统基础上，依托新时期不断改善的治学条件，把握当代史学发展趋势，在学术道路上艰辛求索，在秦汉史、魏晋南北朝史、隋唐史与敦煌学、宋史、明清史、中国近现代史、中国社会经济史、中外关系史、历史人类学、东南亚史、国际关系史、世界古代中世纪史等学术领域，勤奋治学，作育英才，取得了丰硕的成果。历史系学者的研究既体现了深耕细作、发幽阐微的朴实学风，也突出了跨学科交叉的特色，以及对学术理念和方法执着追求的精神。近年，历史系之中国古代史、中国近现代史均曾被评为国家重点学科,世界史学科亦被评为广东省重点学科,显示了历史系学术实力整体上的提升。

在这一发展过程中,历史系教师出版、发表了众多学术成果。编辑出版这套《中大史学文丛》的目的,是将各位学者所发表的专题研究论文,按照各自的主题编辑成册,以集中展现他们多年治学的成就,供学界同行参考、指正。此次出版的是这套《文丛》的第一批,仅为历史系部分在职教师的研究成果。收入其中的论文均发表于改革开放时期,是在中国史学迅速发展并与国际史学界频繁交流的背景下所取得的学术成果。将这些成果结集出版,既可使各位学者得以借此机会对自己多年来的研究进行总结,也可以使我们回顾这一时期历史系学术发展的历程,以更好地筹划未来之大计。由于各位教师治学领域各异,故《文丛》并无统一的主题,但这样也许更能体现历史系作为一个学术集体的风貌。我们希望今后能继续编辑,以将其他同仁的学术作品渐次结集出版,持续地推进历史系的学术研究和学科建设工作。

《中大史学文丛》自 2015 年开始筹划。这一计划提出后,得到各位作者的积极回应。中华书局对我们这一计划给予大力协助和支持,近代史编辑室主任欧阳红女士进行了悉心策划和组织编辑的工作,各位责任编辑亦付出了大量的心血和汗水。在此一并致以深切的谢意!

《中大史学文丛》编委会
2016 年 6 月

目　录

一、共和背景下的"形象"与"世相"

　　自兴中会时期起，孙中山就明确以共和制的"中华民国"来取代清王朝，一方面以推翻旧王朝为改造途径，一方面以实现现代共和政治为建设目标。"民国"、"中华国"、"新中华国"、"共和国"等思潮汹涌澎湃，革命志士秉持"革命主义"，开展革命宣传和武装反清斗争。辛亥革命的成功和中华民国的建立，使得"亡旧国、建新国"从理想变为现实，为现代中国革命的发展和中国走向现代国家创造了历史条件。共和政权下的新话语，造成与专制时代迥然不同的舆论环境。1912 年孙中山就任中华民国临时大总统前后，《北华捷报》持续关注和报道孙中山的行踪及南京临时政府的有关政策、措施和政治动向，其中反映的新革命领袖形象，对于认识辛亥革命的内外环境、孙中山的理想与现实之间的张力，提供了宝贵的资源。新的思想观念是否真已深入人心，话语背后的世象和目标或可深究，而地方、基层、民间社会在思想观念上向革命中心的趋迎，以及对新观念的利用，已有充分反映；普通人各种相异甚至相反的思想观念，中外人士与革命领袖交往联络的尝试，也展现革命过程中新与旧、公与私、趋附与利用并存的复杂社会面相。借助于孙中山辛亥革命前后的报刊、函电和未刊藏档，共和背景下的领袖"形象"和社会"世相"，可以得到充分的呈现，丰富了对于革命及现代国家肇始的深层理解。

《北华捷报》眼中的临时大总统

　　辛亥革命在观念和制度上创造了一个与旧王朝完全不同的国家，孙中山就任中华民国临时大总统，不仅对于国内人民而言是一件引人瞩目的大事，同时也受到外人的高度重视。世界各地的媒体纷纷报道了中华民国的成立和孙中山当选中国共和政府的领导人，在华的各种西人报刊对此关注更为详尽。《北华捷报》就是其中比较重要的一家英文媒体，其对孙中山的行踪及南京临时政府的有关政策、措施和政治动向的持续报道，为认识辛亥革命的内外环境提供了重要的信息。①

----

　① 　关于外报对于近代中国政治人物的关注和形象塑造的影响，从资料的利用到结合历史背景的深入分析，已引起学术界的注意。喻天宜搜集了《字林西报》（*North-China Daily News*）1900—1902 年有关李鸿章报道的原始资料，探究了《字林西报》对李鸿章的形象塑造（喻天宜：《〈字林西报〉报道与李鸿章媒体形象的建构》，《新闻爱好者》2021 年第 10 期）。周瑞瑞、杨宏雨以《北华捷报》（*North-China Herald*）的报道为依据，分析了 20 世纪 20—30 年代大多数在华英人对中共早期领导人的认知（周瑞瑞、杨宏雨：《英文〈北华捷报〉呈现的中共早期领导人形象》，《历史教学问题》2016 年第 4 期）。对于外报所反映的孙中山形象，莫世祥利用《德臣西报》（*China Mail*）、《士蔑西报》（*Hong Kong Telegraph*）、《南华早报》（*South China Morning Post*）等香港英文报刊在不同时期的报道，反映了孙中山在

一、聚焦孙中山

作为一个体制外的革命者，孙中山展现了代表新时代、没有旧王朝和旧制度负面烙印的形象。孙中山甫任临时大总统，《申报》介绍孙中山的故乡和家族时，特别提到：

> 孙氏家族……现居乡者仅得一人，历来无人考试，及捐纳职衔之类，不受满清半点之污。今一鸣惊人，杰出而为中华民国破天荒之大总统，可谓盛矣。闻孙家七八十年来，且未曾纳过一文钱粮，尤可谓清白……

> 总统在檀读书四年，染有革命新思想，欧美文明风气。①

孙中山抵达国内后，各地贺电纷至沓来，投刺相访者络绎不绝，②《民立报》称孙中山为"革命家之泰斗"、"东亚自由之神"。③不仅如此，大量海外人士来函来电，祝贺孙中山荣任临时大总统，甚至干脆称其为"中华民国的国父"。美国友人严韶（A. S. Yim）在来函中称：

> 四万万人中，无人比您更能胜任中华民国首任总统的艰巨任务；汉族儿女中无人比您更配得上这一殊荣；"四海之内"，也无人在这个中国历史上最关键的时刻比您更多地给人们灵感和希望。

香港的活动和西报对孙中山的看法（莫世祥：《孙中山香港之行——近代香港英文报刊中的孙中山史料研究》，《历史研究》1997 年第 3 期）。陈海懿利用《读卖新闻》《朝日新闻》和《北华捷报》《密勒氏评论报》（The China Weekly Review）等日、英文报刊，探讨了外报反映的孙中山逝世前政治活动、病情演变和逝世影响，考察外国人眼中的孙中山及其形象构建过程（陈海懿：《他者眼中的"中山"——外报媒体舆论与孙中山逝世研究》，《新闻界》2017 年第 3 期）。对于辛亥革命前后孙中山形象的关注，《北华捷报》是一个有典型意义的史料来源。

① 《孙大总统之家史》，《申报》，1912 年 1 月 19 日，"要闻"。
② 《孙中山之一刻千金》，《申报》，1911 年 12 月 29 日，"要闻"。
③ 血儿：《欢迎孙中山先生归国辞》，《民立报》，1911 年 12 月 24 日，"社论"；血儿：《欢迎……欢迎》，《民立报》，1911 年 12 月 25 日，"上海春秋"。

像乔治·华盛顿一样,您是中华民国的国父;像他一样,您的反思之光将永远在中国闪耀。希望在您的领导下,中国能迅速强大、繁荣、幸福。①

《北华捷报》(North-China Herald)是近代上海第一家英文报刊,周刊,由英国商人亨利·奚安门(Henry Shearman)于 1850 年 8 月 3 日在上海英租界创办。《字林西报》(North-China Dairy News)创刊后,《北华捷报》成为《字林西报》的星期附刊。1951 年 3 月 31 日停刊。它是近代在中国出版时间最长、发行量最大、最有影响的外文报纸之一。中国近代历史上的许多重大事件,在《北华捷报》中都有较多的报道和反映。1912 年 1 月至 4 月,孙中山担任中华民国临时大总统期间,《北华捷报》登载了一系列相关的报道,持续关注和报道了临时大总统孙中山的行踪及南京临时政府的有关政策、措施和政治动向。这些报道,有的是该报自己采访得到的消息,有的是利用路透社的消息,也有翻译转载中文报纸的内容。不少报道可与当时的中文报纸相互对照,有一些报道较中文报道更为详细,或别具视角。

《北华捷报》专门设立了"中国革命"等栏目,报道孙中山当选临时大总统和相关的政治活动。对于孙中山的当选,《北华捷报》1 月 6 日报道:"在南京的临时代表大会上,孙逸仙以 17∶1(各省投票)(原文如此——引者注)的结果当选为共和国的总统。谣言称其中的不赞成票出自浙江(Che kiang)。"在同一篇报道中,还报道了孙中山当选后,100 位革命领导者参加了在上海汇中饭店(the Palace Hotel)举行的宴会,

①　孙中山故居纪念馆编:《馆藏辛亥革命前后中外文档案》,广州:广东人民出版社,2021 年,第 4 册,第 118 页。其中"像乔治·华盛顿一样,您是中华民国的国父"一句英文原文为:"Like George Washington, You are the father of the country—the Republic of China."(见同书第 116 页),这或许是在各种文献中第一次以"国父"称誉孙中山。

庆祝孙中山当选。①对于革命和共和政权的建立,《北华捷报》表现出肯定的态度。在英国控制下的香港,为孙中山当选临时大总统举行了一场游行活动,在《北华捷报》上也有报道。②

　　此后与孙中山有关的重大事件,如孙中山担任临时大总统期间的相关政策、与袁世凯政府的议和、孙中山辞职、参谒明孝陵,直至孙中山卸任后的重要事件,《北华捷报》均有连续报道。甚至孙中山的家人,也受到《北华捷报》的关注。1912 年 2 月 9 日,孙中山夫人卢慕贞与女儿孙媛、孙婉,侄女孙霞,佣妇阿清由庇能乘英国邮船,经新加坡,2 月 19 日抵达上海,2 月 20 日抵南京与孙中山团聚。③《北华捷报》报道了他们到达上海的情形,描述“孙中山先生的儿子,穿着外国的服饰,前段时间从美国回来。而孙夫人和她的两个女儿,穿着中式服饰,坐最后一班英国邮船从槟城赶过来。在上海期间,他们居住在哈同(S. A. Hardoon)先生家”。④1912 年 2 月 10 日,广州临时自治会致电孙中山及各部,因陈炯明执意北伐,特举孙中山的大哥孙眉督粤,已经开议赞成。⑤《北华捷报》对孙眉作了介绍,并对此事表示了乐观的态度。报道称:

　　　　在公众的压力下迎来了另一位候选人,那就是孙逸仙博士 56 岁的哥哥。他年轻时,移居到檀香山,后来他放弃了致力于农耕,投身于“商业”。在商业场上,他非常成功,累积了数以万计的资产。这些资产都用来推进革命事业的发展,当时这种做法并不流

① "The Republic of China ", *The North-China Herald*, Jan. 6, 1912, "Miscellaneous", "The Revolution in China", Vol. CII, No. 2317, p25.

② "Local and General News", *The North-China Herald*, Jan. 13, 1912, "Miscellaneous", "Local and General News", Vol. CII, No. 2318, p124.

③ 邓泽如:《中国国民党二十年史迹》,南京:正中书局,1948 年,第 83 页。

④ "Dr. Sun′s Family", *The North-China Herald*, Feb. 24, 1912, "Miscellaneous", "The Republic in China", Vol. CII, No. 2324, p505.

⑤ 《广州临时自治会为举孙眉督粤事致孙中山暨各部长电》,《南京临时政府遗存珍档》第 2 册,南京:凤凰出版社,2011 年,第 540 页。

行也不安全。此时，孙逸仙博士的哥哥被提议到南方接受这个责任。报道指出，他非常适合这个职位，因为他经历丰富而且经营好了自己的生活。此外，他是个沉默寡言的人，他说的话可以信赖。关键是，人民自己推荐了他，毕竟，最重要的被选举人应该是多数票当选，如果孙眉被提名很有可能当选。①

但是此事被孙中山拒绝，孙中山电阻广东各团体，并电孙眉速自离粤。②

二、对于临时大总统的期待与担忧

孙中山领导下的南京临时政府表现出努力巩固共和革命成果、建设现代国家的意向，在内政外交方面都试图有所建树，同时也对面临的实际问题展开工作，特别是在议和和北伐两方面，倾注了大量的精力。但是，南京临时政府存在时间不长，力量微弱，作为临时大总统的孙中山，实际的作为非常有限。《北华捷报》在各种报道中，对于名义上代表新政权，实际上有心无力、举步维艰的临时大总统释放了一定的善意和理解，也记录下孙中山殚精竭虑谋求共和成功、维护革命政府的艰难历程。

《北华捷报》报道了孙中山对于北伐工作的预备。1912 年 1 月 10 日，孙中山以南北洋所泊沪江浦面之各舰艇受命载兵士物资前赴北地，惟北地寒冷，因恐各舰兵士水手难以御寒，特命海军总司令黄钟瑛置办羊皮袄裤分发各舰水手，以资御寒。③《北华捷报》报道，"海军部长、舰队司令黄钟瑛（Huang Chung-yin）得到孙逸仙总统的指示，购买或制作大批羊毛厚装，每套都包括一件短大衣和一条裤子。这些军装很早以前就准备好分配，至 1 月 10 日每一位舰队船员都已配备好这样一套

---

① "Divided Counsels in Canton", Feb. 17, 1912, *The North-China Herald*, "Miscellaneous", "The Revolution in China", Vol. CII, No. 2323, p444.

② 《民立报》1912 年 2 月 24 日，"南京电报"。

③ 《海军将士无寒色》，《民立报》1912 年 1 月 11 日，"新闻三"。

保暖军装。"①

　　南京临时政府建立后，军纪问题成为困扰新政府的重要问题，军纪涣散以及军队与地方民众冲突到了非常严重的程度。一向同情民国的上海《泰晤士报》(*The Times*)，也不隐晦地登载了南京各军队纪律不整的情形。关于军纪问题，据《北华捷报》报道，孙中山命令逮捕了不少人，经过严密调查后，处决了 6 个人，包括两名士兵。孙中山宣布"将在暴乱区域内建立类似于宪兵团体的组织，全国处于军法管控之下，违法乱纪者将在定罪后得到迅速的惩罚"。②这些报道对于孙中山在革命政府的控制范围内严肃军纪，起到了促进的作用。孙中山于 1 月 16 日、20 日命令陆军部严加约束士兵，颁令整顿军纪，要求"速筹防范方法，转饬各军一体加意约束，以靖闾阎而肃军纪"，③并将《泰晤士报》所载评论南京军纪混乱的文章发与各军将校阅看，俾知警省。"断不容以少数不规则之行为，坏全体之名誉也。宜将此义通谕知之"。④

　　《北华捷报》还特别重视孙中山和南京临时政府在外交方面对于中国权益的维护。2 月 20 日，荷属巴达维亚、泗水等地华侨因庆祝民国统一大典，"升旗燃炮，为荷警凶殴，死伤十余，掳禁百数，并将书报社封闭"。⑤华侨联合会、国民协会连续致电孙中山，"乞速拯救"。⑥孙中山及临时政府外长王宠惠决定"严诘荷政府，要求重偿侨民损失，取消苛待华

---

① "From the Native Press", *The North-China Herald*, Jan. 13, 1912, "Miscellaneous", "The Revolution in China", Vol. CII, No. 2318, p107.

② "The Government at Nanking", *The North-China Herald*, Jan. 13, 1912, "Miscellaneous", "The Revolution in China", Vol. CII, No. 2318, p106.

③ 《孙中山颁布严加约束兵士的临时大总统令》，中国第二历史档案馆编：《南京临时政府遗存珍档》第 1 册，南京：凤凰出版社，2011 年，第 5—6 页。

④ 《孙中山颁布各级将校应严厉约束兵士的临时大总统令》，中国第二历史档案馆编：《南京临时政府遗存珍档》第 1 册，南京：凤凰出版社，2011 年，第 12 页。

⑤ 《申报》1912 年 2 月 23 日，"公电"。

⑥ 《临时政府公报》第 24 号，"附录·电报"。

侨特别警律,斥革荷官,限一礼拜内答复。否则下哀的美敦书,禁止通商,不准民国有荷旗".① 26 日,临时政府内阁会议,议定交涉条件:"一、限三日内释放捕获者;二、赔偿损失财产;三、被害者之赔偿;四、恢复人权。与欧侨、日侨一律看待,如无满意答复,民国自有相当之对待。"② 3月 2 日,《北华捷报》报道,由于中国华侨宣称在爪哇岛受到荷兰人的野蛮对待,孙中山下令海军部派出巡洋舰"海筹"号、"海容"号以及"海琛"号前往爪哇岛保护中国华侨。报道称,孙中山提出要求荷兰政府赔偿中国遭受的损失,以及取消所有对中国华侨施行特殊对待的条令和惯例,如果荷兰无法给出满意答复,中国将停止所有荷兰货物在中国的贸易。③

但是,列强对于中国革命的态度,对于南京临时政府是十分不利的,这在西方各主要媒体中都有所反映。《泰晤士报》(*The Times*)评论,大英帝国唯一的愿望就是尽快在中国建立一种既稳定又进步的政体。至于这将会是什么政体,大英帝国绝不介意。然而,对于在偏见和传统根深蒂固的中国建立一种陌生的政府制度,共和派能否成功,《泰晤士报》持怀疑的态度。④《纽约太阳报》(*New York Sun*)也宣称,对于保护中国领土主权完整和维护和平这两件事,超过了孙中山和他的朋友们的能力,因为他们对于政府管理这些事情都太缺少经验。⑤可以说,基于南京临时政府在列强眼中的实际地位,西方的舆论对孙中山和南京临时政府并不看好。这一倾向在《北华捷报》中有着同样的反映,

---

① 《民立报》1912 年 2 月 27 日,"南京电报"。

② 《民立报》1912 年 2 月 28 日,"南京电报"。

③ "From the Chinese Press" • "Nanking Notes", *The North-China Herald*, Mar. 2, 1912, "Miscellaneous", "The Republic in China", Vol. CII, No. 2325, p567-568.

④ "Sun Yat-sen's Manifesto", *The North-China Herald*, Jan. 13, 1912, "Miscellaneous", "The Revolution in China", Vol. CII, No. 2318, p102.

⑤ "American Opinion", *The North-China Herald*, Jan. 13, 1912, "Miscellaneous", "The Revolution in China", Vol. CII, No. 2318, p108.

上述《泰晤士报》和《纽约太阳报》的评论都为《北华捷报》转载。在《北华捷报》看来,孙中山的处境和主张亦不容乐观,他们看到的是一个"沉默警惕"的孙中山。尽管《北华捷报》对孙中山本人有较高的评价,对孙中山的处境也十分同情,但对孙中山的政治理想和决策环境则充满怀疑。《北华捷报》的一则评论指出:

> 孙逸仙被一群对袁世凯的忠诚毫无信心,同时又警惕满人的人所包围。这些都是学生和文人。在衙门里另一些人则是没有经验和未经训练的士兵,他们就像非职业的士兵一样,急于在战场上表现自己的力量。他们的口号是"直捣北京"。在这种呐喊声中,大家忠告总统要"提防满人",然而总统他自己更倾向于坦直相待和信任满人,但毫无疑问,大家的共识也影响他的判断。并没有人相信孙逸仙提倡要"不惜一切代价争取和平"。他决定实行共和制。他愿意由全国人民的代表来作决定,但这样做却过于相信中国人民——能够独立思考,具有理性,对于国家政府有足够的认识——想要共和制。此外,他相信共和制对于中国是最好的形式,这是可行的,并且袁世凯的反对意见是不真心的。①

在另一篇评论中,通讯员写道:

> 总统的意向毫无疑问都是正大光明的。但是令人难以相信的是,鉴于日常经验,他可以自主决断。他被一大群学生和将军围绕着,这些人不管做什么决定都要参与其中,而且彼此还争吵不休。个人私利无处不在,从南京的立场来看,从当前的和议中建立永久的安排并不是那么令人振奋。②

---

① "The Political Outlook", Jan. 20, 1912, *The North-China Herald*, "Miscellaneous", "The Revolution in China", Vol. CII, No. 2319, p177.

② "Nanking Day by Day", Jan. 27, 1912, *The North-China Herald*, "Miscellaneous", "The Revolution in China", Vol. CII, No. 2320, p232.

饶有趣味的是,《北华捷报》还对孙中山处理革命势力内部矛盾作出分析,指出所谓共和派已经一分为二,分成了"旧党人"和"新党人"。"旧党人"由孙中山和这些年一直和他一起工作的革命党人构成,"新党人"则包括上海与邻近地方光复时领导这些地方事务的革命人。评论指出:

> 新党人才刚刚接受共和理念,并不为旧党人信任和喜欢。孙逸仙将势力从上海转移到南京,说明他已经在削弱新党派的势力,因此,尽管避开了公开纠纷,但引发的不满情绪日益高涨。①

这种分析虽然比较表面化,却也观察到革命势力内部的差异和分化。

三、临时大总统与外人的互动

孙中山就任临时大总统后,非常重视外人和外国媒体对于革命的态度,主动向他们宣传南京临时政府的各项政策。1912 年 1 月 5 日,孙中山发表对外宣言书,向各国公布临时政府外内政策之八项原则。②该文件分送各国驻华外交使团和报纸编辑部,其英译文载 1 月 6 日《字林西报》。1 月 6 日,孙中山在南京接见《大陆报》记者,就临时政府内阁人选、厘金、币制、改革、废除领事裁判权、南北议和、对外关系等问题发表谈话。③后来也多次通过接受《大陆报》专访来阐述临时政府相关政策。2 月 21 日,孙中山会见《泰晤士报》记者戴维·福来萨(David Stewart Fraser),与福来萨一起饮茶并长谈,在谈话中对袁将南下表示满意,并表示袁到来时,将与之会晤,而且袁无论到何处都要亲自陪伴,以防狂热分子暗杀。④此外,孙中山还委派张翼枢为驻法全权代表,以

---

① "Some Factors and A Forecast", Feb. 03, 1912, *The North-China Herald*, "Miscellaneous", "The Outlook in China", Vol. CII, No. 2321, p285.

② 《孙大总统对外宣言书》,《天铎报》1912 年 1 月 6 日,"代论"。

③ 《纪孙总统之谈话》,《申报》1912 年 1 月 8 日,"要闻"。

④ 骆惠敏编:《清末民初政情内幕——乔·厄·莫里循书信集》上册,上海:知识出版社,1986 年,第 892 页。

"使两个姊妹共和国能建立友好关系，并能为推进文明及发展工商业而共同努力"。① 1 月 17 日，孙中山接见英使参赞和领事，"谈甚久，英参赞极表满意之度"。② 1 月 31 日，外交部奉孙中山令，通电各省都督保护外人生命财产。③但是，孙中山虽然做了这么多的努力，却未见实际效果。英国驻华报界对《告各友邦书》的反应极其冷淡，《北京每日新闻》发表文章，题为《共和政府发表宣言谋求各国的承认，宣言未达目的》，对南京政府为争取各国的承认所作的努力提出异议，文章说："宣言的影响不大，因为人们认为，共和政府尚须用事实证明，它是否有资格取得国际法惯例范围内的认可。"④法国政府也不承认张翼枢的外交代表身份，张在法国的使命并未取得成果。⑤

正因为如此，《北华捷报》看到了孙中山在与外人交往中的艰难和尴尬，他们敏锐地发觉，孙中山对待外国人非常谨慎，特别是与外国交往方面。《北华捷报》本来也是孙中山比较重视向外人宣传临时政府政策主张的媒体之一，1912 年 2 月 4 日，《北华捷报》报道了当天采访孙中山，孙阐述了一系列的政治安排和主张，表示为支持袁世凯而立即辞职，向参议院推荐袁世凯为总统；建议等皇帝退位之后，临时政府还执政一年，在这一年中重新选举有代表性的国会，任命新政府；在回答各省的情况时，孙中山表示共和各省的秩序普遍恢复，秩序最好的是南京；关于定都在哪里的问题，孙中山表示主要是考虑北京和南京这两个选择，全国上下都强烈支持定都南京。孙中山还表示，既然临时政府想

---

① 孙中山：《致法国政府电》，中国社会科学院近代史研究所中华民国史研究室、中山大学历史系孙中山研究室、广东省社会科学院历史研究室编：《孙中山全集》第 2 卷，中华书局，1982 年，第 16—17 页。

② 《民立报》1912 年 1 月 19 日，"南京电报"。

③ 《外交部电各省都督保护外人文》，《临时政府公报》第 7 号，"纪事"。

④ 齐赫文斯基著、丁如筠译：《孙中山的外交观点与实践》，《国外中国近代史研究》第 4 辑，北京：中国社会科学出版社，1983 年，第 21 页。

⑤ 张振鹍：《辛亥革命期间的孙中山与法国》，《近代史研究》1981 年第 3 期。

保留总的行政权，那么就要收回对北方各省的控制权，因为他们现在都在袁世凯的控制下。①《北华捷报》指出，孙中山本人是友善的，可是最近两周以来外国人给出的建议真令任何人感到困惑。孙中山没有寻求外国的建议，他坦言中国人民真诚地希望外国朋友扮演好一个最好和最有效的旁观者的角色。②

但即使在这种情况下，孙中山对于南京临时政府控制范围内的外人活动，还是给予积极的回应。在 1912 年 1 月中旬一个中国基督教青年会（Chinese Y. M. C. A）内的万国改良会（International Reform Bureau）会议中，孙中山以信件的形式回复了改良会所提出的鸦片问题。这次会议由 Bashford 主教主持，丁义华博士发言。丁义华（Edward Waite Thwing）是美国基督教北长老会的牧师，1887 年来华传教，早年曾参加孙中山在日本成立的同盟会，后发起组织万国改良会。1912 年 1 月 15 日，丁义华致函孙中山，向孙中山提议："星期天我们将在这里举行一个声势浩大的抵制鸦片集会，您能否谈一些个人看法，来表达新政府关于使中国从鸦片的奴役中解放出来，并鼓励人民从事这项重要工作的政策与意向？"③据《北华捷报》报道，孙中山的复信这样写道：

> 我对你的诚恳来信和赞赏，连同您以及您的协会为中国所做的一切表示感谢。确实，在此动荡年代，我感受到禁烟这一重大问题在某种程度上为人们所忽视。但是我还是很高兴地告诉你，一旦我们新生的共和制度稳固建立后，我们会以我们全部的力量清

---

① "Interview with the President", Feb. 10, 1912, *The North-China Herald*, "Miscellaneous", "The Revolution in China", Vol. CII, No. 2322, p363-364.

② "The Political Outlook", Jan. 20, 1912, *The North-China Herald*, "Miscellaneous", "The Revolution in China", Vol. CII, No. 2319, p177.

③ 邓丽兰:《临时大总统和他的支持者——孙中山英文藏档透视》,北京:中国文史出版社,1996 年,第 111—112 页。

除这鸦片的流毒。①

即将卸任之际,孙中山还友善地参加外人主办的交际活动。3 月某日,孙中山参加了由南京教会事业委员会(Nanking Association)举办的接待会,这场接待会是南京外国使团的要人为了向孙中山表示敬意而举行的,参加者包括来自北京的代表、袁世凯的代表、南京的政府官员,以及内阁的各个部长,地点是 Bullock 夫妇的豪宅。据报道,招待会的会场被精心布置了蕨类植物、鲜花和旗帜,旗帜代表的是中华民国和美国、英国以及德国,出席的有超过 20 个中国人和 100 个外国人,包括英国人、美国人和德国领事,其中作出主要贡献的是南京教会事业委员会主席司徒雷登(J. Leighton Stuart)。这次接待会虽然没有正式的演讲,但是气氛十分友好,"交谈、音乐和点心让人觉得时间过得飞快"。报道称:"总统(指孙中山——引者注)以他的高贵、朴素和人格魅力赢得了在场每位人的赞誉。"②

不过,在担任临时大总统期间,对于孙中山而言,最重要的外人,不是英、美等西方国家的人士,而是日本人。1912 年 1 月 7 日,孙中山会见日本参谋本部派遣来华的古川岩太郎、本庄繁,表示中国革命需要依靠日本,并说要修正以往从英、美、法招聘军事顾问的计划,以后的军事指导完全委托给日本。③后又委任多名日人为南京临时政府顾问,委托日人设立中华民国政府中央银行。④《北华捷报》对此十分不满,对孙中山的这种做法表示了担忧,指出:"另一个不理想的现状是,孙逸仙深受

---

① "Dr. Sun and Reform", Jan. 20, 1912, *The North-China Herald*, "Miscellaneous", "Local and General News", Vol. CII, No. 2319, p191.

② "Reception to Dr. Sun", *The North-China Herald*, Mar. 23, 1912, "Miscellaneous", "The Republic in China", Vol. CII, No. 2327, p767.

③ 段云章:《孙文与日本史事编年》(增订本),广州:广东人民出版社,2011年,第 242—243 页。

④ 李廷江:《孙中山委托日本人建立中央银行一事的考察》,《近代史研究》1985 年第 5 期。

着那些日本人(现正在南京包围着他)的影响,并且十分依赖他们的保护和建议,这些影响甚至超过了他自己的同乡广东人。这也引起了中国人很大的不满,不仅引发了许多人对共和国失去信心,而且引发出一种敌对的感觉。"①

四、离职的大总统

虽然孙中山在清帝宣布退位后,就表示辞去临时大总统职务,但真正离职还是经历了一个过程。1912 年 3 月 29 日下午,孙中山与唐绍仪、黄兴莅参议院,唐绍仪向参议院提交内阁名单,通过后,孙中山以赴院时携有印绶,表示立即解职。参议院以当日只议决新内阁问题,总统解职应另择日期正式宣告,以表尊崇。② 31 日,孙中山出席南京同盟会员设于南京复成桥商务总会之饯别孙中山解总统职并欢迎新入会会员唐绍仪大会。③ 4 月 1 日下午,孙中山临参议院行解职礼。这一仪式场面在各种中文报道中未见详细描述,而在《北华捷报》中却有详细报道,兹录于下:

> 将军们的护卫部队骑马走在前面,将军们则坐在马车上。一位将军,也是参谋长,头戴盖帽,身着花呢礼服,骑马前来,在某种程度上消除了认为共和将军们不谙骑术的疑虑。恰逢此时,一大队随从们一路小跑冲上台阶,堵塞了总统和总理所乘坐的汽车的车道。侍从们的马被牵走,汽车往上行驶,方便其上的乘客下车。其后跟随着几辆马车,搭载着即将卸任的内阁成员们。这些随行人员在休息室休息和喝茶,当参议院响铃召集成员就位的时候。

> 参观者们在旁听席就座,这里可以清楚地看到仪式的全过程。会议厅是一个比例合宜的大厅,室内的装饰朴素而品位高雅。成

---

① "Some Factors And A Forecast", Feb. 03, 1912, *The North-China Herald*, "Miscellaneous", "The Outlook in China", Vol. CII, No. 2321, p285.
② 《国务员通过纪事》,《民立报》1912 年 3 月 31 日,"新闻一"。
③ 《民立报》1912 年 4 月 1 日,"南京电报"。

员们在厅上排成半圆形就座,在成员座席前面用栏杆围出一块书记员的活动场所。在此之后是议长的桌子。会议厅的三面都是旁听席。成员们一个个地鱼贯而入,我们数了 39 个人,他们当中没有一个是秃头或者头发灰白的,就如西方绝大部分类似情形一样。随后议长就座并宣布在场的两位新成员,当念到他们名字时其他人鼓掌了,他们站起来并鞠躬致意。值得注意的是,在 40 位出席者中,只有五六个人穿着中式服装。

随后,在一片沉寂之中,成员们正襟危坐,孙中山步入会场,总理和几位旧内阁成员以及六位高级军官紧随其后。孙中山自己在议长左侧的一个凸起的座席就座,总理在他左侧的座席就座。在总统和总理的前面、议长的同排的左侧坐着内政总长和次长,黄兴和他的随员们在右侧就座。议长起立,宣布总理的到场以及其将就重要事务发表演讲。①

这一则报道,对于场景和细节的描写比相关中文报道丰富,并且特意表现了一些隐喻新政权"年轻"和"西化"的情节,反映了记者心目中对于共和中国的期望和想象。在另一处,记者还捕捉到一个孙中山辞职后与议员间致礼和回礼的镜头,并且也给予了符合新观念的解释:

这次仪式还特别邀请了军队的铜管乐队来现场活跃气氛,孙总统、总理和旧内阁成员在德国进行曲的旋律中走到他们的位置就座。音乐结束后,议长宣布孙中山总统将向参议院发表辞职宣言。随后,孙中山走上讲坛,发表了以下的类似的讲话,到场的 35 个都人仔细聆听孙中山的演说,并频频鼓掌致意。

……随后,孙总统拿出装着办公印章的红袋子并庄严地放在参

① "Proclamation Ceremony in The Assembly"·"Arrival of The Cortege", *The North-China Herald*, Apr. 6, 1912, "Miscellaneous", "The New Cabinet", Vol. CIII, No. 2330, p21.

议院议长的面前。其中一位议员站起来,照着一份黄色羊皮卷纸宣读了一段演讲词,观众们早就知道这是称颂离职总统功绩的演讲词。可惜的是宣讲人宣读时语速很快且口音奇怪,以至于外国人听不懂。颂词宣布完毕之后呈交给了孙中山。典礼结束之时,乐队奏响了另一首德国进行曲,在音乐声中前总统和内阁各部长退出会议厅。

当孙中山走下会议厅阶梯时,他向参议院深深地鞠了一躬,但只有一位议员起身回礼。这种失礼的行为并不能看作是部分议员的有意为之,大概是议员们信奉在共和国内人人平等的表现。①

孙中山辞职时,《北华捷报》给予孙中山这样的评价:"在其整个总统任职期间,孙中山举止得体而高贵,他的忠诚及崇高的理想给每一个人都留下了深刻的印象。也许,作为一个政治家他并没有显示出显著的天赋,这也是因为他没有获得太多治国的机会。尽管他解职后将回归私人生活,但作为一个爱国者,他仍受到国人的广泛尊敬。"②

媒体对于政治人物的形象塑造具有重要的影响,同时也受到自身的编辑立场和受众的特点所制约。《北华捷报》为西人所办,受众主要是西人和在华的西人,它对于孙中山的报道,具有自己的倾向性和选择性。对于孙中山所代表的共和新政权,《北华捷报》不如国内的中文报刊或长期受革命思潮影响的海外华侨所办报刊那样充满激情,相关报道虽然显示善意和欣慰,但总体平和。对于孙中山与外人的关系和新政府的对外事务,关注程度较中文报纸更高。对于一些具体事件,则持论审慎,于冷静中不乏深刻的分析。无论如何,《北华捷报》中的临时大总统形象,对于认识南京临时政府的内外环境、孙中山的理想与现实之间的张力,提供了宝贵的资源。

---

① "President Sun Yat-sen's Resignation", *The North-China Herald*, Apr. 6, 1912, "Miscellaneous", Vol. CIII, No. 2330, p39.

② "President Sun Yat-sen's Resignation", *The North-China Herald*, Apr. 6, 1912, "Miscellaneous", Vol. CIII, No. 2330, p40.

孙中山往来函电所见辛亥革命前后的思潮与心理

  关于辛亥革命时期的社会思潮和观念变迁,特别是这一时期的社会心理,学术界已有不少研究,一般重在视角较大的社会思潮与心理的观察,集中于领袖人物和先进分子。[①] 1912 年 1 月孙中山就任中华民国临时大总统后,收到各地和社会各界人士的大量来函来电,《临时政府公报》《临时公报》和《政府公报》中收录了各地致孙中山的呈文与函

---

  ① 陈旭麓较早分析过辛亥革命前后国人观念和心理的变革(陈旭麓:《近代中国社会的新陈代谢》,上海人民出版社,1992 年);一些论文探讨了社会心理、观念与辛亥革命的关系,如王继平《论辛亥革命时期的市民及其社会心理》,《社会科学辑刊》1989 年第 1 期;赵立彬《辛亥革命前后的欧化思潮》,《中山大学学报》2001 年第 6 期;近期出版的有关中国近代史研究的重要著作,如严昌洪、许小青《癸卯年万岁——1903 年的革命思潮与革命运动》;罗福惠《辛亥时期的精英文化研究》;朱英主编《辛亥革命与近代中国社会变迁》等(以上均由华中师范大学出版社 2001 年出版);章开沅、严昌洪主编《辛亥革命与中国政治发展》(华中师范大学出版社 2005 年出版);张海鹏主编《中国近代通史》(江苏人民出版社 2006 年)、耿云志主编《近代中国文化转型研究丛书》(四川人民出版社 2008 年)都有重要章节对此有所论述。对某些特定社会阶层的研究,也涉及思想观念方面的考察,如朱英《辛亥革命与商界的发展变化及其影响》,《江汉论坛》2001 年第 10 期。

电,此外还散见于《申报》《时报》《民立报》等各大报刊。以这些函电作为主要材料,可以考察社会各界特别是地方、基层和民间向革命中心和革命领袖积极趋迎的态度,各色人等在争取自身实际利益过程中对共和新话语的充分利用,讨论革命后新观念如何迅速影响到社会、导致群起趋新的心理现象,借此反映革命带来的社会变动。

一、函电中的强国梦

南京临时政府建立,孙中山当选临时大总统,宣言建设一个民主富强的国家,引起国内外巨大反响。新国家的建立不同于一般的改朝换代,它具有划时代的意义,顺应了世界文明的潮流。1912 年初,世界各地发来的贺电不胜枚举,纷纷表达追慕泰西、向往文明的心愿。泰州民政长李岳蘅、司令长张淦清暨市乡商学各法团致孙中山贺电中称:

> 中华民国共和政府成立,铲除二千余年之专制,恢复五万余里之河山,灌输二十世纪之文明,公谋四万万同胞之幸福,诚为我黄帝子孙改革政治之第一大纪念。①

这种语句在各地贺电中颇具代表性。舆论认为,新的中华民国的建立,开辟了中国进入 19 世纪末以来国人普遍向往的文明世界的途径。1912 年 5 月 8 日,署名"中华民国国民"的刘钟俊向孙中山呈文,从小学教育的角度,表达了对新中国跻身于世界文明国家行列的展望,文中写道:

> 今当民国初立,拟请速令广设小学堂,子弟至七岁,无论贫富,有不入学者,罪其父兄,强迫教育。数年之后,又使之各随所近,以精其艺。根本既端,而谋生有术。我国四万万之众,又何不可日进文明,而与东西洋并驾齐驱哉。②

---

① 《泰州各法团电》,《申报》1912 年 1 月 15 日,"公电"。

② 《刘钟俊呈孙中山陈办屯垦以安插游民等事文》,翠亨孙中山故居纪念馆藏档,档号:GJ000581。

　　许多人将中国比作美国、法国，将孙中山比作华盛顿和拿破仑等世界伟人，"功比华拿"的赞誉屡见报端。1912年1月2日，上海福字敢死队司令长刘福彪向孙中山致贺电："今吾公担任民国总统，海内外同胞举手庆祝。愿中国为第二之美利坚，吾公为第二之华盛顿。"①苏州军界也电贺孙中山就任临时大总统，"四千年日月重光，亿万兆人民幸福，河山依旧，气象更新，虽泰西之华盛顿，奚以加焉"。②

　　受此感染，一些团体纷纷以西方文明国家为榜样，以成为与西方国家社会组织类似的团体自况。1912年5月2日，粤省商团欢迎孙中山颂词中说："先生周流列国，于泰西商团之办法若何，成绩若何，一一目击，知必有以时赐教言匡予不逮者。"并指出这是商团特别欢迎孙中山的重要原因之一，希望孙中山对于新成立的广州商团给予鼓舞、提倡、维持和调护。③ 1912年初，在南方革命政府任职的马相伯向孙中山密陈，新政府的税收政策应以西方文明国家作为效法对象，"中央政府收税之法，自当则效文明国制度。如中央政府只取特别税，而普通税则属之地方。"④

　　"吾国以后脱专制之羁绊，各使用其应有之权利而谋当然之福利，行见秩序逐渐整齐，国力逐渐充实，凌驾各强国，夫复何难"。⑤共和国家的建立，造成了建设文明强盛国家的契机，舆论渴望进入"建设"时代。1912年2月3日，陈其美致孙中山、黄兴，希望"共和不日颁布，南北公举临时大总统，组织临时新政府，内政外交，万端待举。吾军界同人，自应振刷精神，首先提倡化除私见，辅助统一之大总统，组织一劲强完全之新

　　① 《福字敢死队司令电》，《申报》1912年1月2日，"公电"。
　　② 《苏州电》，《民立报》1912年1月1日，"恭贺孙大总统电报"。
　　③ 《粤省商团欢迎孙中山颂词》，翠亨孙中山故居纪念馆藏档，档号：GJ000493。
　　④ 《马良密陈孙中山论收税办法等事专折》，翠亨孙中山故居纪念馆藏档，档号：GJ000312。
　　⑤ 《辛亥年之回忆》，《盛京时报》1912年2月16日，"论说"。

政府,巩立于环球之上,为最有权利、最有势力之中华民国。"①体现出建设新国家的赶超意识。许多函电对于新国家的各个方面建设贡献意见。在实业方面,京津同盟会会员马云骧、屈启龙、梁作祯、罗廷钦,南京支部、民族大同会会员周震勋、吴鉴等上书孙中山,赞誉孙中山辞职后致力于倡导实业建设,认为只有振兴实业,才能完成共和革命,完成真正建立民国的历史使命。上书中称:

> 顾实业不能振兴,即真正幸福无由自至,而吾造成民国之功仍未竟也。于是解职总统,投身社会,苦口婆心,随处演说,欲以唤起吾民实业之思想,振起吾民实业之精神,因以发展吾民经济之能力,以求吾民真正之幸福,要使四万万里四万万人,同为席丰履厚之境,共乐持盈保泰之天,夫而后先生造成民国之心,始得踌躇而满志也。此即震勋所谓非常之人能竟非常之功者,舍先生其孰能当之。②

在教育方面,一些人士列举了世界各国以国民教育为国家富强之基础,新国家必须以教育为先,教育是使国家富强的关键,"盖环球文明之国,罔不以国民教育为立国之本"。③ 1912 年 4—5 月间,广东学界在欢迎孙中山的颂词中说:"夫教育者,所以指导人民德慧术智之进步,扶植社会农工商业之发达,非可苟焉而已也。世界诸雄国,莫不以国民教育为富强之基础。"清时有教育之形式,而无教育之精神。侈言兴学十有余年,而毫无效果。"今民国缔造,虽百度之未遑,而不可不先注重于教育。譬犹测影者先正其表,树艺者先植其苗,所谓根本上之解决也"。④

---

① 《陈其美致孙中山、黄兴等电》,《民立报》1912 年 2 月 4 日,"沪军政府电报";《临时政府公报》第 9 号(1912 年 2 月 6 日)。
② 《马云骧等上孙中山书》,翠亨孙中山故居纪念馆藏档,档号:GJ000353。
③ 《袁希洛致孙中山函》,翠亨孙中山故居纪念馆藏档,档号:GJ000407。
④ 《广东学界欢迎孙中山颂词》,翠亨孙中山故居纪念馆藏档,档号:GJ000489。

还有人提出了宗教强国的观念。孙中山本人对于宗教十分重视，1912 年 5 月在广州期间，多次出席基督教、天主教和佛教团体的活动，在演说中提出希望以宗教补政治之不足。南京临时政府时期，一位署名为"摩"的人士向孙中山呈文，要求改良佛教，其实际落脚点，是希望政府能够认识到将来国家之强弱，决定于宗教上战争之胜负，政府要担负起提倡宗教建立强国的责任。呈文称："今之天下，一宗教自由之天下也。有宗教者，其国强；无宗教者，其国弱……方今强权时代，无界不争，优胜劣败，天演有例。将来国势之安危，必视宗教上战争之胜负为标准。惟宗教虽足辅政府之不逮，而提倡之权，则端赖乎政府。"呈文最后提到了与孙中山演说一致的观念，即宗教也可以起到辅助政治的作用："政治可以挽教务之重兴，而教务亦可以辅政治之不逮也。兹故深望于政教合一，有以维持于弗替也。"①

如果没有强大的实力，仅仅改换国号、国体，并不能保障中国在国际上的国家地位，因而军事建设对于新国家至关重要。1912 年 4 月，原任南京临时政府海军部次长、后又任北京唐绍仪内阁海军部次长的汤芗铭致函孙中山，以中国在世界海权中的实际地位为例，说明要成为世界头等国家，并不仅仅看国体性质如何，更要看国力的实际强弱。"中国甲午一战，全军覆没，海牙会议至列我于三等之国，奇耻大辱，莫此为甚。乃者帝政倾覆，民国肇基，千年睡狮，酣梦方觉。吾其遂可抗衡列强乎？虽然，所谓世界头等国者，非仅仅国体良否之问题，乃国力强弱之问题。今民国实力不加增，欲以虚名之改革，一雪海牙之耻，难矣"。汤芗铭进一步指出，海军对于国家富强，具有十分重要的意义，具体表现在巩固海防、提升国家外交地位、维护海外贸易、保护全球华侨等方面，呼吁孙中山要以"诚能以社会主义增进民福，又以海军政策张

---

① 《摩呈孙中山改良佛教办法文》，翠亨孙中山故居纪念馆藏档，档号：GJ000412。

大国威,则对内对外,两无遗憾"。①

二、新国民,新责任

1912 年 1 月 1 日是中国的辛亥年十一月十三日,对于一直使用中国历法的国人,这一天本来并不特别易被当作划分时间的标志。这一天的《民立报》社论说:

> 今孙中山赴宁就大总统职,临时政府之组织亦将即日发表,则中华开国四千六百另九年中,惟此日为最足纪念。同胞其□负共和国民之责任,以努力进行乎!②

《申报》"自由谈"栏目也发表了一篇《新祝词》,作者兴奋地写道:

> 今日为新中华民国新元旦,孙大总统新即位,我四万万同胞如新婴儿新出于母胎,从今日起为新国民,道德一新,学术一新,冠裳一新,前途种种新事业,胥吾新国民之新责任也。③

在新国家诞生之际,新国民、新责任的意识觉醒,成为当时舆论的热点之一,引人注目。

近代中国的"国民"思潮初兴于甲午战争之后。进入 20 世纪,国民思潮蔚为大观。《国民报》有论说言:"中国而有国民也,则二十世纪之中国,将气凌欧美,雄长地球,固可跷足而待也。中国而无国民也,则二十世纪之中国将为牛为马为奴为隶,所谓万劫不复者也。"④此处所定义之"国民",就是有权利,有责任(即义务),有自由、平等、独立之精神

---

① 《汤芗铭致孙中山函》,翠亨孙中山故居纪念馆藏档,档号:GJ000153。
② 血儿:《民国唯一之纪念日》,《民立报》1912 年 1 月 1 日,"社论"。
③ 钝根:《新祝词》,《申报》1912 年 1 月 1 日,"自由谈·游戏文章"。
④ 《说国民》,《国民报》第 2 期(1903 年 8 月),张枬、王忍之编:《辛亥革命前十年间时论选集》第 1 卷(上册),北京:生活·读书·新知三联书店,1960 年,第 74 页。

的人民，即有国家观念的人民。①相较于传统社会的"臣民"观念，国民观念的兴起蕴涵着近代民族意识和民主意识觉醒的现代性意义，在部分先进的中国人中迅速展开。南京临时政府的建立推动了国民观念在舆论中的高潮，并坚定地赋予其"共和国民"的明确内涵，自由、平等成为衡量国民幸福内涵的主要指针。做"自由之国民"，被视为新时代的理想。华侨对于自由观念，浸润较久。加拿大域多利（今译维多利亚）致公总堂致孙中山，赞颂孙中山"以成今日之中华民国，使四万万之同胞得享平等之自由，斯功斯德，诚公之所造成者也"。②该埠林礼斌致函孙中山："今且公举为总统，登大舞台，演大手段，建莫大之奇勋。去满洲之专制，为吾人谋自由之幸福，此其时矣。他日中华民国可加列强之上者，皆足下所赐也。"③基督教人士也对自由观念多有鼓吹，共和政权建立后，宗教界看到了信仰自由时代的来临。1912 年 2 月，梧州基督教组织致电孙中山："二十载经营，成功一旦。从兹信仰自由，惟公是赖。"④基督教组织在提出禁止鸦片的要求时，也采用自由观念来演绎，上书孙中山"鸦片流毒，其害甚于专制。鸦片一日不除，民国一日不得真自由。恳请大总统速请英国复我自由禁烟之主权"。⑤

责任观念与自由同步而来。同刘钟俊一样，以"中华民国国民"的名义在文电中署名的做法，一时十分流行。刘钟俊在其呈文中称："汉族光复，民国成立，凡属分子，匹夫有责。"一再强调自己"亦系一份子"，

---

① 严昌洪、许小青：《癸卯年万岁——1903 年的革命思潮与革命运动》，武汉：华中师范大学出版社，2001 年，第 121 页。

② 《域多利致公总堂致孙中山电》，翠亨孙中山故居纪念馆藏档，档号：GJ000435。

③ 《林礼斌致孙中山函》，翠亨孙中山故居纪念馆藏档，档号：GJ000436。

④ 《梧州基督教致孙中山电》，《临时政府公报》第 8 号，1912 年 2 月 5 日。

⑤ 《基督教五公会致孙中山电》，《临时政府公报》第 52 号，1912 年 3 月 30 日。

有进言的责任。① 当时舆论热衷于宣传,必须使人民认识到对国家所负的国民责任,才能巩固共和,避免亡国亡种的命运。1912 年 2 月 8 日,楚谦兵舰教练官、同盟会会员萧举规从国民对于国家的责任的角度,论述了反对袁世凯担任大总统,以防止"名为赞成共和,实则君主立宪"。他指出,专制政体的国家属于皇帝,君主立宪制的国家偏重于皇帝,只要有皇帝,就无法唤起人民作为国家主人的国民责任心,最终导致国家的沦亡。上书说:

> 中国历史以来,数百年而一革,遂至人民昧于天职,外族侵入。自此以前皆文化不逮于我者,我犹可锄而去之;若此后不巩固共和政体,使人民负国家责任心重,几何其不变为印度、波兰也。是吾党之不能不悉心体察者,正在于此也。②

在国民思潮蓬勃兴起之时,"女国民"思潮也应运而生。革命党人对于女性国民地位的确立起到了主导性的作用,从各个方面推动女性人格范式的重塑和女权运动的兴起。他们积极宣传妇女解放,提倡女权,期望妇女与之共同担负起对国家的责任。辛亥革命对于女国民思潮的发展和提升起到了强劲的推动作用,女子要求平等平权和享有参政权,成为民元妇女运动的重要诉求。新加坡劳佩华、李娇、赵陈氏、卢子珊等发起女神界救济捐,以承担作为国民的义务,表示"为我中国人民,应皆担一份子义务。然星洲一埠,侨居中国之民,亦应担一份之义务。而男界有广东救济捐、福建保安捐,然我女界亦中国一份子,同人等故持倡女界救济捐"。③

---

① 《刘钟俊呈孙中山陈办屯垦以安插游民等事文》,翠亨孙中山故居纪念馆藏档,档号:GJ000581。

② 《萧举规上孙中山论袁世凯不宜当大总统等情事书》,翠亨孙中山故居纪念馆藏档,档号:GJ000175。

③ 《劳佩华、李娇等致孙中山函》,翠亨孙中山故居纪念馆藏档,档号:GJ000440。

参加革命的女性将女权堕落与专制相联系，将发扬女权与共和相联系，以为女权运动助力。女子同盟会吴木兰、林复1912年2月14日在向孙中山呈文中，历数几千年政治专制和家庭专制导致女权不振："女学不昌，道德不明，专制淫威有以劫制之而已矣。是故国家专制，则不惜焚书坑儒，销锋铸金，以愚黔首；家庭专制，则不惜钳口裹足，蔽聪塞明，以误青年。世人识字忧患始，女子无才便是德，盖皆恐学理一明，必难驾驭，故为此诐说淫词，冀以一手掩尽天下目，俾得甘为奴隶、牛马、赘物、玩具，然后宰割、烹醢、驱策、戏弄，可以任意行之而莫敢予毒，莫或予抗矣。"而女子在新国家中理应认识到自己的国民责任，扶助民国，促进共和，不应"坐享自由，放弃责任，自甘雌伏，贻羞巾帼"。女子同盟会的设立，即以扶助民国、促进共和、发达女权、参预政事为唯一宗旨，并以普及教育为前提，以整军经武为后盾。其缘由就是"醉心共和，尊重女德，倡导女学，藉以发扬女权，为共和前途光"。①

上海女子参政同志会主要成员唐群英等，在致孙中山的呈文中，以孙中山所论述的政治革命、社会革命的关系，来阐述女子参政的必要。她指出，历史上造成的男女不平等，是儒家三纲五常压迫所致，"同是人类，何不平等若是之甚欤？兹幸神州光复，专制变为共和，政治革命既举于前，社会革命将踵于后。欲弭社会革命之惨剧，必先求社会之平等；欲求社会之平等，必先求男女之平权；欲求男女之平权，非先与女子以参政权不可"。唐群英要求孙中山以大总统身份，将女子参政问题作为议案，提交参议院决议，"于宪法正文之内订明，无论男女，均有选举权及被选举权；或不须订明，即于本国人民一语，申明系包括男女而言。另以正式公文解释宣布，以为女子得有参政权之证据，再由大总统公布全国，使我女界同胞闻而兴起"。②虽然参议院最后没有通过，但这一主

---

① 《吴木兰、林复呈孙中山文》，翠亨孙中山故居纪念馆藏档，档号：GJ000425。

② 《唐群英等呈孙中山要求女子参政权文》，翠亨孙中山故居纪念馆藏档，档号：GJ000429。

张在当时颇具社会影响。

三、公义和民权的话语

革命话语因革命的实行而得到传播,在特殊时期的特殊历史条件下,革命话语在各个地方、各种人群中逐步确立话语上的优势地位。这些革命的概念、词句和语言,在各种政治争拗和利益争夺中,发挥重要的实际功能。

各省光复后,许多地区都出现了议员选举中的争拗。1912 年 3月,江西社会党等致电孙中山,对于该省临时议会派遣国会议员表示强烈不满,他们以"国会照民国约法,人民有选举权、被选举权"为理由,要求公选国会议员,而不能由少数人"专横"、"专制",指责临时议会"不使国民与闻,专横已极,群情愤激"。① 云南也出现类似情形。云南共和会、国民会、同盟会、保安会及其他团体指责该省议会选派参加湖北发起的民国议会的议员"皆属委派,不足代表全省",属于"私意把持,违背共和"。② 云南国民公会等组织也提出抗议,指责"滇议会结党怙恶,攘夺公权,选举民国会议员十六人,舆论大哗"。③

广西的议会及地址之争,对新观念的争夺和舆论的利用更为典型。1912 年 4 月,对于将广西省会迁往南宁一事,国务院先发一电(4 月 26日宥电),表示迁省问题仅将来正式成立的省议会才有议决权,要求南宁成立之省议会全员召集赴桂,否则解散,引起广西临时省议会强烈不满。1912 年 4 月 29 日,林绎以"广西临时省议会议长"名义向大总统袁世凯和已经辞职的孙中山发出通电,以人民公意、维护共和为理据提

---

① 《江西社会党等致孙中山等电》,翠亨孙中山故居纪念馆藏档,档号:GJ000600。

② 《云南共和会等致孙中山等电》,翠亨孙中山故居纪念馆藏档,档号:GJ000579。

③ 《云南国民等六公会致孙中山等电》,翠亨孙中山故居纪念馆藏档,档号:GJ000580。

出抗议，电文中说："宥电有谓此时临时省议会仍应于桂林集合，若不赴召集，即行解散，毋庸迁就云。惟本会议员系从地方人民之意思集合南宁，万不能背地方人民之意思群赴桂。大总统、国务院可以破坏共和，我广西民选临时省议会议员不能违反代议之名实也。"①国务院后又发一电(4 月 29 日艳电)，称"宥电系误发，请即注销"。4 月 30 日，国务院又发来卅电，表示宥电既经通布，毋庸注销，一波三折。5 月 19 日，广西迁省筹办处总长梁之芬；次长覃瑞槐、黄道济再次致电袁、孙，对于"国务院始则下宥电，解散邕省议会；继则下艳电，谓宥电系报房误发，请查明注销；终则下卅电，谓宥电既发，不必注销。译电又谓议会诘驳无理由，可置不理，仍请都督便照宥电办理"的做法，斥责为"似此反复无常，蹂躏共和，蔑视广西，实属帝制已极"。②针对国务院 5 月 4 日"支"电中特别提到对于议员林绎等复电抗辩，"决无理由，自可置诸不理"，林绎等指出"岂以本会对于国务院不能有抗辩之申入耶？如以抗辩之文言认无理由，则国务院自当据理解释，万不能置诸不理。若竟置诸不理，而又径行其意，不料民国成立未久，国务院竟有此专横。本会果全省民选立法机关，国务院可以任意解散；对于本会之辩论，国务院可以置诸不理，并令本省都督置诸不理，摧残议会，破坏共和，此为确"。③广西龙州参议事会也为此通电指出国务院违反公意，施行专制："邕省议会系受我十四府人民所委也，今国务院既否认我邕省议会议案，即违反我十四府人民公意，专制故翻，莫此为甚，我十四府人民岂能容忍？"④

基层民间社会对于革命话语和新观念，也主动利用。1912 年 1月，南汇士绅致电孙中山，状告南汇县民政长赵瑾琪，请谕上海民政总

---

① 《广西南宁议会电》，《申报》1912 年 5 月 3 日，"公电"。

② 《梁之芬、覃瑞槐等致袁世凯、孙中山等电》，翠亨孙中山故居纪念馆藏档，档号：GJ000576。

③ 《南宁迁省问题电》，《时报》1912 年 6 月 4 日，"公电"。

④ 《龙州参议会争执迁省南宁电》，《时报》1912 年 6 月 14 日，"地方通信"。

长将其速行撤换。其理由,便是革命后的地方长官按照共和的要求,理应是公仆,而决不能是旧制度的官员,赵瑾琪"专制独断",已不符合共和民国的地方官员资格。电文先指出:"窃以革命本义,意在扫尽专制,崇尚共和,为民长老,尤须以公仆自任,清明治事,开诚布公,与吾民相亲相爱,俾脱惨境而享幸福,断不能以旧时官界恶习虐政妄为也。"与此相对比,他们对赵瑾琪的控诉是:"莅任以来,于地方事毫不顾问,以官自居,藐视各界,一切行为专制独断,不问是非,颠倒黑白,出入仍用房廷仪仗,并反对剪发,致无识之徒群起附和滋事,酿成捣毁自治所、劝学所、商会店铺等之惨剧。该民政长于事前既迷心一往,不思防微杜渐之方,事后又置若罔闻,不筹消患平乱之策,实属肇祸罪魁,共和民国岂容有此等民长,贻笑中外,为我邑羞。"①

地方经济利益的争夺中,争执各方也极力利用孙中山革命党人强调的"民族"、"民权"、"大同"、"共和"、"公理"等概念,以反"专制"、"私意"为旗号,而争实际利益。1912年春,扬州盐商焦润田、左酉山等反对时任两淮盐务总理张謇改革两淮盐法、取消扬州盐政科的做法,发起保存盐务会。其实质是希望两淮盐务机关保留于扬州,由自己所嘱意之军人主持扬州盐务,以保护扬州商利,但争取的策略,则将抨击点落在张謇委任人员、成立组织的程序上,呈文质疑张謇"迁变扬州地点,冀兴本籍通州","张总理所委之员,是公选乎?是私见乎?合民国之共和体制乎?"他们公开指责张謇居心谋私,标榜自己是受道"公举",代表"全城二十五区商民公同会议","迭次上书,恭求实行共和政策,拒绝张总理个人私意"。②

围绕香山东海十六沙的争拗对此也有充分的反映。东海十六沙大

_____

① 《南汇士绅致孙中山电》,《申报》1912年1月11日,"本埠新闻·南汇士绅致南京孙大总统电"。

② 《扬州保存盐务会呈孙中山文》,翠亨孙中山故居纪念馆藏档,档号:GJ000377。

部分在香山县境，而田土多为顺德人所有，清咸丰年间由顺德豪绅建立护沙局，向业佃抽收经费，清末时深受香山县民痛恨。① 辛亥革命时，秩序混乱，顺德士绅掌握的护沙局一度不能控制这一地区，由香山本地人获得护沙权，但1912年初秩序恢复后，顺德士绅又经报广东都督，获得委任，照旧办理。为此双方词讼不断。香山绅商以革命党所主张的反抗"异族专制"引申到地方，将顺德人对沙田的控制喻为"异县专制"。香山公会所辑《香山东海十六沙居民五十余年之痛史》中称："中国民族，受异族政治专制，二百六十余年矣；我香山东海十六沙民族，受异县劣绅专制，暗无天日者五十余年，较政治专制其又甚焉！不知地权各有专属，名器不可假人，今虽世界日趋大同，然未有区域混淆而可施行政治者。"他们将顺德士绅归入专制一方，谴责其"去年反正时期，该约劣绅自知平日专制横暴，不能容于共和之世，遂相率弃置约务，纷纷逃遁……乃今者革命功成，秩序恢复，该劣等复欲施其满清专制手段，迭次瞒报都督，以饬派管带、饬交轮船为词，将去岁放弃停办各节，绝口不提，一若东海十六沙捕费，系其固有世业也者"。香山绅商将新政权的建立，视为"公理昌明"、权益易手的转折点，标榜恢复香山人对沙田的权利正是实现革命提出的"实现共和"、"平均地权"的合理要求，将争夺东海十六沙护沙权的目的和态度与共和联系在一起，"夫有权利，始有义务，此共和之目的也。权利者，主权之谓也；义务者，输纳经费之谓也。我东海十六沙十余万人民，惟有坚持共和目的已耳！""今幸专制推翻，共和建设，若不趁此公理昌明之际，联合团体，复我自主之权，还我自由之乐，以雪此数十年莫大之耻辱，势必至永堕异县一二劣绅专制圈内，万劫不复，尚有何平均地权之希望哉？"② 1912年5月，香山在香港的香山籍商人何云甫等向已经卸任的孙中山

① 参阅邱捷：《民国初年广东乡村的基层权力机构》，《史学月刊》2003年第5期；《清末香山的乡约、公局》，《中山大学学报》2010年第3期。

② 香山公会辑：《香山东海十六沙居民五十余年之痛史》，翠亨孙中山故居纪念馆藏档，档号：GJ000534。

和广东都督胡汉民致电,以共和后民权发达,政府若不顾及香山民意,恐生民变,警告如听任顺德士绅指派军队帮助强行接管,将有纷争暴动之祸,指出"方今民权发达,陆领一到,恶感丛生。乞改派,免暴动"。①此事件中,顺德士绅亦以"世界大同"为旗号相抗,在香港的顺德商人邓维彬等辩护道:"今复有无赖数人,假冒香山各邑名义,借口地权,希图争收捕费,夺我业佃自治主权。事经都督批准,尚多方阻挠,扰乱治安,莫此为甚。世界大同,何有县界?乞主持公理,俯准维持。"②

许多谋取个人利益的事,或仅涉及个人的陈情,也极力冠以"民权"和"人权"名义,利用革命观念。广西太平府宁明州人唐振华,自称因行革命家业充公,请求孙中山饬当地军政长、民政长查还田产,并希望能在新政府中谋求一官半职。他向孙中山陈情:"今也革命功竣,民国成立,人人得享自由之幸福,惟民之家业现未得还……伏乞恩准移饬军、民政长,将民之田园产业照数归还",并明确提出要求"委以遗缺",以便"尽国民一份子"。③1912年3月,前清官员胡湘材之子胡承诰被上海光复军统领李征五逮捕并勒索巨款,伍廷芳、温宗尧、陈可良、谭干臣、许炳榛、郑官应等致电孙中山和参议院,指出胡湘材在清并非恶吏,为官清廉,"今执其子而勒巨款,法理何在?人情何在?共和政体,尊视人权,方将合汉、满、蒙、回、藏五族交庆大同,乃汉人曾为满吏者,反不得安,直是移向者仇视满清之心而仇视汉族,假共和之美名而行专制之故技矣。似此举动,不特示人不广,且恐失全国民心"。④发此电时,伍廷芳是以"旅沪粤人"名义与温宗尧、郑官应联名,实际上伍廷芳当时担任

---

① 《何云甫、唐务环等致孙中山、胡汉民等电》,翠亨孙中山故居纪念馆藏档,档号:GJ000555。
② 《邓维彬、胡明生等致孙中山、胡汉民等电》,翠亨孙中山故居纪念馆藏档,档号:GJ000559。
③ 《唐振华呈孙中山请饬归还因参加南关之役被充公田产文》,翠亨孙中山故居纪念馆藏档,档号:GJ4343。
④ 《旅沪粤籍绅商电》,《申报》1912年3月5日,"公电"。

司法部总长，经参议院函示司法部，认定光复军此举侵蔑司法，应由司法部查确。伍廷芳在复电中再以"文明"与"公理"作为工具，指出："胡承诰被拿时，未经司法官厅出票，且挽留将近一月，尚未伸理，殊非文明。应请迅饬李征五速将胡承诰释放，以存公理为祷。"①

前辈学者一再强调，辛亥革命研究应当深入到广阔的社会层面中去，研究当时的社会状况、社会环境、社会群体、社会心态，将重大历史事件与观念变革和民众心理嬗变的复杂背景联系起来。②共和、民主、自由、平等等新思想观念由"共和知识分子"③加以倡导，并以此引导了辛亥革命运动。孙中山是共和知识分子和共和革命的领袖。革命前，虽然这些观念在知识界也有隐约的接受和缓慢的增长，但显然革命的发生导致它们的爆发式传播。从深层效果上看，这些观念是否真已深入人心，话语背后的世象和目标是否果如文辞所描述，或可深究，但从民元各地机构和人士致孙中山的函电中可以看到，社会各界特别是地方、基层、民间对于革命中心和革命领袖，存在着思想观念上的主动承接，进而参与造成与专制时代迥然不同的舆论环境，其重要内涵是：追慕文明，效法泰西，使共和的新国家跻身世界强国之列；追求平等，做自由之国民，提高国民对国家的责任心；追求公义，摒弃专制，高倡民权、人权，反对私见和私义。各色人等在这一语境下，攘夺话语权力，在具体事务中使取得有利地位，维护自身实际利益，使民初社会呈现群起趋新、迎合新纪的现象。这一过程应为孙中山和共和知识分子所乐见，而革命对于社会观念和心理的巨大效应，在此已得到充分反映。

---

① 《司法总长伍廷芳电》，《申报》1912 年 3 月 17 日，"公电"。

② 杜兆祥等：《金冲及访问记》，《辛亥革命史研究动态》1994 年第 2 期；金冲及：《辛亥革命研究的回顾与展望》，《中国社会科学报》，2010 年 12 月 16 日；章开沅、严昌洪主编：《辛亥革命与中国政治发展》序言，武汉：华中师范大学出版社，2005 年。

③ 杨天石：《辛亥革命与共和知识分子》，丁日初主编：《近代中国》第 4 辑，上海社会科学院出版社，1994 年。

翠亨孙中山故居藏档中的革命时期世相百态

广东省中山市翠亨孙中山故居纪念馆所藏孙中山辛亥革命前后档案，是孙中山和民初历史研究的珍贵史料，尤其是其中的私人函件和呈文等，为其他档案机构和各种资料汇编所无，具有独特性。[①]有些档案所涉及的人物不一定是在历史舞台上占据中心的重要人物，在主流历史叙述中难以得到关注，但对于说明辛亥革命前后的历史变迁和社会反应，仍具有独特的意义。

---

① 这批档案资料较早就得到了学术界的关注和初步利用。1986 年，黄彦、李伯新将其中中文档案的大部分，选编出版了《孙中山藏档选编（辛亥革命前后）》（北京：中华书局，1986 年）；2012 年，桑兵主编《各方致孙中山函电汇编》（桑兵主编、赵立彬编：《各方致孙中山函电汇编》第 1 卷，北京：社会科学文献出版社，2012 年；桑兵主编、赵立彬、何文平编：《各方致孙中山函电汇编》第 2 卷，北京：社会科学文献出版社，2012 年）对藏档中各方致孙中山函电部分作了订正和增补；桑兵主编的《孙中山史事编年》中，由笔者负责编撰的第 3 卷（桑兵主编、赵立彬著：《孙中山史事编年》第 3 卷，北京：中华书局，2017 年），也充分利用了这批藏档的内容。现全部藏档已由广东人民出版社出版（孙中山故居纪念馆编：《馆藏辛亥革命前后中外文档案》，广州：广东人民出版社，2021 年）。本节中引用的藏档，主要是《馆藏辛亥革命前后中外文档案》出版前未公开刊布的部分。

一、趋附、自荐与诉求

1912 年上半年，从孙中山当选临时大总统，到后来辞去临时大总统、巡视各省，这一段时期是他在国内民众中威望到达顶峰的时期。各地各界人士纷纷通过各种形式向孙中山表示敬意，向革命表示趋附，也趁此时机表达个人或团体的诉求，这类文献在翠亨孙中山故居藏档中所在多有。①

藏档中有一则发自澳门的《大中华民国颂》曲谱，颇能反映受到现代西式教育的专业人士，在辛亥革命后对于新国家建立的兴奋之情，以及对孙中山的景仰和遵从。该曲谱为五线谱，谱中有完整歌词：

> 我同胞应莫论种族，
>
> 同享永远共和天福。
>
> 我同胞经革除专制，
>
> 共享升平至万万世。
>
> 吾侪中国四万万人，
>
> 齐心为国同心发奋。
>
> 惟期渐渐更为文明，
>
> 必使全球都通震惊。
>
> 齐心为国，
>
> 发奋发奋发奋！
>
> 祈天佑国，

---

① 前节及笔者所撰《辛亥后革命精英观念的民间承接》(《近代史研究》2012 年第 3 期)对此现象有专门阐述。在翠亨孙中山故居藏档中，仍有不少类似文件，如《旅汉同乡韦紫封等欢迎孙中山颂词》(翠亨孙中山故居纪念馆藏档，档号：GJ000511)、《四、大两都共进社会长林锡翰等欢迎孙中山颂词》(翠亨孙中山故居纪念馆藏档，档号：GJ000512)等，在《馆藏辛亥革命前后中外文档案》出版前未曾刊布。

　　助我护我佑我民主中国！

　　恭喜！①

　　除封面外，曲谱对开两页，歌词在曲谱中。封面大字书"大中华民国颂特敬奉上革命原祖首总统孙大先生斧正　爱国国民、乐师刘斐列作"。综合曲谱中各处的署名、说明可知，刘斐列系华人取西名，华姓刘，西文名"Philip Lao"，用英文自注"爱国者刘斐列，澳门的乐队指挥（the Patriot Philip Lao, a band-master of Macao）"。在歌词中，乐师使用了"革除专制"、"永远共和"、"更为文明"、"民主中国"等关键词，曲谱上方用英文大写"Chinese Republic National Anthem"，可见是作为国歌稿呈上。不仅如此，作者对于自己上呈曲谱之举十分郑重，事先作了充分的准备，在曲谱最后注明本歌曲是"流行曲调，词曲已在澳门试演"（popular air, both music & rhymed prose ever tried in Macao, 1912）。②

　　革命成功之后，受到新国家、新气象的感召，向孙中山毛遂自荐的人非常多。藏档中有两件具有代表性。其一是武恭安向临时大总统孙中山呈禀一件。此件已是武恭安再次上呈（首次上呈已由秘书处回复，未见原件），但武氏表示自己"深耻虚生于建设时代，而无所可否于守成时代"，"虽不足当豪杰之选，而以造时势为己任，自问亦非庸庸碌碌者流可比"，希望孙中山能够给予机会"招至宇下，面试一切"。武恭安在呈禀中提出"世袭勋章法"、"内地府厅州县速行组织中央银行支行"两项建议，均提出了具体办法，另还提到"尚有电政之改良，赣省军政之整顿，以及我国所以然之利病，种种条陈，不可胜举，一切统容面呈可也"。从这些信息看，此武氏应为江西人氏，从事电报专业工作（呈文最后落

————————

　　① 《刘斐列呈孙中山之〈大中华民国颂〉》，翠亨孙中山故居纪念馆藏档，档号：GJ000415。

　　② 《刘斐列呈孙中山之〈大中华民国颂〉》，翠亨孙中山故居纪念馆藏档，档号：GJ000415。

款也为"电生武恭安谨禀"）。①作为一位从事现代职业、待遇丰厚的专业人员，武恭安却不局限于自己的专业范围，向孙中山提出的两项建议专取当时最切时要的方面，"一则可以筹款，一则关系救时"，②可以看到革命对于年轻专门人才的激励，以及新式知识青年在政治变革后的宏远抱负。查江西吉安电报局确有武恭安者，1917 年曾受部派前往验收汉口至九江电线大修工程，③数年后仍能保持关注国是的情怀，1923 年还在《申报》发表《根本之救国方法》。④

　　其二是 1912 年 4 月林彪致孙中山函，请求孙中山推荐其担任驻德外交使馆工作。此林彪号礼垣，为广东香山四字都人，作为自费生于美国威士康辛大学法政专科毕业，1912 年于德国柏林大学肄业，其时正留驻德国。他通过德文报纸，看到孙宝琦即将使德之讯，希望"乘宝琦先生使德之便，不揣愚昧，欲充柏林使馆书记或他要席。使于外交问题有所疑难，学生得效微力，且于英、美、德、法、奥、俄日日要政，备禀宝琦先生听裁。既于公使外交上有所裨益，又于学生学问上得有实验"。"敢求荐之于宝琦先生，或荐之于外交部长"。林彪因是孙中山同乡，故特意在函末介绍自己的家世，其曾祖名林伦昌，祖名林茂盛，父名林理藻。⑤林彪民初确在外交部工作，是否有孙中山推荐之力，不得而知；后历任欧洲各国使馆职员。林家在香山亦是大族，开有"发记公司"，在北京政府时期与不少上层人物有交往，林彪本人 1918 年娶孙仲瑜的次女为妻，女家做媒人为李登辉、张元济。⑥

---

① 《武恭安呈孙中山禀》，翠亨孙中山故居纪念馆藏档，档号：GJ000674。

② 《武恭安呈孙中山禀》，翠亨孙中山故居纪念馆藏档，档号：GJ000674。

③ 《令吉安电报局武恭安》，《政府公报》第 449 号，1917 年 4 月 12 日，"命令"。

④ 武恭安：《根本之救国方法》，《申报》1923 年 9 月 30 日，第 21 版，"星期增刊"。

⑤ 《林彪致孙中山函》，翠亨孙中山故居纪念馆藏档，档号：GJ000676。

⑥ 张元济：《张元济日记》上，北京：商务印书馆，2018 年，第 308 页。

藏档中有一件较长篇之《量今学录续编》，系张鼎勋、张鼎彝兄弟呈孙中山的 8 篇文件汇编。张鼎勋，广东省肇庆府开平县举人，清末由广东学务处禀准奉派留学日本，[①] 1908 年冬"游宦至闽"，但不两月即告假回籍。[②] 后曾参与开平县修志，1932 年任县修书局驻局分纂员。[③] 张鼎彝为其弟，字勉阶，清末时是肇庆府中学堂甲班学生，1910 年毕业，兄弟均为开平县沙岗乡许边村人。[④]《量今学录续编》之编定最早是为了呈交政府请求保护专利。1912 年 3 月，张鼎勋为创办机器试验工厂，上呈广东省实业司："今值新政府成立，合行呈请贵司派员到场看验核办，并舍弟鼎彝所拓待试机器图式七种，附载《量今学录续编》，乞请并案保护。"[⑤] 当年 4 月 8 日，广东省实业司批复予以鼓励，但对其请求的主要事项，并没有通过查核。[⑥] 4 月底，张鼎勋鉴于未获批准一节"于本厂办理情形，诸多阻滞"，特将原有章程等文件分别开列清单，再次呈请核夺。[⑦] 未刊藏档中之《量今学录续编》，应该就是在此时趁孙中山返粤，同时向孙中山呈备以寻求支持。

《量今学录续编》反映了张氏兄弟在清末民初的变局中，对时势和

① 林子勋：《中国留学教育史(1847—1975)》，台北：华岗出版有限公司，1976 年，第 134 页。

② 《量今学录续编序》，《量今学录续编》，翠亨孙中山故居纪念馆藏档，档号：GJ000395。

③ 《开平历代修志情况简介》，开平市地方志办公室编：《古代名人掌故》，开平市地方志办公室编印，2008 年，第 3 页。

④ 刘晓生：《清末广东端溪书院改学堂考》，纪德君、曾大兴主编：《广府文化》第 4 辑，北京：中国社会科学出版社，2017 年，第 61 页；《量今学录续编序》，《量今学录续编》，翠亨孙中山故居纪念馆藏档，档号：GJ000395。

⑤ 《具广东实业司呈》，《量今学录续编》，翠亨孙中山故居纪念馆藏档，档号：GJ000395。

⑥ 《广东实业司王宠佑批复》，《量今学录续编》，翠亨孙中山故居纪念馆藏档，档号：GJ000395。

⑦ 《复广东实业司呈》，《量今学录续编》，翠亨孙中山故居纪念馆藏档，档号：GJ000395。

观念的积极因应。张鼎勋曾对其弟弟说："士生今日，惟吸取新旧学之精英，方能有补于人世。若迷没于故纸蓝皮堆中，纵极宏博，与程子所称玩物丧志无异耳。"于是督促其弟"留心于算术、物理、百工、技艺之事"。①为适应新政权的政治理念，张氏兄弟以"救国富国"作为向当局申请专利的理由，表示"今日中国救民之急，莫切于工。工业不兴，农商交病，民生不聊，国非其国"，②而自己的发明"将使大地贫困之国，起而为当世最荣之邦"。③同时，又保持了传统读书人不言私利的姿态，申明申请专利，实是为了公利，"以专利为凭借，以不专利为鼓吹"，特意引用其父的训言"如此专利，与公刘好货同义，事亦可行"，以表心志。④

因藏档中有不少文献来自孙中山 1912 年 5 月返乡之际，所以藏档中涉及的广东籍、特别是香山籍人士较多。1912 年 5 月 4 日，孙中山的同乡郑成章致函孙中山，告知孙中山有一堂兄名孙赞，在安南金边，生下子女四人，孙赞夫妇均已故，子女四人经各乡亲帮同诉讼，始领回由孩子们的姑父抚养，惟其姑夫贫苦不堪，请求孙中山致函安抚，促成金边同盟会资助其一家回籍。郑成章在呈文中说明，考虑到"与先生有忧戚之谊"，"情关桑梓，且孙赞系属先生手足之亲"，因而特别禀报。⑤孙中山担任临时大总统和辞职后的一段时期内，此类向孙中山申诉困苦、请求援助的事例很多，特别是过去与革命有关的人士及其家庭，孙中山一般都会尽可能给予关照和抚恤。此件中所提到的孙赞一家，在

---

① 《量今学录续编序》，《量今学录续编》，翠亨孙中山故居纪念馆藏档，档号：GJ000395。

② 《量今山人机器试验工厂办理情形条别清单》，《量今学录续编》，翠亨孙中山故居纪念馆藏档，档号：GJ000395。

③ 《锤机概论》，《量今学录续编》，翠亨孙中山故居纪念馆藏档，档号：GJ000395。

④ 《量今学录续编序》，《量今学录续编》，翠亨孙中山故居纪念馆藏档，档号：GJ000395。

⑤ 《郑成章致孙中山函》，翠亨孙中山故居纪念馆藏档，档号：GJ000670。

孙氏家族中未闻有其人,后续如何,未见资料说明。

二、普通人的新思想、旧思想

在故居藏档中,有不少重要人物或当时已小有名气的人士,通过各种渠道向孙中山呈文建言;同时也有一些名不见经传的普通百姓,积极上呈或提交自己的作品。这些呈文或作品在一定程度上反映了革命时期民间思想观念的一般情形。兹特从藏档中选取两则,以窥当时普通人的新旧思想。

在藏档中,有一篇文字较长的由两位青年学生刘钟璐、陶文濬呈孙大总统的《多婚危言》,约 7000 字,共五章,第一章为《总论》,第二章为《多婚之原因》,第三章为《多婚之结果》,第四章为《多婚与鸦片之比较》,第五章为《结论》。[①]刘钟璐、陶文濬当时是金陵大学堂学生,刘钟璐在校时又名刘佩宜,陶文濬在校时又名陶知行,后更以陶行知闻名。刘钟璐长于演说,是金陵大学学生南京演说团的组织者,1912 年 10 月 27 日下午,追悼宁垣死义烈士会在南京举行,刘钟璐还曾上场演说。[②]陶知行也参与演说活动,并积极提倡在学生原有的英文演说外,增加中文演说。[③]刘、陶二人当时是志同道合的同学,毕业后仍有较为密切的联系,1917 年还一同参加了圣诞节金陵大学同学恳亲会,会上陶作演讲,刘作记录。[④]

---

① 《金陵大学堂学生刘钟璐、陶文濬呈孙大总统〈多婚危言〉》,翠亨孙中山故居纪念馆藏档,档号:GJ000433。

② 《追悼宁垣起义先烈志盛》,《申报》1912 年 10 月 29 日,"要闻二",第 6 版。

③ 《本校演说团之兴盛》《程湘帆、陶知行提倡金大演说会中英文并演》,南京大学高教研究所校史编写组编:《金陵大学史料集》,南京大学出版社,1989 年,第 284、285 页。

④ 陶行知:《在金陵大学同学恳亲会上的讲话》,方明主编:《陶行知全集》第 1 卷,成都:四川教育出版社 2005 年,第 205 页。

《多婚危言》的第三章和第五章前两节,在一年后以《一夫多妻之恶结果》分两次刊登于 1913 年金陵大学学生刊物《金陵光》上,但是经过了较大的文字修改和结构调整,篇幅缩减到 4000 字,前半部分署名刘佩宜(即刘钟璐)、陶知行,后半部分署名陶知行、刘钟璐。①在藏档本《多婚危言》前,作者原有一段文字,说明写作的缘起:

> (一)记者痛乎风俗颓敝,道德衰微,而作是书。故单求说理明晰,若文字之优拙,非所注重也。(一)是书名为《多婚危言》,故仅就多婚流弊一方面反复鼓吹,不敢稍遗余力,所冀人人痛离此魔,望岸回头。若结论所记之自由婚姻等节,皆略而不详。读者幸谅其本旨焉。②

而在刊载于《金陵光》时,删除了此说明,改在文前增加王正廷所题的"风俗因之颓敝,道德因之衰微,贫弱之大原,富强之劲敌"四句,标注为"王正廷先生序"。③两个版本相比较,主题和主张一致。藏档本中作者列举多婚之恶果为:伤平等、损亲爱、侵自由、产生旷夫怨女、导致反动、孳生罪恶、戕身弱种、废时失业、塞知蔽聪、伤财破产,与《金陵光》发表的内容大体相同。而藏档本因呈文于革命高潮期间,行文中更突出与革命意识相关的观念和主张,如强调专制社会是造成多婚的重要原因。文中说:

> 今人莫不欲权可自由,利享同等,故不惜牺牲性命,以求达共和政治之成立,而不知处二千年专制政府之下,有婚姻之专制,演

---

① 陶行知:《一夫多妻之恶结果》,方明主编:《陶行知全集》第 1 卷,成都:四川教育出版社 2005 年,第 141 页。

② 《金陵大学堂学生刘钟璐、陶文濬呈孙大总统〈多婚危言〉》,翠亨孙中山故居纪念馆藏档,档号:GJ000433。

③ 陶行知:《一夫多妻之恶结果》,方明主编:《陶行知全集》第 1 卷,成都:四川教育出版社 2005 年,第 146 页。

成儿女无量数之惨剧，而为多婚一强固之原因焉。①

藏档本在《结论》中，专设《婚姻自由》和《女子教育》两专节，来讨论解决多婚的问题，也是将打倒专制作为根本解决之道：

> 多婚之恶果，恒由于婚姻之专制。提倡婚姻自由，所以绝多婚之源。方今之世，吾人之醉心欧化者久矣，婚姻自由犹未发达，良由穷乡僻壤，名门巨阀，女子之风气未开，父母之顽固如昔。端赖名媛侠士，不惜敝舌焦唇，大加提倡，力行劝导。多一份之自由婚姻，即少一份之多婚根原。以此为抵制之方，庶可收指臂之效。

> 当此婚姻过渡之时，一旦脱专制之羁绊，矫枉过正，必生种种不道德之行为，为自由婚姻之障碍。是无多婚之名，而有多婚之实。去一弊而复生一弊，故必振兴女子教育，以养成女子美善之道德，而后自由婚姻可以大行矣。②

向临时大总统孙中山呈交的《多婚危言》，在两位青年学生看来，当然是自己非常重要和得意的作品，因而在认真修改之后，才于次年刊载在《金陵光》第 4 卷第 1 期和第 3 期上。《金陵光》是金陵大学英文报 *The University of Nanking Magazine* 的中文增刊，因为卷期是按照原英文报的总序号排列的，其第 4 卷第 1 期实际上是创刊号（*The University of Nanking Magazine* 创刊于 1909 年），该刊"以鼓舞学校精神、表扬学生成绩、灌输欧美学术、彰明中华国粹署为宗旨"，刘钟璐（佩宜）和陶文濬（知行）为中文编辑。③《多婚危言》的中心内容经修改

---

① 《金陵大学堂学生刘钟璐、陶文濬呈孙大总统〈多婚危言〉》，翠亨孙中山故居纪念馆藏档，档号：GJ000433。

② 《金陵大学堂学生刘钟璐、陶文濬呈孙大总统〈多婚危言〉》，翠亨孙中山故居纪念馆藏档，档号：GJ000433。

③ 陶行知：《〈金陵光〉之组织》，方明主编：《陶行知全集》第 1 卷，成都：四川教育出版社 2005 年，第 579 页。

发表于此，或从一个侧面可以反映作者的初衷和该文在思想史上的意义。

孙中山担任临时大总统时，还有一位署名"南溪书院愚朱紫贵"上书《鄙言三章》，向临时大总统提出建议，其中反映的观念截然不同。南溪书院位于福建尤溪，朱熹籍贯安徽婺源，但因其父任官于福建，出生于此。为了合祀朱氏父子，宋代即在此地始建南溪书院，由于其祭祀功能大于教育功能，所以在各地书院中声名不及岳麓、白鹿洞等书院。朱紫贵自称朱熹之后裔，此时在南溪书院职务未知，在《鄙言三章》中，朱紫贵提出了一个与革命观念大相径庭的惊人主张，建议孙中山当皇帝。呈中说：

> 大人此时居正位，天下不以为过；称皇帝，天下共论得当。
>
> 大人天纵之圣人，今日之功最大，伸中国二百余年犬马之冤，复黄帝尧舜禹汤文武周公孔子衣冠礼乐，万民感德，万世知恩，大人就是孔子，祖述尧舜，宪章文武，孔子至今三千岁，真真又一圣人也。①

但是要求孙中山做一个"圣贤皇帝"。怎么才能做圣贤皇帝呢？那得回到以"先王旧政"和"孔孟道学"作为立政的根本：

> 今日之事，大人赶紧铲除前代苛剥，追先王旧政，究孔孟道学，轻赋薄敛，敬事而信，节用时使，训兵务农，用贤爱民，禁诸烟而培五谷。②

《鄙言三章》实际上是由三篇组成，可谓长篇累牍，但通篇文字水平不高。在这些建言中，朱紫贵主张一反晚清以来所有的新事物，所有"改政"、"学洋"、"停科"、"学堂"、"电报"、"铁路"，都是"千害万害"，"蠹

---

① 《鄙言三章》，翠亨孙中山故居纪念馆藏档，档号：GJ004328。
② 《鄙言三章》，翠亨孙中山故居纪念馆藏档，档号：GJ004328。

国"、"害民"。他特别提出了一个令人眩目的譬喻,说为政不应讲求"财政","财政"二字,各取一边则合成"败"字,清朝败亡即缘于此。①在古今华洋之间,他的态度十分明确:

> 近古依古,自然有兴;喜新好新,何尝不败?考诸中国数千年之上,一一皆然,今何不然?

> 我中国道德之邦,仁义之国,才、智、巧、诈、财、利,自古不尚,大人定定拒诸洋之俗,追祖宗之法。前代之败,学洋为害,皆以弃近求远,去易务难,前车岂不可鉴哉?②

这位朱紫贵的具体身份和事迹,不甚清楚。据孙臒媛在《小说新报》上的一篇文字提到,清光绪间曾设立政务处,让举国臣工士庶条陈时事,以备采纳,有一位新安人朱紫贵曾上一书,中有数语曰:

> 现在世道衰微,人心浮薄,上下奸诈,相习成风,欲救其弊,应奏请明降论旨,着地方有司将王莽曹操司马懿之坟发掘棺木,上大书奸臣某某,陈列通衢,以昭鉴戒。尸骨则传以爆竹,愈多愈妙,用火燃之。訇砰之声,震于远近,庶奸臣魂魄永永飞,故民人有所观感,天下自能渐臻强盛云云。此真所谓匪夷所思者,吾国急于自见之人才,往往如是可笑也。③

从文字上来比较,似乎与后来给孙中山上呈的《鄙言三章》相近。所谓新安,应指朱熹家乡安徽婺源(今属江西),宋初时称新安。藏档中的朱紫贵自称"愚生圣贤裔",或为一证;又说自己"前数十上书于清廷、于各省"、"数载屡上表于清廷数万言"④,在在显示与孙臒媛所说相

---

① 《鄙言三章》,翠亨孙中山故居纪念馆藏档,档号:GJ004328。
② 《鄙言三章》,翠亨孙中山故居纪念馆藏档,档号:GJ004328。
③ 臒媛(孙臒媛):《啸廑剩墨》,《小说新报》,第七年第五期,"谈荟"第 2 页(总 187 页),1922 年,月份不详。
④ 《鄙言三章》,翠亨孙中山故居纪念馆藏档,档号:GJ004328。

吻合，应是同一人。这篇《鄙言三章》，完全否定晚清以来的改革，以彻底回到传统的立场，在中国进入共和之际，锲而不舍地坚持向新政权、向革命领袖继续宣扬，在政治鼎革之际，也算得上是特例，让我们在观察革命高潮中各色人等纷纷群起趋附时，也能看到完全相反的反应。这对于了解当时一般读书人、特别是下层知识分子以传统托命自居者的观念意识，或是一个难得的典型材料。

三、一个外人的共鸣与交际

在故居藏档中，外人致孙中山的信件数量相当多，为馆藏重要特色之一。其中英文文件居多，法文、日文及其他文种亦有不少。而有一件韩人呈孙中山的中文函件，不仅可见韩国士人对于中学造诣之高，也可就此观察其在革命后的心态、期望及与中国人士的交往。

1912年2月15日，孙中山率各部及右都尉以上将校，赴明孝陵行祭告礼。这几日刚好逢农历过年，《申报》等报纸停刊一周，但《民立报》等仍刊出《号外》，登载消息。①一位自称"箕子国遗民、皇明分子"的韩国人全秉薰致函孙中山，表示"伏见报纸，大总统谒孝陵，告以光复"，把自己四年前谒明孝陵的几首诗作抄录呈孙中山。诗分别为：

> 春草皇陵暗夕烟，石麟苍剥几经年。东臣旧服余恩泽，拜泣彤庭辇路边。
>
> 鹧鸪雨过暮鸦来，瞻望松杉如揖陪。凄彼风泉无限感，钟山依旧荆花开。
>
> 榛荒陵阁寂无人，久废进香重可怜。回忆我韩胜国墓，如何汛扫置郎臣。
>
> 万东庙貌巍如天，礼币煌煌三百年。怆然芜绿斜阳路，不尽丹

---

① 《南京电报》，《民立报》1912年2月16日《号外》，第1页。《民立报》当月14、15、16、17和20日均刊出《号外》。

心斗北愚。①

全秉薰(1858—1927),朝鲜人,字曙宇。少习理学,在朝鲜任官时,向朝鲜李朝高宗上呈主张社会改革,选拔人才,培植兵力。大韩光武三年任中枢院议官,后遭贬谪,大韩纯宗即位当年(1907 年)辞官流亡中国,经上海到达南京。在南京约住了一年,往道家名山广东罗浮山向道教大师古空蟾学道,修炼全真教内丹法,再以道士身份在北京活动,致力于培养后学与著述(在朝鲜以现代科学方法来研究道教肇始于全秉薰)。②所呈孙中山这四首祭明孝陵的诗,作于 1908 年春作者居住在南京的时期。③

在辛亥革命中,因革命党人动员排满的需要,明太祖朱元璋成为重要的政治符号。孙中山祭明孝陵,亦是为彰显明太祖作为"民族革命"旗帜,特别是从蒙元手上光复汉族的功业,表示辛亥革命推翻清廷在政治上的正当性,革命前后许多革命党人也有凭吊孝陵的作品。孙中山在当日的《祭明太祖文》中说:"实维我高皇帝光复大义,有以牖启后人,成兹鸿业。文与全国同胞,至于今日,始敢告无罪于我高皇帝,敬于文奉身引退之前,代表国民,贡其欢欣鼓舞之公意。"④全秉薰这几首诗,

① 《全秉薰呈孙中山祭明孝陵诗》,翠亨孙中山故居纪念馆藏档,档号:GJ004324。

② 关于全秉薰的生平,可参阅김성환:《曙宇全秉薰의생애와저술에대한종합적연구(2)——중국망명기(1908—1927)의여정》,《도교문화연구》39,2013.11.([韩]金晟焕:《曙宇全秉薰的生平和著述的综合研究Ⅱ:中国流亡期[1908—1927]的历程》,《道教文化研究》第 39 辑,2013 年 11 月),第 149—189 页;[韩]林采佑:《全秉薰生平与〈天符经〉注释的仙道思想》,金勋编:《道与东方文化——东亚道文化国际学术研讨会论文集》,北京:宗教文化出版社,2012 年,第 81—100 页。

③ 全秉薰函中说明,"戊申春谒明孝陵,作七绝四首"。《全秉薰呈孙中山祭明孝陵诗》,翠亨孙中山故居纪念馆藏档,档号:GJ004324。

④ 孙中山:《祭明太祖文》,中国社会科学院近代史研究所中华民国史研究室、中山大学历史系孙中山研究室、广东省社会科学院历史研究室编:《孙中山全集》第 2 卷,第 95 页。

作于中国辛亥革命之前，诗中表达了追溯明朝正统的含义，也对孝陵在清末的冷落寂静表示了同情。在革命之后呈送给孙中山，应也是自知此举十分切合辛亥革命在"民族革命"上的取向，可与孙中山革命党人的观念相呼应。

在上呈四首祭明陵诗的同一函件中，全秉薰又补抄了一首《金陵怀古一绝》呈孙中山。诗为：

> 殷社旧墟草色多，
> 春风立马暮云过。
> 千年东海孤臣泪，
> 一洒长江添碧波。①

全秉薰告知孙中山，这首诗得到茅子贞的高评，还特意将这段评语也抄给了孙中山。茅评为：

> 风云沉暗，昔见之三百年，特纸上之古人耳；今得之三百后，几席之上，有古人焉。王船山、黄梨洲、顾亭〈林〉未为专美于前矣！②

茅子贞名谦，号肺山，丹徒（今江苏镇江）人，③光绪二十年（1894）举人，在清末交游甚广，特别是与当时比较开明且在文坛有较高地位的士人和文人关系密切，参与了许多具有趋新意义的事业。茅子贞是丹徒柳家的世交（和柳诒徵的父亲同辈）。④辛亥革命时在南京，被时任江宁代理都督的马相伯请去主持江南图书馆，蔡元培其时写给缪荃孙的

---

① 《全秉薰呈孙中山祭明孝陵诗》，翠亨孙中山故居纪念馆藏档，档号：GJ004324。

② 《全秉薰呈孙中山祭明孝陵诗》，翠亨孙中山故居纪念馆藏档，档号：GJ004324。

③ 柳诒徵：《茅子贞先生墓志铭》，杨共乐、张昭军主编：《柳诒徵文集》卷五，北京：商务印书馆，2018 年，第 462 页。

④ 茅以升：《记柳翼谋师》，北京茅以升科技教育基金会编：《茅以升全集》第 7 卷，天津教育出版社，2015 年，第 207 页。

信中说：

> 元培当南京后，即时有以江南图书馆事相告者，适马相伯先生代理江宁都督，询之则言此图书馆当属于地方政府权限内，故一切事仍请马先生主持之。驻扎馆中之军队，曾属徐固卿总督下令迁地，亦复无效。马先生因请丹徒茅子贞君入馆任事，因茅君之子在宪兵司令部，有约束军人之权也。①

茅子贞长子、次子都参加了革命。长子茅乃登受徐绍桢之聘，任新军第九镇书记官，辛亥革命爆发时任江浙联军总司令部秘书部副部长，民国成立后任卫成总督府高等秘书官等职。蔡元培信中提到的是次子茅乃封，毕业于江南陆师学堂，曾赴日本游学，辛亥革命中任江浙联军总司令部参谋次长，南京临时政府成立后任江苏宪兵总司令长。1908 年全秉薰在南京时已经结识茅子贞，茅子贞当时曾评价他："先生寓此，有类微子之适周。贤人逊国，则本邦宜有继粟继肉之典。"②后来两人还保持联系。

全氏写金陵游诗不止此一首，其《登金陵南城门楼怀古》又云：

> 春雨金陵晓泊舟，登高一荡百年愁。
> 山河尽带氤氲气，天地中开佳丽州。
> 月满古宫香雾宿，风清绮陌淡烟流。
> 回头宇内男儿老，恨未曾生此夏州。③

---

① 《蔡元培（一通）》，钱伯城、郭群一整理，顾廷龙校阅：《艺风堂友朋书札》下册，上海人民出版社，2018 年，第 659 页。

② 于蓝田：《略附诸家评言序》，全秉薰：《精神哲学通编》，北京：精神哲学社，似为 1920 年，第 3 页。

③ 全秉薰：《登金陵南城门楼怀古》，《全氏宗约汇报·文苑》，转引自김성환：《曙宇全秉薰의생애와저술에대한종합적연구（2）——중국망명기（1908－1927）의역정》，《도교문화연구》39，2013.11.（[韩]金晟焕：《曙宇全秉薰的生平和著述的综合研究Ⅱ：中国流亡期（1908—1927）的历程》，《道教文化研究》第 39 辑，2013 年 11 月），第 155 页注 15。

陈三立曾经通过王梧生读到全秉薰所写金陵游诗，①诗集中有《为王梧生题朝鲜全秉薰所写金陵游诗卷子》，但题诗似在辛亥革命之前所作，主要针对的还是朝鲜的"兴亡"，所题为：

> 零落栖迟元裕之，一编映几对攒眉。
>
> 春灯不管兴亡事，又照新亭过客诗。
>
> 浣纸依稀血泪痕，帧沟娄尚挂云根。
>
> 麻鞋私汝行吟地，差许鹃声隔酒尊。②

全秉薰在中国的时间较长，与中国官场、士人之间的交往也十分密切。从他 1920 年在中国出版的著作《精神哲学通编》之序言（于蓝田撰）中，可以看到和他有交往、为其著作作评论，以及有过书函往来的中国人，有张人骏、王树枏、严复、蒋式芬、林世焘、茅谦、康有为、王秉恩、华衮、徐绍桢、萧运藩、张一麟、丁梦刹、江寿琪、江瀚（叔海）、庄蕴宽（思缄）、于蓝田，③此外还有端方、黎元洪、徐世昌、张绍曾、黄郛等，④不仅多为清末民初高官，而且多以文名世。全秉薰在辛亥前后联系的人士中，居于关键地位之一的是徐绍桢。全秉薰初到南京，寓居友人家，首

---

① 王梧生，名凤文，陕西咸宁人，光绪甲午进士，因见以部曹用，工书能诗，1914 年卒于南京。参阅郭长海：《关于〈近代爱国诗选〉中几关问题的商榷》，吴晓峰主编：《中国近代文学史证——郭长海学术文集》，上册，长春：吉林人民出版社，2005 年，第 397 页。

② 陈三立：《为王梧生题朝鲜全秉薰所写金陵游诗卷子》，陈三立著、李开军校点：《散原精舍诗文集》，上海古籍出版社，2014 年，第 305 页。

③ 于蓝田：《略附诸家评言序》，全秉薰：《精神哲学通编》，北京：精神哲学社，似为 1920 年，第 2—4 页。

④ 김성환：《曙宇全秉薰의생애와저술에대한종합적연구（2）—중국망명기（1908—1927）의역정》，《도교문화연구》39，2013.11.（[韩]金晟焕：《曙宇全秉薰的生平和著述的综合研究Ⅱ：中国流亡期[1908—1927]的历程》，《道教文化研究》第 39 辑，2013 年 11 月）。

先遇到徐绍桢,结为深交,曾有诗《金陵送徐提督》(徐受委任江北提督)。①徐绍桢对全评价甚高,并介绍他认识诸多名流,②张人骏等人就是通过徐绍桢介绍与全相识。徐绍桢是广东番禺人,辛亥革命时率第九镇起义,被推为江浙联军总司令,南京临时政府时期任南京卫戍总督,为孙中山部下。全秉薰上呈孙中山有无徐绍桢的因素,还待进一步的资料确证。1912 年呈孙中山的诗和信,或许只是全氏在华与中国要人交际的一个插曲,或是一种接触、联系的尝试。考察全秉薰在中国的交谊,多为清末主张改革的人物,他在本国也是改革主张者,其内心未必倾向革命。他向孙中山致函,只是因日本吞并朝鲜导致亡国之憾,祖国沦丧于异族,期待光复,遂以"自处其遗民之实情"③,在光复祖国的意义上与辛亥革命形成共鸣。但这种试图与中国最高层政治人物建立联系的愿望,并未就此消失。1913 年全秉薰入京,受袁世凯堂弟袁世勋推荐,上呈礼服、礼书、周公之礼治、条例、黄帝之丘井量法、保护东省

---

① 其诗云:"野树苍苍黄鸟飞,启行上将换征衣。牙纛日红倾郭出,楼船云碧过江归。人拟淞淮铜桂望,我期廊庙著龟依。离亭孰不忙然惜,远客最难歧路违。"全秉薰:《金陵送徐提督》,《全氏宗约汇报·文苑》,转引自김성환:《曙宇全秉薰 의생애와저술에대한종 합적연구 (2)——중국망명기 (1908 — 1927) 의역정 》,《도교문화연구》39, 2013.11.([韩]金晟焕:《曙宇全秉薰的生平和著述的综合研究Ⅱ:中国流亡期[1908—1927]的历程》,《道教文化研究》第 39 辑,2013 年 11 月),第 156 页注 17。

② 徐绍桢对全秉薰的评价为:"先生秉宇宙清明正直之气以生。遭时不偶,功勋政绩虽不获大著,而所陈多关大计,有古名臣风。出游多交中日之贤士大夫,卓哉为箕封古国之鲁灵光矣。著述宏富,道德文章,五洲宗仰,不独珠江誉满,岭云增色已也。"于蓝田:《略附诸家评言序》,全秉薰:《精神哲学通编》,北京:精神哲学社,似为 1920 年,序第 3 页。

③ 《全秉薰呈孙中山祭明孝陵诗》,翠亨孙中山故居纪念馆藏档,档号:GJ004324。

韩侨事七章程于袁政府，为袁所重。①

翠亨孙中山故居馆藏孙中山辛亥革命前后档案对于研究孙中山和辛亥革命具有重要的意义。本节撷取若干事例，可以从中看到普通人物对于革命的积极反应，看到下层新旧知识分子相异、相反思想观念的表达，也看到中外人士的深度交往和外人试图与革命后的中国政治领袖建立联系的尝试。其实就每个个体而言，在每件函件、呈文、个人作品的背后，都各有背景、各有诉求、各有具体的生存世界和交际网络。本节所述及的事例，也充分体现出历史舞台中心之外的新与旧、公与私、趋附与利用并存的复杂性。翠亨孙中山故居馆藏档案与常见的其他档案收藏相比，有其自身特点。它不是官方专门机构的收藏，对于资料来源方没有对应工作关系的限制，所存资料虽缺乏系统性，却体现广泛性（这与南京临时政府藏档相比有很大不同）；它没有经过保存者的哪怕最初级的处置，没有当事人的主观选择，不存在有意淘汰或掩盖某一些、某一类资料的现象，除少数散佚外，均能以原始形态散乱却完整地保存（这与常见个别人士或其幕僚主动将与自己相关的文电资料选编出版也有很大不同）；更重要的是，这批藏档所收文件同质性不强，关涉人群几无界限，涉及主题五花八门，所蕴含的观念和诉求也差异显著（这与宫崎家藏档案主要以孙中山一派革命党人为基本关涉群体不同）。这固然在整理编辑方面带来了巨大的工作量，但或许这种看上去零散紊乱、莫衷一是的特点，更能够对应当时本来就纷繁芜杂、无比丰富的社会实际面相。

---

① 김성환：《曙宇全秉薰의생애와저술에대한종합적연구（2）－중국망명기（1908－1927）의역정》，《도교문화연구》39，2013.11.（[韩]金晟焕：《曙宇全秉薰的生平和著述的综合研究Ⅱ：中国流亡期（1908—1927）的历程》，《道教文化研究》第39辑，2013年11月），第167－169页各注。

二、临时大总统的"难事"与"小事"

辛亥革命并没有带来一个现成的现代国家，革命后关于共和制度的种种设计、操作仍与中国的政治、社会实际隔绝脱离。孙中山虽然担任了临时大总统，但是困于时势，并不可能一展抱负，相反，面临政治、经济、外交等方面的严重困难。为摆脱困境，孙中山和临时政府采取了一些应对措施，但效果有限，有些措施反而严重影响了新政府的威望，产生了不利于政治认同的后果。对于孙中山领导的新政权来说，既是因为缺乏执政经验，也是情势危急下不得已而为之。而孙中山第一次以政治领袖的形象活跃于国内历史舞台，所经历的诸多政治事件同时也具有名誉事件的性质，尤以在任临时大总统时的"汉冶萍借款案"和卸任后的"比款"风波，影响巨大。孙中山对各类名誉事件的反应有刚有柔，有时倾向于妥协，有时奋起捍卫，其背后有不同的目标和条件分别支配，也对后来的历史进程产生深远影响。孙中山在临时大总统任上及辞职在野后，发起和参与了许多对革命参与者祭奠、追悼、题词、慰问、捐恤、稽勋、安置等活动。这些看似"小事"的工作，体现了一个革命领袖在革命成功后缅怀牺牲的感情寄托，更树立了革命牺牲的正面价值。临时大总统和南京临时政府的短暂实践，既为共和政治在中国的初次尝试留下了遗憾和阴影，也为孙中山为首的革命党人对日后的革命和建设的思考，提供了深刻的教训。

临时大总统的困厄与应对

　　1912 年 1 月 1 日孙中山就任中华民国临时大总统,4 月 1 日辞职,只有短短的三个月,其活动和政策却体现了前所未有的民主精神和现代气象,令人耳目一新。近 30 年来,学术界对于这一段历史进行了深入的研究,南京临时政府的性质和意义、经济政策、法律、民族、教育问题及其失败的原因等问题,都得到了广泛讨论。①然而临时大总统和临时政府的所作所为,并非一帆风顺、无懈可击,深入剖析孙中山在临时大总统任上的困境与失策,总结南京临时政府的经验教训,对于理解中华民国的肇建历程、理解共和制度在中国实践的命运,乃至理解 20 世纪中国建设现代国家的长期性,都具有重要的学术价值和时代意义。

---

　　① 　参阅苏全有、邹宝刚:《改革开放以来南京临时政府研究述评》,《大连大学学报》2012 年第 1 期;魏晓锴、段锐:《"辛亥革命暨南京临时政府成立"国际学术研讨会综述》,《民国档案》2012 年第 1 期;张宪文等:《共和肇始——南京临时政府研究》,南京大学出版社,2011 年。

一、艰难时局

孙中山在回国途中，曾经向人宣言："现在各国政府士夫，均望文速归，组织中央政府。此事一成，则财政、外交皆有头绪，此外问题亦因之迎刃而解。"①现实却完全没有这么值得乐观。南京临时政府面临的重重困难，远远超出了孙中山的预期，也深刻影响到新政权执政的方方面面。

新政权产生于传统中国数千年封建制度和思想根深蒂固的环境之中。清末政治和社会弊病丛生，各地光复过程和力量对比异常复杂，许多旧时代的因子，同样影响着新政权。各地光复后，军队的组成十分复杂，多数武装实际是清政府原有武装反正而来；许多地方武力摇身一变，即入民军编制；还有很多私自招募军队，"甚至自称军官名号，联络痞棍，借词筹饷，扰害地方"。②军纪问题成为困扰新政府的重要问题。就在临时政府所在地南京，军纪问题也到了十分严重的地步。一向表同情于民国的上海《泰晤士报》，也不隐晦地登载了南京各军队纪律不整的情形。其他各地的情况更为严重，各省光复以来，"有非依法律辄入人民家宅，搜索银钱、衣物、书籍据为己有者；有托名筹饷，强迫捐输，甚且掳人勒赎者；有因小怨微嫌，而擅行逮捕人民，甚或枪毙籍没，以快己意者。排挤倾陷，私欲横溢，官吏放手，民人无依。"③军纪涣散和军队与地方民众冲突到了非常严重的程度。

革命党人内部的不统一，是临时大总统面临的最严重的政治困境之一。革命党人之间的隔阂渊源已久，同盟会和光复会的矛盾不仅没有消除，反而愈演愈烈。上海光复后，即发生沪军都督职位之争。1912年1月14日，光复会领导人陶成章被刺杀于上海法租界广慈医院；李

---

① 《孙中山先生致龙济光》，《天铎报》1912年1月3日，"中外大事"。
② 《陆军部禁止私自招兵募饷文》，《临时政府公报》第7号，"令示"。
③ 《痛哉孙中山之吏治谈》，《申报》1912年3月30日，"要闻一"。

燮和也在沪淞间屡次遭受暗算,其中就有陈其美派出的刺客。①作为光
复会领袖的章太炎、李燮和等人与孙中山一派在步调上基本不能一致,
对于南北议和、定都之争,都作了反对孙中山的选择,先是主张反对议
和、要求北伐,继又主张临时政府设北京,反对孙中山和同盟会人争取
袁世凯南下任职的努力。在广东汕头,光复会员、民军司令许雪秋、陈
芸生等与同盟会员之领军者势成水火,章太炎致函孙中山,指出两会若
以名号相争,而令挟私复怨,徒令粤东糜烂。②同为革命党的文学社和
共进会甚至到了相互仇杀的地步。同盟会内部,也存在严重的人心离
散问题。

　　外交上,新政权极力争取国际社会的承认和支持,但收效甚微。孙
中山对于日本的支持最寄予厚望,却完全没有实现的可能。支持孙中
山的日人犬养毅离日赴华前,外务大臣内田康哉对犬养说:"中国行共
和政治对日本不利,所以我们反对,必要时,日本将以武力维持中国的
君主政体。请您将这种方针转达南方革命党的领袖。"③孙中山还设想
通过给予日本巨大经济和政治利益来谋求日本给予新政府财政援助,
日本方面都未能以友好同情的态度予以对待。孙中山又谋求促成美国
率先支持新政权,1912 年 2 月 8 日,孙中山在总统府接见美记者麦考
密克(Fredrick McComick)及美驻华使馆参赞邓尼(Charles Daniel
Tenney,丁家立),并介绍其与南京政府各部总长晤面。④2 月 10 日,邓

　　① 　张任天:《我所知道的陈其美》,中国人民政治协商会议浙江省委员会文
史资料研究委员会编:《浙江辛亥革命回忆录续辑》,杭州:浙江人民出版社,1984
年,第 54 页。

　　② 　章太炎:《与孙中山》,马勇编:《章太炎书信集》,石家庄:河北人民出版社,
2003 年,第 418—419 页。

　　③ 　陈鹏仁:《孙中山先生与日本友人》,台北:大林书店,1973 年,第 33—
35 页。

　　④ 　韦慕廷著、杨慎之译:《孙中山——壮志未酬的爱国者》,广州:中山大学
出版社,1986 年,第 336 页、第 86 页。

尼与麦考密克再次会见孙中山，据麦考密克记述："美国的外交代表，以无庸置疑的明确性与无庸置疑的强调语气告诉孙中山，美国是决不会承认南京政府的，以迫使孙中山将此视为来自美国的具有摧毁力量的最后通牒。"①

经济上，南京临时政府基本上是在财政枯竭的情形下运作。"建设伊始，庶政待兴，支出则刻不容缓，收入则的款无多"。②武昌起义后，列强将东南独立地区的关税全部掌握在自己手中，决不向革命政府提供；四国银行团根本不承认南方政府有借款的资格；内债发行成效微乎其微（孙中山批准发行中华民国军需公债，定额为 1 万万元；2 月 2 日发行，但定购寥寥，只售出 7371150 元。③）孙中山以临时大总统的名义竭尽所能地向世界各地华侨募款，虽得到不少响应，但实际所得与临时政府的巨大需求相比，实属杯水车薪，甚至其效果还不能与广东等地的地方政权相比。④各独立省份实际上没有向中央政府缴纳财政，反而索取不断。财政部向孙中山呈报吁恳大总统令行各省部督，"念国计关系之重，谅本部筹划之艰，将应解部款，从速催缴。其有不足，应行设法弥补之处，并请咨照参议院议定救济方法，俾本部得所遵守，而财政藉以维持"。⑤ 孙中山要求各省都督尽快上解部款，以济急用。批示语气已极诚恳：

> 中央与各地互相维持，新造民国乃得立于不败。我各省贤达

① 卿斯美：《辛亥革命时期列强对华政策初探》，中华书局编辑部编：《纪念辛亥革命七十周年学术讨论会论文集》中册，北京：中华书局，1983 年，第 1359 页。

② 《大总统令各省都督将解部各款从速完缴文》，《临时政府公报》第 53 号，"令示"。

③ 千家驹编：《旧中国公债史资料》，北京：财政经济出版社，1955 年，第 33、366 页。

④ 《中华致孙总统电》，《少年中国晨报》，1912 年 1 月 6 日，"本埠新闻"。

⑤ 《大总统令各省都督将解部各款从速完缴文》，《临时政府公报》第 53 号，"令示"。

有为之都督、司令及百有司，必能深明此义，无俟本总统之反复说明。除照所呈另咨参议院外，为此令仰该都督，即将应解部款从速完缴，俾资挹注，切切毋违。①

然而只能在公文上"反复说明"而已，情形实际无所改善。

临时大总统面对如此困境，首要采取一些有针对性的措施，以期治标，维持新政权的形象与运行。为解决军纪问题，孙中山于1月16日、20日命令陆军部严加约束士兵，颁令整顿军纪。就南京市民为军队滋扰事上书孙中山并要求江苏都督常驻南京，孙中山专门复函："本总统就任以后，首谋统一军队，近连日与陆军当局筹议办法，不日当可军纪一新。愿诸君转达市民，少忍以待。"②对于各地，孙中山也明令严惩抢掠劫杀之举动，以维持公安，"果真有抢掠劫杀之举动，自要严惩。即系民军，亦以守法与否为断"。③ 3月28日通令各省都督，务须严饬所部，勿许越法肆行，若有违法行为，"一经调察确实，立予尽法惩治，并将罪状宣示天下，以昭儆戒"。④ 针对不少地方在光复后纷纷更举都督，局势不稳，各地的民军之间也相互不信任，间有冲突，孙中山3月19日发布大总统令，要求各地维持现状，保全公安，勿各自为政。令文中称：

> 所有地方官制，按照约法，应由中央制定公布施行，地方议会有无选举督官之权，自应于官制内规定，由参议院议决。若各省于此项官制未公布以前，各自为政，再纷纷另举都督，大局必更紊乱，且与统一之旨相背。目前办法总以维持现状、保全公安为宗旨，万

① 《大总统令各省都督将解部各款从速完缴文》，《临时政府公报》第53号，"令示"。
② 孙中山：《复南京市民函》，中国社会科学院近代史研究所中华民国史研究室、中山大学历史系孙中山研究室、广东省社会科学院历史研究室编：《孙中山全集》第2卷，北京：中华书局，1982年，第39—40页。
③ 《临时政府公报》第13号，"电报"。
④ 《痛哉孙中山之吏治谈》，《申报》1912年3月30日，"要闻一"。

不可轻易纷扰，致生枝节。①

对于各地民军间的矛盾冲突，孙中山也以中央政府名义调解安抚，"所恃以维系者，唯顾全大局之一念耳"。②这些措施未必真能有多少实际效果，但总体上还能维护新总统和新政府的形象，而另一些问题，则有可能带来损失和危害了。

二、对外借款中的威信损失

在财政窘迫、军需紧急，而所有筹款微乎其微的情况下，向外借债成为临时政府的主要筹款途径，以解燃眉之急。孙中山在 1911 年 12 月 21 日在香港与胡汉民、廖仲恺谈话时说："一俟临时共和政府成立，则财政无忧不继。因有外债可借，不用抵押，但出四厘半之息，已借不胜借。就现时情形论之，必须借外债。"③但南京临时政府向外借款成功的项目实际上不多，据李荣昌的研究，真正到手的款项只有 850 多万银元。④而在借款过程中发生的事情和临时政府采取的对策，则在客观上严重影响了新政府的威望和形象。

为解决财政问题，临时政府拟定以招商局局产为担保，向日本资本组织商洽借款银 1000 万两；以汉冶萍公司股票为抵押，向日本洋行借日金 500 万元。招商局抵借日债的决定立刻遭到招商局多数董事的反对，南京临时政府及所辖各军将领采取高压手段，1 月 20 日，招商局接到沪军都督府转来的各地军事长官的公函，措辞严厉，指出："执事等别有谋划，欲危民国，以利一己，是为我民国之公敌，我军人等当先诛之！"

① 《民立报》1912 年 3 月 21 日，"临时大总统命令"；《申报》1912 年 3 月 21 日，"要闻一"。

② 《临时政府公报》第 34 号，"附录·电报"。

③ 《中山先生借款谈》，《天铎报》1912 年 1 月 1 日，"中外大事"。

④ 李荣昌：《南京临时政府财政问题初探》，《辛亥革命史丛刊》第 5 辑，北京：中华书局，1983 年，第 56 页。

要求于 48 小时内答复。1 月 30 日,招商局港澳股东甘作培等对临时政府表示异议,致电孙中山:"顷闻贵政府拟将招商局产抵押巨款,广州港澳股东闻之骇异。现集议均不公认,请将抵押一事取消,以恤商艰,而彰贵政府名誉。"2 月 1 日招商局股东会,港澳股东甘作培等 29 户共6500 余股、邓荣基堂等共 28 户 542 股来函不承认抵押借款。2 月 6日,孙中山致函招商局董事、股东,解释以招商局抵押借款理由,并说明此举无损招商局权利,指出"政府因于军需、国用孔亟,非得巨款无以解决民国之困难。战士既不惮牺牲其生命,则我商民亦必致其力尽义务于国家。前者提出以招商局局产抵押借款之议,实于贵局之权利利益毫无所损"。并确认:"一、此项借款,其本利俱由中华民国政府担任偿还,不使招商局受丝毫之损害。二、招商局如承认此次借款,中华民国当承认招商局为民国国家邮船公司。三、扩张其外洋航路,予以相当之补助津贴,其详细办法可俟协商定之。"① 10 日,临时政府派陈其美、汪精卫出席招商局董事会会议,再申明上述三条件。②后孙中山通过广东都督陈炯明转电甘、邓等,要求他们放弃反对立场,③由于招商局多数股东的抵制,虽经孙中山解释仍未允协。日方后又提出将抵押贷款改为中日合资,更加损害中国方面的利益,国内其他政治势力对此事意见也相左,参议院也向政府质问。德、美两国得知后首先抗议,英国亦欲出而竞争,故此项借款也未能成立。④

汉冶萍公司抵押借款与此类似。孙中山派人向逃亡日本之汉冶萍

---

① 以上电文均见《南京临时政府拟以招商局产抵借日债史料》,《历史档案》1983 年第 3 期。

② 《招商局董事会关于南京临时政府借款事项会议记录》,《中华民国史档案资料汇编》第 2 辑,南京:江苏古籍出版社,1991 年,第 305—307 页。

③ 《临时政府公报》第 13 号,"电报"。

④ 高劳:《临时政府借债汇记》,《东方杂志》第 8 卷第 11 号。关于招商局借款问题,参阅杨天石:《孙中山与民国初年的轮船招商局借款——兼论革命党人的财政困难与辛亥革命失败的原因》,《中国社会科学》1997 年第 4 期。

公司总经理盛宣怀募款，盛企图取得日本借款向临时政府输诚以保住产业，乃衔孙中山之命为借款奔走。日本财团早欲染指汉冶萍，盛宣怀于1911年末逃亡大连时，已与日方策划过中日合办事，而孙中山亦于该年12月末与三井洋行上海分行经理山本条太郎议及中日合办汉冶萍公司。此后，汉冶萍中日合办借款事乃通过盛宣怀进行。盛宣怀表示："目前即以产业加借押款，无人肯借，或如来电所云，华日合办，或可筹措；或由新政府将公司产业股款、欠款接认，即由政府与日合办。股东只要股款、欠款皆有着落，必允。否则，或由公司与日商合办，均可。"①孙中山原本设想由公司自借巨款，由政府担保，先将各欠款清偿，留一二百万作重新开办费，再多借数百万转借与民国。盛以此意与原拟中日合办不符，且汉冶萍欠款甚巨，提出借款事难于办到，②临时政府只能退而谋求中日合办。1月26日，临时政府、汉冶萍公司、三井物产株式会社于南京签订《汉冶萍公司中日"合办"草约》。规定：公司股本为日金3000万元并由中日合资办理，公司股本中日各半，除公司现存由日本借入日金1000万元外，公司尚须续借日金500万元，以上借款1500万元，应作为日人投入公司股本。在本合同第三款借款内，由汉冶萍公司借临时政府500万元，应付现金若干，其余作为临时政府向三井购买军装之需（英文本作"购买武器与军火"）。《借款合同要点》说明："中华民国若对外国出让中国矿山、铁路、电力等权利时，应在同等条件下优先让予三井。"③2月2日，孙中山、黄兴分别以中华民国总统、陆军总长名义签署承认南京临时政府与日本三井洋行订立借款续

① 《王勋致陈荫明电》，陈旭麓编：《辛亥革命前后·盛宣怀档案资料选辑之一》，上海人民出版社，1979年，第231页。
② 《陈荫明复王勋电》，陈旭麓编：《辛亥革命前后·盛宣怀档案资料选辑之一》，上海人民出版社，1979年，第231—232页。
③ 《汉冶萍公司中日"合办"草约》，陈旭麓、顾廷龙、汪熙主编：《盛宣怀档案资料》第三卷《辛亥革命前后》，上海人民出版社，2016年，第235—236页。

合同,三井洋行代汉冶萍公司备款日金 250 万元借与民国政府。①这一复杂过程的要点,是以南京临时政府核准汉冶萍公司中日合办为先决条件,由公司自身产业抵借,再假手三井会社转交政府借款。②汉冶萍借款签约后,遭到许多方面的反对和舆论的批评。章太炎于报端撰文批评并致函孙中山,希望孙中山"及今事未彰布,速与挽回",③并表示如孙中山不改弦更张,将与之决裂。张謇亦持反对意见,致函指出:"民国政府建立伊始,纵不能有善良政策,为国民所讴歌,亦何至因区区数百万之借款,贻他日无穷之累,为万国所喧笑?比来上海各西报,对于吾政府时有微词。"④并愤而辞临时政府实业总长职。

为汉冶萍及招商局抵押借款事,在政府运作上费尽了周折,但最终既未顺利得到借款,反而对临时政府之声誉和威信大有损害。在经过参议院历次质询后,因"各省反对,舆论哗然",孙中山命盛宣怀"宜早设法废去此约"。⑤3 月 22 日,汉冶萍公司在上海开临时股东会。到会440 人,计 208838 股,全场一律反对中日合办,超过公司全股十分之八,合同草约乃宣告无效。⑥这些过程,牵扯了临时政府和孙中山大量精力,最终结果却不免"政府名誉"受到重创,有失无得。

---

① 《南京临时政府与日商三井借款续合同》,《中华民国史档案资料汇编》第 2 辑,南京:江苏古籍出版社,1991 年,第 339 页。

② 关于汉冶萍公司抵押借款问题,参阅代鲁:《南京临时政府所谓汉冶萍借款的历史真象》,《近代中国》第七辑,上海:立信会计出版社,1997 年。

③ 章太炎:《与孙中山》,马勇编:《章太炎书信集》,石家庄:河北人民出版社,2003 年,第 420 页。

④ 张謇:《为汉冶萍借款致孙总统、黄部长函》,张謇研究中心、南通市图书馆编:《张謇全集》第 1 卷,南京:江苏古籍出版社,1994 年,第 239 页。

⑤ 《盛宣怀致李维格密电》,陈旭麓编:《辛亥革命前后·盛宣怀档案资料选辑之一》,上海人民出版社,1979 年,第 253 页。

⑥ 《盛宣怀、李维格致小田切万寿之助电》,陈旭麓编:《辛亥革命前后·盛宣怀档案资料选辑之一》,上海人民出版社,1979 年,第 261 页。

三、与舆论界的冲突

《暂行报律》风波是临时政府时期另一件影响很大的事件，1912 年 3 月 4 日，南京临时政府内务部以清政府颁布的《印刷物专律》等法规"未经民国政府明白宣示，自无继续之效力"，宣布无效，在民国报律尚未制定之前，先定《暂行报律》三章，用以规范新闻出版界言论。其内容有：新闻杂志已出版及今后出版者，其发行及编辑人姓名，须向本部呈明注册，或就近地方高级官厅呈明，咨部注册；兹定自令到之日起，截至阳历 4 月 1 日止，在此期限内，其已出版之新闻、杂志各社，须将本社发行及编辑人姓名呈请注册；其以后出版者，须于发行前呈明注册，否则不准其发行；流言煽惑、关于共和国体有破坏弊害者，除停止其出版外，其发行人、编辑人并坐以应得之罪；调查失实、污毁个人名誉者，被污毁人得要求其更正；要求更正而不履行时，经被污毁人提起诉讼，讯明得酌量科罚。①

报律颁布之后，在中国报业最为集中的上海，引起轩然大波。章太炎立即出而指责《暂行报律》制定程序违法，指出"民主国本无报律"，"立法之权，职在国会，今纵国会未成，未有编定法律者，而暂行格令亦当由参议院定之。内务部所司何事，当所自知。辄敢擅定报律，以侵立法大权。己则违法，何以使人遵守"。②新闻界人士成舍我则以钳制言论自由谴责临时政府，认为"言论自由，共和国之通例；监督政府，报纸之天职。今新政府雏形未完，我言论界对于当轴之举动，方自愧未能确尽监督之天职，不谓内务部反横加取缔，钳制我自由之言论。吁，可异矣"。③ 3 月 6 日，中国报界俱进会在上海召开紧急会议，一致同意拒绝执行，并上书临时大总统孙中山称："今统一政府未立，民选国会未开，

① 《内务部颁布暂行报律电文》，《临时政府公报》，第 30 号，"法制"。
② 章太炎：《却还内务部所定报律议》，《时报》，1912 年 3 月 7 日，"代论"。
③ 《申报》，1912 年 3 月 7 日，"清谈"。

内务部擅定报律,侵夺立法之权。且云煽惑关于共和国体,有破坏弊害者,坐以应得之罪。政府丧权失利,报纸监督并非破坏共和。今杀人行劫之律尚未定,而先定报律,是欲袭满清专制之故智,钳制舆论,报界全体万难承认,除通电各埠外,请转饬知照。"①在该电文署名的除报界俱进会外,还有《申报》《新闻报》《时报》《时事新报》《民立报》《大共和日报》《民报》《神州日报》《民声日报》等。南京临时政府遂因《暂行报律》一事而自陷窘境。

孙中山对于《暂行报律》一事可能并未与闻,事件发生后,孙中山积极补救。3月6日,居正找到总统府秘书长胡汉民,商量"浇熄此祸",胡汉民表示同意。孙中山对其笑曰:"取消可乎?"②9日,《临时政府公报》发布孙中山令取消《暂行报律》。令云:

> 言论自由,各国宪法所重,善从恶改,古人以为常师,自非专制淫威,从无过事摧抑者。该部所布暂行报律,虽出补偏救弊之苦心,实昧先后缓急之要序,使议者疑满清钳制舆论之恶政,复见于今,甚无谓也……寻三章条文,或为出版法所必载,或为国宪所应稽,无取特立报律,反形裂缺。民国此后应否设置报律,及如何订立之处,当俟国民议会决议,勿遽亟亟可也。③

这一事件反映了新政权在处理与舆论界的冲突时行事仓促,缺乏政治经验,严重影响了南京临时政府与舆论界的关系。从临时政府的立场而言,以当时纷乱之局势和复杂之舆情,对舆论实行控制,确实是保障革命成果和新政权顺利行政的迫切需要,但是在理论层面上,《暂行报律》的出台确实于理有悖,特别是与当时新的共和国家诞生后,舆

---

① 《时报》1912年3月6日,"上海报界上孙大总统电"。

② 居正:《报律闯祸》,陈三井、居蜜编:《居正先生全集》,台北"中研院"近代史研究所,1998年,第192页。

③ 《大总统令内务部取消暂行报律文》,《临时政府公报》第33号,"令示"。

论界要求言论自由、新闻自由的理念背道而驰。在技术层面上，由内务部颁布《暂行报律》也是十分是草率的。《报律》中对于罪与非罪，并未有清晰的界定，容易在实施中被误解和滥用，因而制定者一时成为众矢之的，被指责有政治上的居心，也就不足为奇。就当时的舆论氛围看，人们刚刚从封建专制的压迫中得到解放，对言论出版自由权利不得滥用法律限制、新闻事业发展不应受到法律钳制的愿望十分强烈，临时政府制定《暂行报律》，至少在形式上有违于人们的愿望，也与新政权的民主形象和趋新立意背道而驰。孙中山从善如流，听取了新闻界的反对意见，明确表态取消暂行报律，这是一种明智的补救。此后临时政府努力修复与舆论界的关系，为报界提供各种便利，以期挽回。3月17日，《临时政府公报》发布孙中山批上海日报公会呈，表示：

> 报纸代表舆论，监督社会，厥功甚巨。此次民国开创，南北统一，尤赖报界同心协力，竭诚赞助。①

孙中山遂将上海日报公会所呈军兴之后困难情形发交通部核办，并令交通部准报界公会所拟减报界邮电费办法。临时政府交通部呈复：拟嗣后凡关于报界之电费，悉照现时价目减轻四分之一，邮费减轻二分之一，庶商困得以稍疏，而邮、电两政亦不致大受影响。电费一项，令行上海电报总局知照；邮费一项，恳电袁大总统转饬北京邮电总局遵照。孙中山亦为此致电袁世凯，请其转饬遵办。②但其后临时政府与报界的关系实在很不如人意。后来在定都问题上，报界对南京临时政府百般刁难，多数报纸舆论都主张定都北京。其他反对临时政府的言论也屡见报端。新生的民主政权本来是舆论自由的创造者和保障者，却

---

① 《大总统令交通部核办报界公会请减邮电费文》，《临时政府公报》第41号，"令示"。

② 《大总统为减轻报界邮费致袁大总统电文》，《临时政府公报》第49号，"纪事"。

在面对报界舆论时,遇到尴尬的局面。

四、议会政治操作上的失当

南京临时政府采取总统制,孙中山为临时大总统,政府各部的总、次长中,同盟会占据多数,次长各席均为同盟会人,"次长取实",掌握主要权力。在这种原本对同盟会有利的格局下,临时政府行政执行力存在严重欠缺。革命党人未能充分利用制度上的有利条件,将优势运用到行政方面,相反,在议会的运作上,却一再显示出利用党势压制不同意见的倾向,使新政权的民主政治在具体操作上,产生不利于各政派政治认同的后果。

1912 年 2 月 14 日,临时参议院讨论孙中山辞职咨文关于临时政府地点设于南京之条件,用记名投票法表决。当日 28 票中有 20 票主北京,5 票主南京,2 票主武昌,1 票主天津。据吴玉章记述,开会的时候,革命党人李肇甫上台陈述迁都北京的必要,参议员中原来就有不少人对袁不愿南下表示同情,赞成迁都北京的人便成了多数。这与孙中山等革命领袖的初衷完全相反。孙中山一派极力运用同盟会在参议院中的力量优势,不顾一切争取翻案。孙中山和黄兴当晚把李肇甫叫来痛斥了一顿,并限次日中午 12 时以前必须复议改正过来。①胡汉民的回忆也说:

> 定都南京之议,参议院不同意,谓不足以控制东北。盖太炎、钝初反对最力,以为迁都南京,即放弃满、蒙……参议院惑于其语。(孙中山)先生召克强至总统府,让之,克强亦谓党中不应有异议。先生遂召集院中同志黄复生、李伯申(即李肇甫)、邓家彦等,为评言其得失,则皆唯唯。依参议院法,须政府再交院议,始能推翻原案。邓、黄等以是请。克强遽曰:"政府决不能为此委曲之手续,议

---

① 吴玉章:《辛亥革命》,北京:人民出版社,1961 年,第 158—159 页。

院自动的翻案，尽于今日。否则吾将以宪兵入院，缚所有同盟
会去。"①

第二天清晨，秘书处把孙中山提请复议的咨文作好后，需要盖总统
印，而孙中山已动身祭明孝陵去了。黄兴也正在穿军装，准备起身到明
孝陵去。吴只好通过找到胡汉民，拿来了钥匙，开了总统的抽屉，取出
他的图章盖了印，把咨文发了出去。同时，通知所有的革命党人，必须
按照孙中山的意见投票。②当日参议院举行临时大总统选举前，由广
东、广西参议员临时动议，表示临时政府地点须重议，非改在南京不可，
否则愿以身殉会场。众谓不可如此，即欲重议，亦须俟总统交令复议。
刚好此时总统府提请复议之咨文送达，遂开重议，仍用记名投票法表
决。开票结果，计得 27 票，其中 19 票主南京，6 票主北京，2 票主武昌。
但直隶、奉天、江苏、云南、陕西、山西六省始终主张北京。③虽然在政治
上，革命党的这一做法有维护共和政权根本利益的合理性，但以形式上
如此明显的独断方式支配议员、操纵参议院，并不能使参议院中少数派
和一般社会舆论感到信服。这一成果后来在袁世凯略施小计的操控之
下，轻易被瓦解，也从另一方面反映了其决策基础的薄弱。

2 月底，为临时政府自行向俄华道胜银行借款一事，临时参议院以
临时会议的方式，在参加之议员人数极为不足的情况下(仅 14 人到场，
8 票赞成)，快速通过该借款案。这一做法虽然是为了尽快通过，以利
时局，但显然违反了参议院议事规则。湖北参议员刘成禹、时功玖、张
伯烈，向议长、同盟会人林森提出此案违法，表决应无效，林森未予理
睬，摇铃宣布散会。次日刘成禹等仍坚持该案违法的立场，依据《参议

① 《胡汉民自传》，《近代史资料》总 45 号，北京：中国社会科学出版社，1981
年，第 57—58 页。

② 吴玉章：《辛亥革命》，北京：人民出版社，1961 年，第 151 页。

③ 《参议院议决临时政府之地点实情》，《时报》1912 年 2 月 25 日，"要闻"。

院议事细则》相关条文,质问林森,谓其为违法之表决,主张昨议无效,引起会场纷争。林森以议长身份,呵斥刘等,"声色俱厉"。①刘成禺、时功玖、张伯烈三人遂以"议长对于议员,竟如野蛮法官对待囚虏",宣布辞职。②此事在主要报纸上都有连续的报道,对同盟会人在参议院中的民主形象造成了较大的负面影响。③

革命党人对于南京临时政府寄予希望与抱负,自不待言;民众对于新政权的观感与期待,也见诸言论。然而,临时大总统和临时政府面对困难的时局,在若干问题的应对上处置失当,既未达到克服困难、走出窘境的目标,又留下对新政权极为不利的负面影响。这并非有意苛求前贤,在主观方面,南京临时政府只是民主共和政治在中国初次实践,革命党人纵然有着实现民主政治的理想和目标,也为之有过长期的奋斗,但毕竟在实践中缺乏执政经验,也缺乏与各种势力进行政治角力的策略。从客观上看,当时情势危急,有些措施实为不得已而为之。孙中山在就任临时大总统前,曾坚定地表示:"若新政府借外债,则一不失主权,二不用抵押,三利息甚轻。"④这些原则在现实困难面前显得丝毫无力。在汉冶萍借款中,孙中山并非不知利权有外溢之处,也并非意识不到某些做法对新政权可能造成极其负面的后果,孙中山和南京临时政府的实际苦衷,后来者深应以"同情之了解"看待。更深层的问题在于,中国的政治和社会,要具备理想中的民主体制的运作条件,尚需时日。辛亥革命后,中国面临的最大问题,还不是共和制如何设计和操作,而是种种设计、操作仍只是停留在纸面上,与中国的政治、社会实际隔绝

① 《参议院议员以借款案辞职》,《申报》1912年3月1日,"要闻一"。
② 《鄂省参议员刘成禺时功玖张伯烈辞职之公布》,《申报》1912年3月2日,"要件"。
③ 此案相关过程可参阅李学智:《关于民国元年参议院风波的几个问题》,《近代史研究》1997年第1期。
④ 《中山先生借款谈》,《天铎报》1912年1月1日,"中外大事"。

脱离，对基层社会进步的引导十分有限，也难以真正控制基层。临时大总统和南京临时政府的短暂实践，从另一方面揭示出，现代中国需要找到向现代国家转变的现实途径，这个过程不管人们的主观愿望如何，都将是十分艰难和漫长的。

民国初年孙中山对名誉事件的反应

自 1911 年底从海外回国就任临时大总统,至 1913 年二次革命失败后再度流亡,是孙中山第一次以政治领袖的身份在中国国内历史舞台上活动的时期。孙中山的个人形象和名誉,不仅对于其本人,而且对于当时政局,都具有重要意义,亦影响后来历史。无论在临时大总统任上,还是卸任之后的一段时期,孙中山经历的许多政治事件,同时也具有名誉事件的性质,其中有正面的,也有负面的。孙中山如何看待和应对这些名誉事件,特别是负面名誉事件,联系当时复杂环境,值得深入剖析。①

---

① 民初孙中山的形象问题,相关研究有:侯杰、冯志阳《媒体与领袖形象的建构——以〈大公报〉中的孙中山为例》论述了《大公报》中孙中山形象的变化及其影响因素,该文收于侯杰主编:《"孙中山与中华民族崛起"国际学术研究会论文集》,天津人民出版社,2006 年,第 417—431 页。莫世祥、陈红利用《香港华字日报》《中国日报》《中国旬报》等资料论述了清末民初孙中山政治形象的演变以及传播和得到社会公认的外延过程,该文收于收录于孙中山基金会、澳门地区中国和平统一促进会编:《孙中山与辛亥革命》(上册),2012 年,第 251—265 页。本节涉及的一些重要事件,其基本史事,学界大多已有专门研究,本节主要考察其中所反映的名誉问题,和孙中山应对的主要做法。

一、孙中山的个人形象与声誉

孙中山较早在革命党人中确立了崇高的威信和革命领袖形象，但主要反映在海外华人和留学生之中，直至辛亥革命前夕，国内舆论和民众对孙中山的认识，仍很不充分。武昌起义后突如其来的革命形势，为孙中山形象和声誉的建立创造了空前的条件，在原来几乎一片空白的基础上，孙中山的个人形象和名誉迅速树立起来。如果说在临时大总统任上，孙中山的这一形象还主要局限在南方革命党势力控制的区域；那么到孙中山辞去临时大总统时，则迅速形成南北舆论相对比较一致的评价，达到了民初孙中山个人声誉的顶峰。孙中山"虚位待袁"被誉为"推贤让功"，有谓孙中山"清风亮节"、"真足以为我共和国民之模范，立天下万世之师表而无憾"；也有谓孙举袁世凯为总统"大公无我"、"高不可及"。即使在革命初期保持对革命批评态度的《盛京时报》，也罕见地刊载称颂孙中山的评论，尊孙中山为"圣品"。①《民立报》徐血儿《书孙中山先生解职事》一文，更充分地表达了对于革命领袖的赞誉：

> 适中山归国，群情欢跃，遂共推戴为民国临时大总统，组织临时政府。中山先生以服务为心，不忍却之，卒肩重任而不辞。斯时大局之得以无虞，实以中山之德望，足以符国民之宿愿也。然当中山就临时大总统职时，即抱一让贤之意，故就职之后，即电告袁君慰庭，谓愿虚位以待贤者，望早定大计，以慰四万万人之渴望云云。则今日之解职，固中山之夙志也。其誓词有曰：至专制政府既倒，国内无乱，民国卓立于世界，为列邦公认，斯时文当解临时大总统之职。故民国完全统一后，先生即以其誓于国民者践行之。盖自

① 空海：《对于南京临时政府诸公之希望》，《民立报》，1912 年 2 月 17 日，"社评"；行严（章士钊）：《新总统与内阁政治》，《民立报》，1912 年 2 月 21 日，"社论一"；血儿：《时事杂感》，《民立报》，1912 年 2 月 22 日，"天声人语"；《孙文·圣品》，《盛京时报》，1912 年 2 月 28 日，"烛微共和党人物评"。

受任以来，莫不以和平中正之治术行之，虚衷纳谏，勇于改过，日夜兢兢，卒使袁君得成统一之功，而吾民之以统一大任，属之袁君，亦所以成先生之让德也。权势利禄之争，久为吾人所厌薄，先生曾言之矣。重服务而轻权利，此共和国之元气也，其于袁大总统就任后而先生不亟行解职者，以国务员未确定，统一政府之形式未立也。此尤见先生爱护国基之至意，而不自居谦让之美名矣。中山先生之足为国民所式于千秋万世也，岂不懿哉。①

自然，这一声誉高峰的形成，是以孙中山被迫放弃实际政治地位为前提的，袁世凯和北方政治势力取得实利，并不吝惜对孙中山的空头赞扬。孙中山和革命党人出让了他们本来也无实力掌握的权力，而收获了"首倡共和"、"功成身退"的赞誉，也算是革命为数不多的成果之一。

1912年下半年，围绕授勋问题，孙中山的个人名誉又一次引起关注。10月上旬，袁世凯颁布临时大总统令，谓"现在举行国庆纪念典礼，深维民国创业之劳，允宜赠授勋位，旌显元功"，特授孙中山、黎元洪以大勋位，黄兴、唐绍仪、伍廷芳、程德全、段祺瑞、冯国璋勋一位。②孙中山复电辞谢，表示"十余年来，持平民主义，不欲于社会上独占特别阶级，若滥膺勋位，殊与素心相违"。③授勋一事，对孙中山并无实际意义，辞勋与辞去临时大总统一样，得到一般好评。但时过境迁，舆论也有谓此次授勋"以现任大总统，封赏前任大总统"，实属"民主国之奇闻"、"共和国之创例"，深不以为然。④ 孙中山对此十分明了，致书袁世凯，一再固辞，即使袁世凯派人亲送勋书，也表示一俟有便，将托人送京奉还。孙中山说：

① 血儿：《书孙中山先生解职事》，《民立报》，1912年3月28日，"社论一"。
② 《政府公报》，1912年10月，"命令"。
③ 《革命伟人之平民主义一》，《民立报》1912年10月14日，"专电·公电"。
④ 《大公报》，1912年10月25日，"闲评一"。

当今国家基本未固，尚非国人言功邀赏之时。国家所认以为功者，个人方将认为一己对于祖国所当尽之义务，而无丝毫邀赏希荣之心。文不敏，窃愿以此主义为海内倡。①

实际上，自1912年下半年到1913年上半年，孙中山已在策划如何从财政、外交、军事各方面预备与袁世凯政府的抗争，虚衔与空名已不在重点考虑之列。袁世凯政府"善后大借款"后，孙中山和他的同志们又重新恢复革命者（在袁政府和国内一般舆论中则为"叛乱者"）的姿态，再起革命，人言物议，已经置之度外。孙中山形象与声誉在此期间确立和变化的过程，在探讨其回应名誉事件的态度和做法时，是需要先予了解的。

二、临时大总统任上的辩护和处置

在临时大总统任上，孙中山和南京临时政府的实力和作为有限，执政的实际意义难以高估，新政府和领袖个人的名誉，倒反而比政策及执政实效更为引人注目。造成名誉损失的事件，大多是由于临时政府在一些具体问题的应对上进退失据而引发，个人名誉往往与新政府的名誉紧密联系在一起。由于与北方尚处于敌对状态，对孙中山和新政府的攻击和批评在性质上另当别论，孙中山所顾忌和需要应对的名誉问题，主要来自南方革命势力控制的地区，特别是来自革命党人内部。

在一方面处于政治弱势，一方面又要尽量维护南方内部团结的情况下，孙中山对于一般名誉事件，反应不甚激烈。如1912年3月9日，广东《七十二行商报》刊载以"南京同盟会本部"名义发表的电文，有"上海各报都被买收"之语，上海日报公会及各大报馆联名致电孙中山，要求孙作为同盟会会长，予以澄清。②孙中山复电上海各报馆，声明同

① 《孙中山固辞大勋位书》，《民立报》1912年12月17日，"新闻四"。
② 《上海各报馆被诬之交涉》，《申报》1912年3月18日，"要件二"。

盟会本部"并未发过此项电文,在宁本部亦无各省分会之组织。该报所载,实与本会无涉",此事完全属于"名义"被人"妄用"。①除致电报馆外,还通过《民立报》通电各政党,②但也仅如此而已。

除此事关涉同盟会,另一类似事件主要针对临时政府。1912 年 3 月 26 日,章太炎在《大共和日报》刊登《诘问南京政府一等匿名印电》,对该电所云章太炎主张建都北京,袁世凯拟以功授以教育总长或最高顾问之职、并要求晋京陛见一事,提出诘问。③3 月 27 日早晨,孙中山为此事复函章太炎,说明该电系奸人伪托,并已下令电局查报,复函中也只是解释道:"其人心事无赖,而造语不通,不足当识者一噱也。"又宽慰章太炎:"时局虽称大定,然图治未见加奋,思乱者仍犹未已,于极无聊赖中,犹欲试其鬼蜮。民德如此,前途大可忧也。"④在泛泛而论中,力图将具体事件予以淡化。

临时大总统面临的最严重的名誉风波,是汉冶萍公司抵押借款事件。此事虽是以临时政府名义进行,但直接影响孙中山的个人声誉。前节已述,在财政窘迫、军需紧急,而所有筹款微乎其微的情况下,向外借债成为临时政府不得不谋求的主要筹款途径。临时政府初拟以招商局局产为担保,向日本资本组织商洽借款;后拟以汉冶萍公司为抵押,向日本洋行借款。前者由于招商局多数股东的抵制,国内其他政治势力意见相左,借款未能成立。后者打算通过逃亡日本之汉冶萍公司总经理盛宣怀进行,但盛已与日方策划将政府担保借款改为公司中日合办,迫使孙中山退而谋求合办,以便取得款项。汉冶萍借款签约后,遭

---

① 《神州日报》1912 年 3 月 21 日,首栏。

② 《民立报》1912 年 3 月 22 日,"专电·南京电报"。

③ 汤志钧:《章太炎年谱长编》,北京:中华书局,1979 年,上册,第 395 页。

④ 孙中山:《复章太炎函》,中国社会科学院近代史研究所中华民国史研究室、中山大学历史系孙中山研究室、广东省社会科学院历史研究室编:《孙中山全集》第 2 卷,北京:中华书局,1982 年,第 288—289 页。

到各方面的反对和舆论的猛烈批评，各报连续报道了临时参议院和一些议员反对、质问合办与借款的情形，特别提出："参议院为全国舆论之代表，以代表全国舆论之机关而起风潮，是不啻全国舆论隐隐皆起风潮也。全国之舆论而隐隐皆起风潮，是不啻全国之人咸与政府为意思之抵抗也。"①又纷纷刊登反对汉冶萍公司合办的电文和来稿，《申报》自 2 月 23－25 日，连续刊载民社联合各地共和会具名的《汉冶萍合资公揭》，表示"全国人民无不痛心疾首，自应迅速取消前议"，发布以鄂湘赣三省人民公启名义的传单。②《申报》评论指出，"新政府之种种失机，皆此一念之虚骄误之也"，要求临时政府"急宜痛除虚骄之习"。③

除一般舆论外，对于南京临时政府来说地位极其重要的章太炎和张謇，对汉冶萍公司合办提出了强烈的批评和指责，对孙中山个人提出了严厉的责难。章太炎于报端撰文并致函孙中山，首先指出，无论从道理上，还是从程序上，汉冶萍借款签约一案都不能成立，"大冶之铁，萍乡之煤，为中国第一矿产，坐付他人，何以立国？"其次，指出此事导致孙中山"与盛宣怀同被恶名"，警告"以执事（指孙中山——引者注）之盛名，而令后来者指瑕抵隙，一朝蹉跌，自处何地？"还为孙中山指示了一个解决办法，即通过"召盛（宣怀）使募"即可，而不要将国家权利和个人名誉陷入困境，"令国丧主权，身冒不韪"。④张謇致函反对，并愤而辞职，已如前述。

这一事件发生之初，孙中山、黄兴等还是极力想把借款事情办成，以扭转临时政府的财政被动，因而并不把名誉问题放在第一位考虑，反

① 《申报》1912 年 3 月 6 日，"清谈"。

② 《汉冶萍合资公揭》，《申报》1912 年 2 月 23－25 日，"要件"；《抵制汉冶萍公司合办传单》，《申报》1912 年 3 月 12 日，"来件"。

③ 《论新政府今日急宜痛除虚骄之习》，《申报》1912 年 3 月 8 日，"评论"

④ 章太炎：《与孙中山》，马勇编：《章太炎书信集》，石家庄：河北人民出版社，2003 年，第 419－420 页。

而乐观地估计,"今日所见为独占无二者,他日当使竞争而并进。于众多矿中,分一矿利与日人,未见大害,否则以一大资本家如盛氏者专之,其为弊亦大"。至于舆论喧哗,亦不以为然,认为"舆论于此,未必深察"。①但对于临时政府内部章、张二人的态度,则高度重视。在收到章太炎第一封信后,孙中山立刻复函,表示:"此事弟非不知利权有外溢之处,其不敢爱惜声名,冒不韪而为之者,犹之寒天解衣付质,疗饥为急。"②孙中山向章介绍了南京临时政府面临的现状和财政危机,指出章所提出的解决问题的建议不能解目前之急;章太炎提出的权利外溢的后果并非不知,名誉牺牲的后果,无论是对于临时政府,还是对于个人名誉,也都十分清楚。但孙中山此时决策的出发点,是综合比较,两害取轻,"至于急不择荫之实情,无有隐饰,则祈达人之我谅"。③

在复张謇函中,孙中山以同样的理由说明了合办借款之必需,也以同样的比喻向张解释不得已的苦衷,表示"惟度支困极,而民军待哺,日有哗溃之虞,譬犹寒天解衣裘付质库,急不能择也",希望张站在临时政府立场考虑,转移舆论,帮助临时政府渡过难关,特别请求"先生一言,重于九鼎,匡救维持,使国人纵目光于远大,为将来计;而亦令政府迫于救患之苦衷,权宜之政策,免为众矢之的。"④

与此同时,孙中山极力争取借款案在程序上的合法性,避免临时政

① 孙中山:《复张謇函》,中国社会科学院近代史研究所中华民国史研究室、中山大学历史系孙中山研究室、广东省社会科学院历史研究室编:《孙中山全集》第 2 卷,北京:中华书局,1982 年,第 142—143 页。

② 孙中山:《复章太炎函》,中国社会科学院近代史研究所中华民国史研究室、中山大学历史系孙中山研究室、广东省社会科学院历史研究室编:《孙中山全集》第 2 卷,北京:中华书局,1982 年,第 85 页。

③ 孙中山:《复章太炎函》,中国社会科学院近代史研究所中华民国史研究室、中山大学历史系孙中山研究室、广东省社会科学院历史研究室编:《孙中山全集》第 2 卷,北京:中华书局,1982 年,第 86 页。

④ 孙中山:《复张謇函》,中国社会科学院近代史研究所中华民国史研究室等编:《孙中山全集》第 2 卷,北京:中华书局,1982 年,第 142—143 页。

府和个人在名誉上进一步陷入困境。1912年2月12日，参议院以汉冶萍及招商局抵押借款违法，质问临时大总统。①18日孙中山咨复参议院，说明汉冶萍借款并无违法。②23日，参议院以孙中山之答复"疑问尤多"、"不得要领"，再次提出质问，并要求即日派员到院答复。孙中山亦郑重作了答复，并派总统府秘书长胡汉民到参议院，将关于汉冶萍借款各种相关文件交与讨论。③

为汉冶萍合办事，孙中山在内部解释和政府运作上费尽周折，这些过程，牵扯了孙中山大量精力，最终不免临时政府和孙中山个人声誉均受到重创。虽然对章太炎、张謇作了苦口婆心的工作，但没有也不可能得到他们的接纳。在得到孙中山初步解释后，章又来函仍申反对意见，口气则更趋严厉。章太炎不同意孙中山"以解衣付质为比"，反劝孙中山不要"倒行而逆施之"，指出孙所做、所虑的一切"奈舆论不直何？奈国命将覆何？"斥责孙中山和黄兴"为私卖国产之人……自是长与奸谀同列，终为不义，弗可没已"，深为"痛惜"；章太炎特别提及孙中山的革命经历以及所积累的革命威望，希望孙"勉修明德，以待第二期之选任"，不要"自点令名"、"昧于取舍"、"强拂舆情"，以冒天下之不韪，否则"惟有要求割席"，相与决裂。④

在临时大总统任上，孙中山对于名誉事件，优先考虑的仍是政治大局，力图使临时政府的工作和全国革命的形势趋于有利方向，即使付出

---

① 《抵押借款及发行军用钞票质问案》，张国福选编：《参议院议决案汇编·质问案》，北京大学出版社，1989年，第1页。

② 《附临时大总统答复文》，《参议院议决案汇编·质问案》，北京大学出版社，1989年，第1页；《孙总统答复违法借款之质问》，《申报》1912年2月25日，"要闻一"。

③ 《抵押借款及发行军用钞票再质问案（附大总统答复文）》，《参议院议决案汇编·质问案》，北京大学出版社，1989年，第3页。

④ 章太炎：《与孙中山》，马勇编：《章太炎书信集》，石家庄：河北人民出版社，2003年，第420—422页。

名誉代价,亦在所不惜。在汉冶萍案等事件的处置过程中,有限的应对,与其说是为了名誉,不如说更多的是为了革命党和临时政府内部的团结。但结果确实失多得少,陷入极端不利的名誉困境。究其原因,当时形势的发展,没有可能按照孙中山的愿望进行;临时政府和孙中山在既紧急又窘迫的巨大压力下,对策局促而无力。这些都反映了孙中山和临时政府在面临困境的情况下,没有能力也没有经验来使事件得到较为圆满的解决。

三、卸任临时大总统后对个人名誉的捍卫

孙中山卸任临时大总统后,因辞职换取的声望上升,而实际政务压力骤减,在一段时期内,处于个人名誉的高势能状态。在野的孙中山,主要从事巡视、宣传,在各处演讲谈话,宣示政见,多数场合受到热烈欢迎和普遍称颂。有时其政见也遇到一些误解、曲解和反对,但一般而言,这些针对政见的批评并未对孙中山的名誉造成多大损害,孙中山的应对余地也比较充足,多数情况下取和缓态度。主要表现在:

一是通过正面宣传,详释政见,对相关批评指责不过多辩解。

民初孙中山倡导实业建设,铁路是其中最为重视的内容。针对孙中山所提出的一系列铁路政策,热议蜂起,其中质疑、反对的声音十分强烈,有诘难侵交通部之权的,有怀疑所规划铁路线是否为今日所需的;有暗讽不切实际、白日做梦、谓借款筑路为"西晋之清谈"的;更有以"实业夺命之大伟人"来讽刺孙中山的。① 10 月中旬,《时事新报》连续刊载记者斐青的社论,反对孙中山铁路政策。② 凡此种种,孙中山主要

---

① 《孙中山之铁路政策评》,《时报》1912 年 9 月 16 日,"社论";《申报》,1912 年 9 月 8 日,"自由谈·心直口快";《申报》,1912 年 10 月 15 日,"时评二"。

② 斐青:《论孙中山昨日所演说之铁路政策》,《时事新报》1912 年 10 月 13 日,"社论一";《再论孙中山十二日所演说之铁路政策并答某报》,《时事新报》1912 年 10 月 15 日、17 日,"社论"。

通过反复演讲、解释，进一步说明自己的观点，而很少直接反驳。

二是有针对性地补充阐明，公开辨误。

例如对于"满蒙弃置说"，《时事新报》记者将孙中山与《大陆报》记者谈话中关于满蒙问题的观点，指称为"满蒙弃置说"，引起轩然大波。如果被看作主张放弃国土，对政治人物的名誉损害不可想象，为此孙中山通过同盟会控制的《民立报》作了辨白，发表一篇专题社论，指出《时事新报》记者将孙中山所谈满蒙问题当作"满蒙弃置论"，"尽属误会"，相反，"孙先生为一代人豪，爱国巨子，岂肯倡此谬言？"强调孙中山对于蒙藏，实以为切肤之痛，在谈话时"胸中却含有无限愤恨之气，未便形于言词，遂乃见诸颜色，以为满蒙果竟为强暴者所并，中国亦必力图恢复，不能以其亡而听之……又何尝有丝毫弃置满蒙之意乎！"①

三是及时更正，厘清一些明显的技术上的误解。

1912 年 5 月 12 日，孙中山在广州与报界公会主任朱民表谈话，提到某报记者所言之累进税，与自己所主张的"照价抽税"无所差异，而记者误记成"即我所言之平均地权法"，并公开刊载于《民生日报》。②次日，孙中山即致函《民生日报》，纠正记者对其言论的认识，指出"夫平地权者，政策之总名也；照价抽税者，平均地权之办法也。总名与办法，固不容混而为一，然此中之误，自显而易见，不足作为辩论之根据也"。对于在此误解前提下引申出来的无谓争辩，如"平均地权"即中国历史上的"井田"、"均田"，指出纯属"节外生枝"，恰好与孙中山主张"平均地权"的立意相反。③

围绕政见的讨论和批评，虽也会影响到孙中山作为政治人物的形象，但至多属于个人判断力、国情认知能力、政见落实可能性方面

---

① 《正时事新报中山满蒙弃置说之误解》，《民立报》1912 年 9 月 8 日，"社论二"。

② 《孙先生复演民生问题》，《民生日报》1912 年 5 月 13 日，"新闻一"。

③ 《孙中山来函》，《民生日报》1912 年 5 月 14 日。

的争议。与在任临时大总统时不同,此时孙中山已经不负政府责任,真正能造成名誉损害的,已不是与政府、政治及政策紧密相关的事件,而更多地显示为直接与个人品德相关的事件。其中最重要的,是与金钱财物、私德诚信有关的方面。这些问题,构成了卸任临时大总统后孙中山面临名誉事件的主要部分,而且是必须予以重视并及时回应的。

其一是关于建屋问题。

南北统一后,不少革命党人一夜暴富,衣锦还乡,筑舍造屋,比比皆是。其资金来源与"革命"有无关系,少有人深究,即便有关,亦不足为奇。关于孙中山,有传闻在辞去临时大总统职务后,将到澳门隐居,并传在澳门建屋。为此,1912 年 5 月 20 日,孙中山接受《士蔑西报》记者访谈,否认关于将隐居澳门之传闻,并解释人们传言孙氏在澳门建屋,其实是自己的兄长所居住,不是孙中山本人居住。①

其二是关于铁路总公司开办费问题。

1912 年 9 月 10 日,袁世凯特授孙中山"以筹划全国铁路全权",组织铁路总公司,由交通部拨 3 万金为开办经费。②当时已有舆论批评此事未经参议院认可,反对孙中山以私人名义接受。③孙中山在北京访问期间,多次以记者招待会、茶话会等形式予以解释。9 月 14 日,在迎宾馆招待 40 多家报馆记者,表示铁路总公司事,奉总统委任,系承办之工头,并非职官;每月所领 3 万元,并非俸给,将来仍归返国家。④15 日又与黄兴等在北京迎宾馆开茶话会和晚餐招待参议员,指出总统代表国

① 《孙先生与西报记者谈话》,《民立报》1912 年 5 月 28 日,"新闻一"。

② 《时报》1912 年 9 月 11 日,"命令";《民立报》1912 年 9 月 12 日,"总统命令";《民立报》1912 年 9 月 12 日,"专电·北京电报"。

③ 《申报》1912 年 9 月 17 日,"译电"。

④ 《时报》1912 年 9 月 16 日,"专电";《孙中山与报界之谈话》,《申报》1912 年 9 月 20 日,"要闻一"。

家下此命令，自己当然可受此命令，无所谓不合法律；政府月拨经费 3 万元，只是国家补助民办公司，这在各国为常有之事，公司成立后照数归还，仅得不出利息之便，无涉预算，毋庸先得参议院许可。① 总之这笔开办费，第一没有落入孙中山私囊，第二不能说是私相授受。这一表面归于私德的问题，背后实际上是政治问题和党派之争，口头辩解的效力，未必敌得过政争的需要。有记者观察到，孙中山进行解释的会场上，共和党、民主党议员皆态度沉默，情形冷淡。② 但是，主动对构成公众关心的问题进行澄清，仍为当时政治斗争之必要。

关涉金钱的影响最大的事件，当属"比款"一案。

1912 年 4 月 20 日，同盟会员黄复生、朱芾煌自北京来电，向孙中山报告 13 日北京《中国日报》、20 日《国民公报》刊载孙中山"私攫比款 50 万、以 30 万饷同盟会"等语，指出"事关本会团体及公个人名誉甚巨，望将前次认募各款出处明白宣布，以释群疑，并电袁总统查办"。此时孙中山已到广东，电文发给广东都督陈炯明转达。③ 第二天，朱芾煌又从北京致电上海中国同盟会总机关部，转达孙中山，告为比款事，已向《中国日报》经理诘问证据，经理回答并无实证，但表示如果孙中山能将此款来历宣布，他们可以负责更正，"否则静俟法定裁判"。④

此事源起于 3 月临时大总统交接之际、唐绍仪组阁之初，因六国银行团坚持以监督中国财政为条件，唐内阁与银行团借款谈判之外，转向

---

① 《孙中山招待参议员详记》，《申报》1912 年 9 月 21 日，"要闻一"；《孙黄两公旅京记》，《民立报》1912 年 9 月 22 日，"新闻一"。

② 《孙中山招待参议员详记》，《申报》1912 年 9 月 21 日，"要闻一"；《孙黄两公旅京记》，《民立报》1912 年 9 月 22 日，"新闻一"。

③ 《黄复生、朱芾煌致孙中山电》，翠亨孙中山故居纪念馆藏档，档号：GJ000666。

④ 《朱芾煌致中国同盟会总机关部电》，翠亨孙中山故居纪念馆藏档，档号：GJ000032-1。

比利时华比银行借款。该项借款，部分由唐绍仪交南京临时政府办理善后。①其具体用途，唐始终不能说明究竟。当时政权交接，形势混乱，款项是否有一部分进入个人私囊，根本无法厘清。但没有证据显示孙中山个人私用了这笔款项的某一部分，从孙中山革命时期家费来源看，也无私用此款的需要。②当然，即使不用于个人私费，如果不经过正当程序，将此款私下补助同盟会，也会影响同盟会的名誉，间接影响到同盟会的首领孙中山。孙中山对此事非常重视，立刻自广州复电，指出：

> 今国内有同盟会改立政党之议，各债主多愿报效，此捐助同盟会 30 万之由来也。但政府尚未还款，而此 30 万亦未交付……政府尚负同盟会巨债，焉有同盟会受惠于政府之事？私攫比款，尤其无稽……近日人心卑劣，惟利是趋，厌世之心不禁大发，毁誉之来，早已度外置之矣!③

黄复生、朱芾煌均为党内同志，两人都在孙中山领导的南京临时政

---

① 关于比款事件与孙中山关系之大体描述，可参阅李吉奎：《南京临时政府的财政与政局》，《中山大学学报论丛·孙中山研究论丛》第 8 辑，第 163—181 页；陈锡祺主编：《孙中山年谱长编》上卷，北京：中华书局，1991 年，第 695 页；王晓华、汤靓：《孙中山与中比借款风波兼及孙袁关系》，中国人民政治协商会议江苏省委员会文史委员会编：《孙中山生平与思想研究》，南京：河海大学出版社，2007 年，第 191—196 页。

② 革命时期孙中山的家费，主要依靠华侨资助。民元孙中山回国前，曾嘱在南洋的华侨十多位或二十位合适的同志担任接济，南洋华侨积极响应，华侨党人李孝章、邓泽如、黄金庆等商议，"与其各埠分担，零星集合，以接济先生家中月用，屡误时期，不如由弟（指李孝章——引者注）处先行拨出款项，按月照给百元为愈。盖先生为吾党众之代表，为全体之公仆，区区家费应由公众供给者，槟城、吡叻、芙蓉三方面俱认可，他方面又有何反对者哉？纵有不明事体者从中反对，亦无碍于事也……先生其专心为前途努力，切勿断断以内顾是忧为幸"。（《李孝章致孙中山函》，翠亨孙中山故居纪念馆藏档，档号：GJ000135）

③ 《孙中山致朱芾煌等电》，翠亨孙中山故居纪念馆藏档，档号：GJ000032-1。

府担任过工作。孙中山指出北京报纸的电文"本不值辩"，①故而对自己同志作出简单说明即可。不意此案形成较长时期的风波，6月下旬，演化成为南京临时政府解散时孙中山接受贿银作为政治交换条件的"丑闻"。6月25日，孙中山在上海接受《大陆报》记者采访，记者问，听闻外间传孙中山在南京任临时大总统时收受贿赂100万元才答应让位于袁世凯，孙表示："此款我实未见，大抵传播此种谣言之各报纸，应给余此数也！南京政府所有款项，悉归财政部收支，一切余不过问。故余闻此谣言，即驰电向唐绍仪诘问。"②考虑到此事已经变成满城风雨的名誉事件，孙中山接连电致有关各方，要求予以澄清。6月29日，孙中山致函袁世凯、国务员、参议院、财政部、各省都督并唐绍仪、陈锦涛等，郑重要求：

> 报纸喧传文私受比款百万。比款用途，财政部有底账可查，请详细宣布，以昭大信。此事为国家名誉、政府信用、国民道德所关，政府应有明白宣布之责。如文受贿之事果确，国法具在，甘受不辞。倘实为少数私人凭空捏造，更岂能任其逍遥法外？而南北报纸喧传殆遍，政府诸公坐视不理，文一人之信用不足惜，宁不为国家信用计乎？③

孙中山对因党争而无端产生如此卑劣的谣言感到十分愤怒，认为自己的个人名誉足以影响新建民国的国家名誉。在同一电文中他指出：

> 文毁家奔走国事迨数十年，共和告成，虽不敢自居有功，亦自

---

① 《孙中山致朱芾煌等电》，翠亨孙中山故居纪念馆藏档，档号：GJ000032-1。

② 孙中山：《在上海与〈大陆报〉记者的谈话》，中国社会科学院近代史研究所中华民国史研究室、中山大学历史系孙中山研究室、广东省社会科学院历史研究室编：《孙中山全集》第2卷，北京：中华书局，1982年，第385—386页。

③ 《孙前总统请宣布比款用途电》，《民立报》1912年6月30日，"公电"。

信未有大过。而以党见纷争之故，少数私人竟不惜以毁文一人之名誉者牺牲中华民国，该辈造谣毁谤之徒，清夜扪心，宁无汗背。①

当时舆论已经指出，"以此事不惟孙中山个人问题，且与同盟会全体亦有关"。②同盟会内部也意识到孙中山所受名誉攻击的利害，一致起而辩护。6月30日，黄兴将孙中山和同盟会所受污蔑归咎于共和党，指出："现在共和党竭力诬蔑本会，如谓孙中山得比款一百万，又谓唐总理尽将比款送人，又谓同盟会得比款三十五万，其实皆是捏造。"并相信"中山先生已电请财政部宣布，不久即可水落石出乎！"③

在孙中山和黄兴等的坚决要求下，北京政府作了一系列回应。7月1日，袁世凯复电，告已命财政部将比款用途底账详细公布，以息浮议，并对孙中山给予很高的评价，电称："执事以国民先觉，奔走国事垂二十年，力排万难，百折不回。际兹共和成立，凡我国人，饮水思源，谁不心折？……执事至德皎然，悠悠之口，曾何损于日月之明？"并以一二报馆信口雌黄、造谣误众，宽慰孙中山"无需介意"。④7月2日，唐绍仪复电，表示"报纸讹传一节，本不足究。惟关乎款项事，亟宜明白宣布，以释群疑"，告已要求"迅速抄送比款清单，以便转呈总统咨参议院"，并请孙中山就近嘱将中国银行动支各款，从速报部，以解报纸谣言之疑。⑤7月3日，财政部复电，表示"拟将财政部支款总数，日内先行宣布"，证明"至于比款内，并无付先生百万之数。先生持身清洁，人所共知"。⑥陈锦涛亦复电申明，"涛收比款，绝无交百万于先生事。"⑦

① 《孙前总统请宣布比款用途电》，《民立报》1912年6月30日，"公电"。
② 《迷离扑朔之比款谈》，《申报》1912年7月14日，"要闻"。
③ 《同盟会夏季常会旁听记》，《民立报》1912年7月1日，"新闻四"。
④ 《袁总统致孙中山先生电》，《民立报》1912年7月3日，"公电"。
⑤ 《唐少川复孙中山先生电》，《民立报》1912年7月5日，"公电"。
⑥ 《财政部致孙中山先生电》，《民立报》1912年7月5日，"公电"。
⑦ 《陈锦涛致孙中山电》，《民立报》1912年7月9日，"公电"。

　　孙中山对于比款问题的坚决反驳，在当时十分必要，也取得一定的效果。作为已经卸任临时大总统的政治人物，孙中山对于民初政治可能出现的变数有清醒判断，也有在政治上重新崛起的抱负和打算，因此，尽管革命后暂时在野，但革命的名誉、个人的名誉，不能受到根本性伤害。比款一案，大体挽回，第二年国民党在与北京政府开展选举斗争时，继续利用此事，也利用了此前捍卫名誉的斗争成果。1913 年 3 月，宋教仁再次提及此事时，还继续将矛头指向在政府中之要员，指出"某当局又谓统一后，南京要求三千万，嗣减至千万，其后比款七百万用途暗昧，故致银行团条件严酷云云，亦诬陷之词"；特别辩称："南京所用者，皆有报销可稽，询之财政部档案可知，银行团亦未尝有比款用途暗昧之说帖。余当时在政府，每次说帖皆亲见之，未尝见有此说帖也。"①

　　孙中山对涉及个人金钱财物方面的名誉十分珍视，卸任临时大总统后，一直避免在这一方面遭人嫌疑，对相关传言也十分警惕。卸任之初，传言袁世凯与幕僚商议，以孙中山为革命事业奔走半生，决定援法国大总统例，由民国奉给酬劳费 12 万两，每年家计费 6 万两，但须经国会议决后，方能实行。②其后未见真有此事。孙中山唯一希望从民国政府得到"好处"的事情，是在坚辞授勋的时候，要求大总统袁世凯给予其子孙科夫妇及女儿孙娫、孙婉姐妹官费在美读书之待遇。③这在民国初年参与革命的人本人或其子弟纷纷受到照顾的情况下，亦不算有什么特别过分之处。正因为孙中山抱负远大，持身严格，在民国甫建的复杂环境下，对于包括涉及金钱财物在内的各类名誉事件能够分别应对，刚柔相宜。

　　对于政治人物来说，名誉是一种政治资本。无论作为政治性事件

---

①　《宋教仁君之时事谈——驳某当局者》，《民立报》1913 年 3 月 12 日，"要件"。

②　《报酬孙中山之商榷》，《神州日报》1912 年 4 月 16 日，"要闻二"。

③　《孙中山固辞大勋位书》，《民立报》1912 年 12 月 17 日，"新闻四"。

的实际结局和影响如何,当它们成为名誉事件时,都不是一个无谓的问题。民国初年,孙中山应对名誉事件,有时倾向于妥协,有时奋起捍卫;有时被动,有时主动。在目标明确、条件有利时,以刚性的姿态,主动作为,取得效果;当首要目标不在名誉,需要把革命党人的事业作为优先考虑时,也不惜拼却声名,以顾大局。当然,也有一些不利情况,个人名誉与南京临时政府或同盟会的组织名誉相互纠缠,一损俱损,也无可奈何。民初应对名誉事件的经验和教训,在一定程度上影响孙中山后来的政治行为。到晚年,孙中山更重视领袖的强有力地位和个人道德形象,将名誉和实力、个人和团体融铸为一,确立领袖个人的主导地位,在一定程度上也影响了中国走向现代国家过程中的某些特征。

民国初年孙中山对革命参与者的抚恤与安置

　　民国元年，孙中山先就任临时大总统，后辞职在各地巡视、宣传，所做重要工作，如颁布法令、筹集款项、安排人事、组建政党、宣传政见等等，得到研究者的高度关注。在一般传记及相关研究论文中，这些"大事"均得到充分反映。与此同时，孙中山也做了许多看似"小事"的工作，如祭奠、追悼、题词、慰问、捐恤等，在各类实录、编年中虽有记录，却很少有专论。①客观地说，孙中山这一年中所做过的"大事"，未必都有

---

　　① 　民元孙中山对革命者祭奠、追悼、题词、捐恤活动相关的记载，主要见陈锡祺主编《孙中山年谱长编》(北京：中华书局，1991 年)、王耿雄编《孙中山史事详录 1911－1913》(天津人民出版社，1986 年)。与本节内容相关的论述，有欧阳镇业通过对孙中山故居纪念馆所藏 1912 年 4－5 月间黄花岗烈士遗属呈孙中山文，论述民国政府对革命烈士遗属抚恤的问题，也探讨了临时稽勋局的设置(欧阳镇业：《孙中山与馆藏黄花岗烈士遗属呈文研究》，《神州民俗》2013 年第 206 期)。关于对烈士的纪念，有李俊领《孙中山再造文明中国的本土情怀与世界眼光——试析 1912 年南京临时政府的国家祭祀典礼》(《学习与实践》2011 年第 8 期)。关于稽勋留学问题，有赖淑卿：《民初稽勋局与稽勋留学生的派遣》(《台北国史馆馆刊》，2009 年第 22 期)；李少军、卢勇：《民国初年的稽勋留学生述论》(《湖北社会科学》2005 年第 7 期)；姜新：《辛亥革命与稽勋留学》(《民国研究》2014 年春季号)。

与"大事"相称的实际效果,而诸多"小事",也并非没有价值。追溯民国元年孙中山对革命参与者的追悼、抚恤、安置等方面的工作,探讨这些体现对革命参与者关怀的各类"小事",可以看到它们在寄托感情、树立价值、确立革命的政治正当性等方面的实际意义。

一、追悼烈士

在长期反清的武装斗争中,不少党人追随孙中山参与革命,牺牲惨烈。在革命成功前,他们的事迹无法在国内宣扬,也无法进行公开的追悼和抚恤。民国建立后,孙中山对牺牲烈士的追悼活动十分重视,多次亲自发起、参与追悼和纪念活动。

在主持南京临时政府任上,孙中山发起和参加了许多追悼革命参与者的活动。1912 年 2 月 22 日,孙中山与胡汉民、王宠惠、徐绍桢等在南京参加邹容、彭家珍二烈士追悼会,由胡汉民代读祭文。[1] 3 月 1 日上午,孙中山参加在小营讲武厅举行的革命先烈追悼会,致文追悼"近二十载以迄今兹死义诸烈士",[2] 与陆军部总长黄兴依次发表演说,激励军士。[3] 3 月 5 日,在南京出席"追悼粤中倡义死事烈士大会",纪念辛亥前牺牲的陆皓东、史坚如、杨衢云、倪映典、温生才诸烈士和上年牺牲的黄花岗烈士。该大会由孙中山与胡汉民等人发起,事先在《民立报》刊登通告。[4] 3 月 17 日下午,孙中山参加在南京三牌楼劝业场举行

---

① 《民立报》1912 年 2 月 24 日,"南京电报"。

② 《大总统追悼革命死义诸烈士文》,《临时政府公报》第 28 号,"纪事"。据《民立报》报道,孙中山参加追悼会的时间为下午,孙中山与黄兴、各部总长、卫戍总督参加陆军部于小营举行之追悼先烈大会,孙中山携其女儿到场,待考。见《民立报》1912 年 3 月 2 日,"南京电报"。

③ 《南都近事》,《申报》1912 年 3 月 4 日,"要闻一"。

④ 《追悼粤中倡义死事诸烈士通告》,《民立报》1912 年 3 月 15 日,"来件"。

的"追悼武汉死义诸烈士大会"，以"国民公仆孙文"名义致祭文。①3月
20日，与黄兴等一起参加在南京第一舞台举行的"江皖倡义诸烈士追
悼大会"，②事先亦于本月中旬，与黄兴等57人通告发起筹备，③在追悼
会上以"国民公仆孙文"名义致悼词，追悼赵声、吴樾、熊成基、倪映典等
烈士。在此前后，还派赵声的弟弟赵光等赴香港迎赵声灵柩，令广东都
督派员照料，并照会香港政府及在港绅商一体知照。④

　　孙中山卸任临时大总统后，于1912年4月3日离开南京赴上海，
随后多次在武汉、广东、北京及各地巡视。在此期间，孙中山参加了各
地举行的辛亥革命烈士追悼和纪念活动。4月28日，在广东期间，孙
中山出席了各界追悼史坚如烈士大会，并登台演说。⑤5月15日，为黄
花岗起义一周年纪念日，孙中山率各界人士10余万人至黄花岗，主持
公祭黄花岗烈士。⑥祭毕，将去年特辟义地掩埋烈士遗骨的两粤广仁善
堂所备之四株松柏亲手锄种于墓前，并施灌溉，以留纪念。⑦

　　1912年夏，孙中山在北方巡视，其间，8月29日在北京参加了彭家
珍、杨禹昌、张先培、黄之萌四烈士迁葬北京万牲园仪式。⑧12月9日，
在杭州巡视期间，出城致祭光复先烈，在秋社参加追悼会，并撰挽秋瑾

　　①　《武汉死义诸烈士追悼会干事广告》，《临时政府公报》第40号，"告白"；
《大总统追悼武汉死义诸烈士文》，《临时政府公报》第43号"纪事"。

　　②　《民立报》1912年3月21日，"南京电报"。

　　③　《江皖倡义诸烈士追悼会》，《申报》1912年3月15日，"广告"。

　　④　《大总统令广东都督派员照料迎赵烈士灵柩文》，《临时政府公报》第48号
"令示"。

　　⑤　《追悼史烈士纪盛》，《申报》1912年5月5日，"要闻二"。

　　⑥　《孙中山祭黄花岗文》，《民生日报》1912年5月17日，"新闻一"。

　　⑦　《"七十二烈士千古"碑文》，卢洁峰：《黄花岗》，广州：广东人民出版社，
2006年，第130—131页。

　　⑧　中国人民政治协商会议全国委员会文史资料研究委员会、中国革命博物
馆编：《孙中山先生画册》，北京：中国文史出版社，1986年，第299幅。

联:"江户矢丹忱,重君首赞同盟会;轩亭洒碧血,愧我今招侠女魂。"①
12 月 28 日,与伍廷芳、陈其美、李准等出席于上海湖南会馆举行的前
海军司令黄钟瑛追悼大会,孙中山等人相继演说,勉励海军将士继承黄
钟瑛之志,以尽忠民国。②黄钟瑛在武昌起义时率海军舰队起义,南京
临时政府成立后任海军总长兼海军总司令,在革命中发挥重要作用,
1912 年因病逝世,是革命后逝世的高级将领。孙中山挽黄钟瑛:"尽力
民国最多,缔造艰难,回首思南都旧侣;屈指将才有几,老咸凋谢,伤心
问东亚海权。"③

除参加追悼大会、祭奠活动外,孙中山还参与发起一些纪念活动。
1912 年 8 月 29 日在北京,孙中山与张继等签名发起革命纪念会,邀请
袁世凯为发起人。当时张继、陈家鼎、田桐、黎尚雯等与孙中山商议组
织一革命纪念会,专门调查革命党人遗物及事迹,在各起事地方立纪念
碑,在同盟会中捐款万元。④倡议凡南北各界有功于革命者,均列为会
员,并建革命纪念馆,专收革命文物。⑤孙中山还指示广东举行追悼会,
纪念乙未、庚子起义烈士陆皓东、朱贵全、丘四、程曜臣、程奎光、郑士
良、杨衢云、史坚如、山田良政等人。在武昌起义一周年之际的 1912 年

---

① 郭延礼:《秋瑾年谱》,济南:齐鲁书社,1983 年,第 164 页。联文各种记载
略有不同,有云:"江户矢丹忱,感君首赞同盟会;轩亭洒碧血,愧我今招侠女魂。"
(绍兴市政协文史资料组:《辛亥革命绍兴史料——纪念辛亥革命七十周年》,绍兴
市政协文史资料组印,1981 年,第 20 页)又有云:"江左识丹忱,多君首赞同盟会;
轩亭流碧血,恨我今朝侠女魂。"(史嘉秀:《在秋瑾的故乡》,《文汇报》1979 年 11 月
21 日)再有云:"江户矢丹忱,多君首赞同盟会;轩亭留碧血,恨我今招女侠魂。"
(《中山先生所撰的对联》,司徒华:《化作春泥》,香港:次文化有限公司,2004 年,第
81 页)。

② 《追悼海军伟人之大会》,《民立报》1912 年 12 月 29 日,"新闻四"。

③ 刘望龄辑注:《孙中山题词遗墨汇编》,武汉:华中师范大学出版社,2000
年,第 179 页。

④ 《革命纪念会之发起》,《申报》1912 年 9 月 7 日,"要闻一"。

⑤ 《北京电报》,《民立报》1912 年 8 月 31 日,"专电"。

10月，孙中山致电胡汉民及广东各界：

> 今逢武昌起义之辰，全国庆祝，以贺成功，追思木本水源，皆胚
> 胎于乙未、庚子二役。而上述之人皆已亡殁，自民国成立以来，曾
> 未一为之表彰，文实悼之。敢请我粤同胞于九月九日大开追悼会，
> 以表彰幽烈，并捐款分别追恤各烈士之后人。①

孙中山并表示"先捐千元"。②农历九月初九即公历10月18日，广
州各界举行隆重追悼会，追祭十八年前追随孙中山等第一次革命殉身
诸烈士。"礼节颇盛，盖应中山君之请也"。③其中所纪念的日本友人山
田良政原追随孙中山到中国参加革命，在惠州起义时牺牲。1913年2
月27日孙中山访日，出席山田良政纪念会，在墓上献花圈，并偕山田氏
父母于上野公园中小饮。④

孙中山还通过为革命牺牲的烈士题写碑文，表达对烈士的悼念和
敬意。1912年3月，孙中山为南京莫愁湖畔粤军烈士墓碑题写"建国
成仁"四字。辛亥北伐期间，参与北伐的粤军曾在固镇、宿县、徐州等地
作战，1912年3月，安葬牺牲烈士54人于南京莫愁湖畔，孙中山为此
题写此碑文，黄兴另题写"粤军殉难烈士之碑"（横额）。碑为花岗石质，
碑文系楷书，右上角书"民国元年三月"，左下落款为"临时大总统孙文
题"。⑤在日本出席山田良政纪念会时，孙中山也手撰碑文志哀，称赞山
田良政为"其人道之牺牲，兴亚之先觉也，身虽殒灭，而志不朽矣"；⑥为

---

① 《纪念日之余谈》，《民立报》1912年10月19日，"大陆春秋"。
② 《纪念日之余谈》，《民立报》1912年10月19日，"大陆春秋"。
③ 《时报》1912年10月20日，"专电·特约路透电"。
④ 《民立报》1913年3月1日，"日本电报"。
⑤ 《南京辛亥革命遗迹考查》，中国人民政治协商会议江苏省暨南京市委员会文史资料研究委员会编：《江苏文史资料选辑》第7辑，南京：江苏人民出版社1981年，第158页。
⑥ 陈锡祺主编：《孙中山年谱长编》上册，北京：中华书局，1991年，第776页。

山田良政之父亲山田浩藏题写："山田老先生　若吾父　孙文"。①

二、抚恤遗属

在追悼、祭奠的同时，孙中山多次奖恤烈士。特别是在南京临时政府行将结束之际，密集地签署命令，对辛亥革命中牺牲的烈士给予抚恤。

1912 年 3 月 4 日，孙中山令准陆军部呈请奖恤吴禄贞、张世膺、周维桢三烈士，以其有功于革命，"而抚恤之典，尚尔缺如"，特准陆军部所请，以"风示天下。"②又令准陆军部建立杨卓林、郑子瑜烈士专祠，并同祀吴樾、熊成基、陈天华等。特别是陈天华与杨卓林"生平最友善，其蹈海事迹亦复相同，允宜一体同祀，并照给恤银"。③ 3 月 19 日，令黄兴批准优恤山西行军参谋王家驹并附祀晋、鄂两省忠烈祠，表彰其"忠勇性成，前后十余战，无不身先士卒，卒至捐躯报国"，照准优恤，"以示褒奖，而慰忠魂"。④ 3 月 23 日，命黄兴准予陆军部二等副官陈鲁抚恤金。陈鲁于当月 21 日在陆军总长办公室内被流弹击伤，当晚死亡，令照准抚恤。⑤ 3 月 27 日，命黄兴将萍浏醴起义殉难之刘道一烈士列入大汉忠烈祠（南京临时政府将前清各地忠义等祠改建为大汉忠烈祠），并将其

---

① 刘望龄辑注：《孙中山题词遗墨汇编》，武汉：华中师范大学出版社，2000年，第 186 页。

② 《临时大总统奖恤吴禄贞等令》，中国第二历史档案馆编：《中华民国史档案资料汇编》第 2 辑，南京：江苏人民出版社，1981 年，第 268 页。

③ 《大总统令陆军部准予建立杨郑二烈士专祠并附祀吴熊陈三烈士文》，《临时政府公报》第 30 号，"令示"。

④ 《临时大总统等奖恤王家驹文件》，中国第二历史档案馆编：《中华民国史档案资料汇编》第 2 辑，南京：江苏人民出版社，1981 年，第 270—271 页。

⑤ 《临时大总统等奖恤陈鲁文件》，中国第二历史档案馆编：《中华民国史档案资料汇编》第 2 辑，南京：江苏人民出版社，1981 年，第 271—272 页。

事迹宣付国史院立传,命陆军部从优议恤。①

在南京临时政府的最后阶段,孙中山作为临时大总统签署了一系列抚恤令。四川黄复生等 42 人呈请抚恤为革命而死难之四川籍烈士邹容、谢奉琦、喻培伦、彭家珍,孙中山特明令陆军部分别照陆军大将军与左将军阵亡例抚恤,令示谓:

> 邹容当国民醉生梦死之时,独能著书立说,激发人心。喻培伦则阐明利器,以充发难军实。彭家珍则歼除大憝,以收统一速效。所请赐恤崇祀各节,着即照准。②

又令陆军部抚恤在淮南蚌山战役中死难的廖传珝等人、③在历次起义或事故中死难的李君白、杨禹昌、彭克俭、胡震江、胡炤恂、彭遂良、彭昭等人,④令陆军部迅速调查民国开国立功尽瘁及死事者,分别议恤,⑤令陆军部抚恤革命中死难之赵康时、陶振基、王介夫、朱继武、杨作商、张钊、沈克刚等。⑥

对于烈士遗属,孙中山主持南京临时政府之初,就极力给予抚恤。1912 年 1 月 16 日,孙中山致电浙江都督府,要求对遇刺的光复会领袖陶成章,"查明其家属,优予抚恤,并将其生平之行谊及光复之芳勋,详细具报,备付将来民国国史。"⑦南京临时政府后期,根据马伯援、居正

---

① 《临时大总统奖恤刘道一文件》,中国第二历史档案馆编:《中华民国史档案资料汇编》第 2 辑,南京:江苏人民出版社,1981 年,第 272—273 页。

② 《大总统令陆军部抚恤邹谢喻彭四烈士文》,《临时政府公报》第 51 号,"令示"。其中谢奉琦在四川运动起义,虽然功在民国不小,但与邹、喻、彭三烈士略有区别,令改照陆军左将军阵亡例赐恤。

③ 《大总统抚恤廖传珝等令文》,《临时政府公报》第 52 号,"令示"。

④ 《大总统抚恤烈士李君白等令文》,《临时政府公报》第 53 号,"令示"。

⑤ 《大总统令陆军部调查开国立功尽瘁及死事者速行分别议恤令》,《临时政府公报》第 56 号,"令示"。

⑥ 《大总统准陆军部请恤赵康时等令文》,《临时政府公报》第 56 号,"令示"。

⑦ 《民立报》1912 年 1 月 20 日,"总统府电报"。

等呈请将武汉死义烈士遗孤"集于一处,幼者育之,长者教之,俾后长成,擅一技之艺,足以自立,同享共和之幸福",特令财政部拨公债票 2 万元,作为武汉死义烈士遗孤教养所开办费。①

卸任后,孙中山以在野身份,多次慰问、捐赠、呼吁抚恤牺牲的革命者。1912 年 5 月 28 日在家乡香山短暂居住时,慰问陆皓东烈士家属,称赞"亚东成仁取义,留名千古,虽死犹生,后人敬仰"。②对于黄花岗起义烈士家属,孙中山以各种方式表达关怀和赏恤。在孙中山回广东后,记者陆文辉陪同在黄花岗起义中牺牲的北江烈士家属代表,将各家贫苦实情上达,孙中山遂解私囊,出资 1080 元,每家分得 60 元。③ 10 月,孙中山致函陈赓虞,表示愿意列名登报,发起抚恤飞行家冯如遗属,并函捐 100 元。④

孙中山对于烈士遗孤多方关心,1912 年 4 月 20 日在福州接见广州"三·二九"起义烈士陈更新的遗孀王碧。4 月 23 日,王碧上呈,报告家中负债累累,父母未葬,福建光复后所予恤银只能度日,不能还债,请设法给予帮助。⑤在了解到其家庭困难后,孙中山赠银 500 元。⑥ 11 月 28 日,孙中山致函冯自由,请求广东稽勋局抚恤革命中牺牲的谢春生烈士的遗属,告以"广东人谢梁氏述称,伊夫谢春生当广东革命之际,制造炸弹失慎毙命,子女孤苦无依等情来。查尚属实,应请兄函请广

① 《大总统令财政部拨款作武汉死义烈士遗孤教养所经费文》,《临时政府公报》第 54 号,"令示"。

② 孙中山:《慰问陆皓东烈士家属的谈话》,陈旭麓、郝盛潮主编:《孙中山集外集》,上海人民出版社,1990 年,第 176 页。

③ 《孙中山赏恤烈士家属》,《民生日报》1912 年 5 月 13 日,"新闻一"。

④ 《申报》1912 年 10 月 26 日,"地方通信·广东"。辛亥革命后,冯如被广东革命军政府委任为飞行队长,1912 年 8 月 25 日,冯如在广州燕塘的一场飞行表演中失事,陈赓虞为之发起捐恤。

⑤ 《陈王碧上孙中山呈》,广州大元帅府纪念馆藏。

⑥ 郑贞文:《孙中山先生来闽》,《福建文史资料》第 6 辑,福州:福建人民出版社,1981 年,第 1 页。

东稽勋局查照情形,与以抚恤",并将谢梁氏交来呈广东稽勋局文稿附寄。①4至5月间,孙中山还收到一系列要求抚恤的呈文,如许日兴、胡树芬呈文报告从前参加革命历史,现光复后仍受官吏仇视,流离失所,恳予俯恤。②黄花岗起义烈士黄鹤鸣的母亲、南海人黄陈氏呈文报告黄鹤鸣参加去年"三·二九"起义殉难,遗属仅在同盟会分两次领银共90元,乞俯怜按月长给口粮。黄鹤鸣的遗孀何玉珍也上呈,告以孤儿寡妇,养费无着,请求安置。③罗仲霍烈士遗属罗杨氏呈文,称罗仲霍于去年"三·二九"之役偕黄兴攻入督署被害,遗属曾具禀广东都督府,已蒙核准每月恤饷12元,现在生活艰难,请求逾格施恩。④广西太平府宁明州人唐振华上呈,请饬广西军政长、民政长归还其因参加镇南关起义被充公的田产。⑤虽然暂时未发现直接史料说明孙中山对这些请求如何具体处置,但以前述孙中山对烈士遗属和革命有功人员的态度和做法,应该都得到了充分的关注。

三、慰劳、稽勋与安置

还在临时大总统任上时,孙中山已经尽己所能,对普通革命参与者给予奖赏,以示慰劳。1912年1月2日,孙中山就任临时大总统的第二天,即下令犒赏各省起义军队,并由江苏都督庄蕴宽代为致电各省

---

① 孙中山:《致冯自由函》,中国社会科学院近代史研究所中华民国史研究室、中山大学历史系孙中山研究室、广东省社会科学院历史研究室编:《孙中山全集》第2卷,北京:中华书局,1982年,第543—544页。

② 《许日兴、胡树芬呈孙中山文》,翠亨孙中山故居纪念馆藏档,档号:GJ000140。

③ 《黄鹤鸣烈士遗属呈孙中山文》,翠亨孙中山故居纪念馆藏档,档号:GJ004342。

④ 《罗仲霍烈士遗属呈孙中山文》,翠亨孙中山故居纪念馆藏档,档号:GJ000142。

⑤ 《唐振华呈孙中山请饬归还因参加南关之役被充公田产禀》,翠亨孙中山故居纪念馆藏档,档号:GJ004343。

都督：

> 湖北为首义之师，发银五万元，江南四万元，海军一万元。其余各省由军都督酌发，以示慰劳军人之意。他日民国大定，更当论功行赏。①

1月12日下午，孙中山至海军学堂慰劳海军处人员，并至学堂后狮子山点验炮台，到各军舰巡视。在狮子山炮台视察时，赞许该炮台炮位坚固，布置周妥，分别存记犒赏。② 1月15日，各地奉孙中山命令，举行补祝元旦活动，上午10时，孙中山出席总统府及各部贺年礼，发表演说，"勉励有加，众大欢跃"。③当晚又于总统府大宴海陆军将士数百人。④

在临时大总统任上，孙中山还为革命将士颁发勋章，为资助革命的各界人士颁发旌义状。3月1日，孙中山批陆军部呈报勋章章程，以"勋章所以酬庸劝士，亟应制定颁行，以励有功。该部所拟勋章章程及形式，尚属妥善，应准颁行"。⑤ 3月1日，颁给香山籍侨领郑占南旌义状，文为："郑占南先生于中华民国开国之始，为国宣劳，深资得力，特给予最优等旌义状，奕代后民永多厥义。此旌。"⑥同时颁给张永福、郑螺生、李源水、林义顺、周献瑞、邓慕韩、骆连焕、梅乔林、张蔼蕴等旌义

---

① 《民立报》1912年1月5日，"沪军都督府电报"。
② 《南京电报》，《民立报》1912年1月13、14日，"专电"。
③ 《南京电报》，《民立报》1912年1月16日，"专电"。
④ 《南京电报》，《民立报》1912年1月16日，"专电"。
⑤ 《陆军部拟定勋章章程申及临时大总统批》，中国第二历史档案馆编：《中华民国史档案资料汇编》第2辑，南京：江苏人民出版社，1981年，第190页。
⑥ 方李邦琴：《孙中山与少年中国》，北京大学出版社，2012年，第281页，照片。

状;①颁给李笃宾、温庆武、陈新政、林镜秋、沈联芳、陈信藩、许柏轩、徐赞周、何萌三、潘叔谦、《少年中国报》、喃吧哇觉群书报社、槟城书报社、松柏港民群书报社等旌义状。② 3月20日,发给旌义状与从前力助革命之诸志士,以作纪念。③

为使对革命者的奖励工作纳入规制,孙中山于2月19日咨参议院,请设立稽勋局。在咨文中,孙中山充分阐述了此举的意义,请求参议院:

> 务请速行建议,在临时政府时代,特设一开国稽勋局,俟所议通过,即委任专官,领受局事。对于开国一役,调查应赏应恤之人,分别应赏应恤之等,详订应赏应恤之条,再咨贵院议决施行……即目前本总统与行政各官属,当裁并军队、批答恤款之际,皆有所依循,是又足为临时维持秩序、稳固治安之补助也。④

2月27日,又咨参议院,建议于稽勋局内设捐输调查科,指出:

> 义旗之举,必有所资,诛锄民贼,非可徒手。或助饷于光复之日,或输资于暗杀之辰,毁家纾难,实无以异于杀身成仁。在当日党人筹措军债,曾许偿还,虽出资者以义忘利,而民国坐享成功,莫为之报,何以昭大信而劝方来。本总统以为稽勋局内可附设一捐输调查科,专调查光复前后输资人民,其持有证券来局呈报、或由

---

① 孙中山:《颁给张永福等旌义状九件》,中国社会科学院近代史研究所中华民国史研究室、中山大学历史系孙中山研究室、广东省社会科学院历史研究室编:《孙中山全集》第2卷,北京:中华书局,1982年,第152—154页。
② 孙中山:《颁给李笃宾等旌义状十四件》,陈旭麓、郝盛潮主编:《孙中山集外集》,上海人民出版社,1990年第673—676页。
③ 《民立报》1912年3月20日,“南京电报”。
④ 《大总统咨参议院设立稽勋局文》,《临时政府公报》第20号,“令示”;《设立稽勋局及附设捐输调查科案》,张国福选编:《参议院议事录·参议院议决案汇编》,北京大学出版社,1989年,《参议院议决案汇编·庶政案》第6页。

他项方法确实证明者,就其输助金额给以公债票。①

3月初,又咨参议院,请提前议决设稽勋局及捐输调查科两案,指出:

> 兹值大局渐定,酬庸之典,清理之事,亟宜举行。为此咨请贵院,将前两案提前决议,迅赐咨复,以便施行。②

临时稽勋局之组织,就是"为革命时期崇德报功养生恤死起见",稽核革命党人和军人的勋绩。③参议院于3月13日议决,设立稽勋局,于稽勋局内设捐输调查科,但因捐输调查科事涉财政,须另案提交决议。④随即制定稽勋局官制。5月,南京临时政府已经结束,而稽勋局于北京成立,冯自由任局长。⑤

稽勋局所进行的工作中,有一项对于参与革命的青年十分重要,即选派留学。2月下旬,孙中山令教育部核办在对美赔款项下给予官费游学美国,令云:

> 民国新建,奖励游学,而培养人才,实为当今急务。但资格如何选派,学费如何筹措,应由该部统筹全局,酌核办理。⑥

---

① 《大总统咨参议院在稽勋局内设捐输调查科文》,《临时政府公报》第23号,"咨"。

② 《大总统咨参议院请提前议决设立稽勋局及捐输调查科两案文》,《临时政府公报》第32号,"咨"。

③ 冯自由:《民元临时稽勋局小史》,《革命逸史》第3集,北京:中华书局1981年,第346页。

④ 《设立稽勋局及附设捐输调查科案》,张国福选编:《参议院议事录·参议院议决案汇编》,北京大学出版社,1989年,《参议院议决案汇编·庶政案》第6页。

⑤ 关于稽勋局的来龙去脉和成立过程,该工作的实际执行者冯自由有初步记述,参阅冯自由:《民元临时稽勋局小史》,冯自由:《革命逸史》第3集,北京:中华书局,1981年,第346—367页。

⑥ 《大总统令教育部核办甘霖呈请由美赔款项下给予官费游学美国由》,《临时政府公报》第21号,"令示"。

3月26日，令教育部开列有资格的秘书员名单，酌候分派留学。[①]后令教育部秘书及有功革命者共60余人，派往各国留学。[②]到1912年下半年，经稽勋局选派的留学生出国深造，《时事新报》报载："凡有尽力于革命之青年学子，愿赴东西洋留学者，实繁有徒。兹由临时稽勋局选择二十五人，呈送教育部，派遣留学。并由财政部拨付二万二千余元，作行资及治装费。闻不日即由上海首途云。"所选25人为：张竞生、谭熙鸿、杨铨、冯伟、曾广智、（萧）左梅、饶如焚、邵逸周、刘式庵、刘鞠可、黄芸苏、任鸿隽、赵昱、余森、王夏、宋子文、何超、曾鲁光、何建南、邹卓然、彭砥、熊传第、李文彬、何春田。[③]其中谭熙鸿、杨铨、刘鞠可、黄芸苏、任鸿隽等均在南京临时政府服务过，另有一些人是辛亥革命有功人士的亲属子弟。[④]

卸任临时大总统后，孙中山积极为参加革命工作的党人谋求合理安置，如向北京政府要求对曾任南京临时政府总统府秘书的张蔼蕴列入第二期派遣留学。张蔼蕴是广东人、留法学生、同盟会员，"尽瘁党事有年"，[⑤]上年11月曾在孙中山路过巴黎时担任法文翻译，[⑥]

---

① 《民立报》1912年3月26日，"南京电报"。

② 《民立报》1912年3月30日，"南京电报"。

③ 《稽勋局选派留学生》，《时事新报》1912年10月19日，"紧要时事"。报纸所载人名与公报有所不同，据《教育杂志》记载，25人名单为：张竞生、谭熙鸿等2人留法；杨铨、曾广智、刘式菴、刘鞠可、黄芸苏、任鸿隽、赵昱、邝辉、余森、王夏、宋子文等11人留美；饶如焚、何超、曾鲁光、何建南、邹卓然、彭砥、熊传第、李文彬、何春田等9人留日；冯伟、邵逸周等2人留英；萧友梅1人留德。见《稽勋局选派留学生》，《教育杂志》第4卷第8号，"纪事·学事一束"，1912年11月10日，第56页。

④ 参阅李少军、卢勇：《民国初年的稽勋留学生述论》，《湖北社会科学》2015年第7期。

⑤ 孙中山：《自海外归国时致同盟会诸同志函》，黄季陆编：《总理全集》下册"函札"，成都：近芬书屋，1944年，第147页。

⑥ 张振鹍：《辛亥革命期间的孙中山与法国》，《近代史研究》1981年第3期。

后任南京临时政府总统府秘书。在南京临时政府移交时,张本被批准派遣留学,当时因有事赴粤(2月初,孙中山委任张蔼蕴为使粤宣抚员,以资联络军民①),未报名填册,因而遗漏。1913年1月21日,孙中山专门致函袁世凯,介绍张蔼蕴,以其革命后未得妥善安置,"独抱向隅,似欠平允",希望能查核注册,作为第二期派遣留学。②此外,也为一批曾经参与南京临时政府工作的青年谋求职位,1912年11月15日,孙中山致电袁世凯,请补定黄大伟、陈宽沅、喻毓西、唐豸四员职衔,指出四人"皆法、比陆军学校毕业生,长于学术胆略,前在南京充总统府参谋,甚资得力。今其同辈多获陆军中将、少将名位,而此四君因名不在陆军部,遂致遗漏。此皆国家有用之材,不宜弃置,乞加钧察,定其职衔。"③

孙中山此时如此重视对革命参与者的纪念、慰问和安置,首先体现了一个革命领袖的感情寄托。这在追悼牺牲烈士的各类祭文、令示中有充分的体现。民国建立,烈士牺牲不可胜数,"睹兹灿烂之国徽,尽系淋漓之血迹"。④孙中山身为革命领袖,自然情不自禁。在追悼邹容、彭家珍时,孙中山褒扬两位烈士"惟蜀有材,奇瑰磊落"⑤;在追悼武汉死义诸烈士时,表彰其"死以为国,身毁名荣"⑥。怀念之情,痛惜之意,溢

---

① 《民立报》1912年2月11日,"南京电报"。

② 张蔼蕴:《辛亥前美洲华侨革命运动纪事》,中国人民政治协商会议广东省委员会文史资料研究委员会:《孙中山与辛亥革命史料专辑》,广东人民出版社,1981年,第62—63页。

③ 孙中山:《致袁世凯电》,中国社会科学院近代史研究所中华民国史研究室、中山大学历史系孙中山研究室、广东省社会科学院历史研究室编:《孙中山全集》第2卷,北京:中华书局,1982年,第542页。

④ 《大总统令陆军部准予建立杨郑二烈士专祠并附祀吴熊陈三烈士文》,《临时政府公报》第30号,"令示"。

⑤ 《大总统祭蜀中死义诸烈士文》,《临时政府公报》第22号,"纪事"。

⑥ 《武汉死义诸烈士追悼会干事广告》,《临时政府公报》第40号,"告白";《大总统追悼武汉死义诸烈士文》,《临时政府公报》第43号,"纪事"。

于言表。但是，民初政治局势快速变化，孙中山频繁发起和参与这些追悼、抚恤，亦可看出作为特殊历史条件下暂居历史前台的革命领袖，在不得不接受的政治结局中，必须考虑如何有效地进行革命善后，以待革命之再起。孙中山在临时大总统任上，因无实力，政令不出都门；袁世凯逼迫清帝退位后，拱手让位已成定局，非革命党所能挽回；在野期间，虽然表面维持革命领袖的面子，但对于北京政府的不信任与日俱增，并始终左右孙中山的判断和决策。在这种情形下，包括制订《中华民国临时约法》在内的种种"大事"，实际上都带有必然失去革命果实后的弥补性的性质。而孙中山着眼于看似"小事"的各种工作，也同样有深远的考虑。这些"小事"的意义，在于肯定革命参与者的贡献，树立革命牺牲的正面价值。江皖倡义诸烈士"手造江山"①；陈天华"发愤著书凡数十万言，皆发扬民族之精义，至今家有其书。此次义师一呼，万方响应，实由民族学说灌输人心，已匪朝夕，故铜山崩而洛钟应，光复大业，期月告成"②；刘道一"苦心计划，联络会党，传播革命思想"③。凡此种种，"不有先导，曷示来兹，春雷一声，万汇蕃滋"，④烈士的革命事迹，奠定了革命胜利的基础，因而足以"厥为世率"。⑤同时，对烈士遗属的抚恤，对参与革命的青年的安置，也体现了迫使北京政府承认革命正当性，树立党人政治荣誉的意图，以及为今后的事业储备人才、积聚力量的苦心布局。

---

① 《大总统追悼江皖倡义诸烈士文》，《临时政府公报》第 45 号，"纪事"。
② 《大总统令陆军部准予建立杨郑二烈士专祠并附祀吴熊陈三烈士文》，《临时政府公报》第 30 号，"令示"。
③ 《临时大总统奖恤刘道一文件》，中国第二历史档案馆编：《中华民国史档案资料汇编》第 2 辑，第 272—273 页。
④ 《孙中山祭黄花岗文》，《民生日报》1912 年 5 月 17 日，"新闻一"。
⑤ 《大总统祭蜀中死义诸烈士文》，《临时政府公报》第 22 号，"纪事"。

三、建设考量中的"政治"与"社会"

孙中山卸任临时大总统后，着重宣传民生主义，鼓吹发展实业，推广铁路计划，而事实上，是否真的远离了政治，值得关注。从卸任临时大总统至二次革命前，作为在野的政治人物，孙中山主张和宣扬建设，寓意并不止民生、实业等经济方面的考量所能完全概括。事实上，其出发点从未远离真正的共和政治理想，从未放弃革命党人重新掌握现实政权的愿望，反而以更深沉的方式，着力于民权政治的社会基础。所谓"唯致力于民生主义"，只是基于公开和掩藏的利益考量所必须的表态。孙中山的建设主张及其政治和社会目标，在经历第一次护法运动兴起和失败的 1916—1919 年间，有了更为重要的发展。《建国方略》及其后的《地方自治实行法》《建国大纲》等，再度强调了孙中山此前对于现代中国政治基础的前瞻性设计，继承了民元、民二年间对于建设问题的初步设想，成为辛亥革命与 1920 年代的国民革命之间的重要衔接和承启。在各种建设的主张中，孙中山特别重视民权主义的社会基础，形成具有前瞻性的政治、社会联成一体的方案要素，找到了中国向现代国家转变的现实途径。这一识见，在当时中国一流政治人物中，最具有现代意识和最有远见，同时在特定的政治形势下也最便于公开表达。从政治与社会关系的视角，20 世纪初与末的中国历史，存在着一种意义上的承续。

从"立础"视角看民初孙中山思想的转变

　　一般认为,民元孙中山卸任临时大总统后,一度不再将主要精力置于政治方面,转而致力于民生主义和实业建设,似乎"民权主义"到此暂为停顿,孙中山进入到一段烂漫的实业幻想之中。[①]确实,在诸多公开言

[①]　关于民国初年孙中山的政治思想及其演进,在各种研究孙中山的著作中都是论述的重点问题之一,近年来也取得了一定的成果。宋德华指出孙中山通过中西结合来完善民主制度,以国家民主制度建设为重心,以"革命程序"的推进为方略(宋德华:《孙中山民权主义思想演进的特点》,《广东社会科学》2009年第5期)。刘曼容指出孙中山对于西方代议民主制经历了从移植、改造到超越的三个阶梯,既主张以直接民主制弥补代议制的缺陷,又主张以直接民主与间接民主相结合的复合民主制来超越代议制,为后发展国家的民主制度模式提供了宝贵的探索思路(刘曼容:《孙中山移植西方代议民主制的历史考察》,《广东社会科学》2009年第1期)。欧阳哲生梳理了孙中山对西方代议民主从"礼赞"到"贬议"的变化,指出孙中山晚年对民主思想的新的探讨是中与西、新与旧、外在与内心、保守与进步多重矛盾相互作用的结果(欧阳哲生:《孙中山民主思想平议》,《华夏文化》2011年第2期)。台湾学者李西潭论述了1911-1914年间孙中山主张竞争性的两党政治,提出了建立良好巩固的民主政治的愿景(李西潭:《辛亥革命期间孙中山政党政治的思想》,《南方论丛》2011年第4期)。但多数学者对于这一时期的孙中山,多关注其主张中强调民生主义、发展实业的方面,对于其政治考量及长远意义揭示

论中,孙中山此时一再宣言"民族"、"民权"两大主义已经实现,今后之中国首须在"民生主义"上着力。但事实上,孙中山此时是否真的远离了政治,值得重新观察;即使从孙中山所公开表现的各种民生主义宣讲以及对实业的提倡中,亦可从政治与社会的关联角度,来审视孙中山政治上的思索和期待。笔者认为,从卸任临时大总统至二次革命前,作为在野的政治人物,孙中山主张和宣扬建设,寓意并不止"民生"、"实业"等经济方面的考量所能完全概括,他的种种言论和关怀,对于现代中国的政治建设具有特殊意义,旨在提供中国成为现代民主国家所必需的社会基础。而这一探索,又与孙中山革命前后的长期思考,以及辛亥革命快速胜利而革命党却无法取得政治权力的结局密切相关。[①]

较少。王先明认为,从辛亥革命推倒皇权专制以来,孙中山的关注点迅速转移到"建设"方面,但却更多地侧重于实务性事业的投入,还不曾从理论体系或思想建构上深入思考"建设"问题(王先明:《建设告竣时 革命成功日——论孙中山建设思想的形成及其时代特征》,《广东社会科学》2013年第1期)。张华腾不同意将民元辞职到宋教仁被刺之间孙中山的所作所为看作对袁世凯认识上存在幻想、行为上存在错误,但只是为孙中山辩护在这一时段"以民生主义为主导是很正常的"、"是资产阶级政治家的正常行为",并肯定孙中山的民族主义、民权主义的政纲实现了的说法是不容置疑的,在此前提下着力于民生主义的奋斗目标,是客观的现实的目标,没有任何消极意义(张华腾:《孙中山理想追求之一幕:从民元辞职到宋案前孙中山研究新论》,《广东社会科学》2017年第3期)。

　　① 朱宗震在分析民初议会民主制破产的社会原因时,已经注意到议会民主制需要与之相应的经济体制的变革,否则在政治上只能复归到升官发财的老路(朱宗震:《孙中山在民国初年的决策研究》,四川人民出版社1991年)。王杰指出实业救国热潮之呼啸唱和,是为民初民族经济以及民主初生国度面向世界的引擎;实业救国热潮之持续发酵,是对昔日专制压抑民族经济举措之否定,又是民主共和制度优越性的体现与彰显;民族工业的空前高涨,进一步为民主共和建设夯实了必要的经济基础(王杰:《论孙中山的民主共和思想》,《学术研究》2015年第4期)。这些观点,在一定程度上提示了对民初政治和孙中山的政治理想,须从社会层面予以理解。林家有等著《孙中山社会建设思想研究》一书,则从社会建设思想的角度,

一、卸任临时大总统后的思索

在辛亥革命过程中,对于革命后建立现代共和政治制度,造成现代国家的形制确立,进而带来建设文明强盛国家的契机,孙中山一般给予鼓励态度。民众对于新政权的观感与期待,也见诸舆论,《盛京时报》1912年2月就有评论认为:"吾国以后脱专制之羁绊,各使用其应有之权利而谋当然之福利,行见秩序逐渐整齐,国力逐渐充实,凌驾各强国,夫复何难。"①自1912年1月1日孙中山就任中华民国临时大总统,到4月1日辞职,只有短短的三个月,其活动和政策,体现了前所未有的民主精神和现代气象,令人耳目一新。然而临时大总统和临时政府的所作所为,并非一帆风顺。有识之士也看到,革命并没有一劳永逸地在中国建成了现代国家,长期在清政府内任职、对中国有深入了解的英国人濮兰德指出:

> 现在的中华民国并不是美国人理解的真正共和国,有效率的共和政体并未建立起来。目前中国所呈现出的安静,绝不是由于中国民众对政治状况表示满意。大多数中国人对共和制根本就没有最起码、最基本的理解。因此,更不要说他们是否真正接受这些想法了。②

在南京临时政府结束后,孙中山将《中华民国临时约法》和大致反映三权分立原则的一系列机构和政策,作为南京临时政府的政治遗产

论述了孙中山政治思想与他的社会建设主张的关系,提示了从更基础性的角度看孙中山民初政治思想转变的思路(林家有等:《孙中山社会建设思想研究》,中山大学出版社2009年)。笔者参与了该书章节的撰写,也就相关论题做过初步研究,本节在此基础上将若干思考加以补充贯穿,以求方家指正。

① 《辛亥年之回忆》,《盛京时报》1912年2月16日,"论说"。

② 郑曦原编:《共和十年(政治篇):〈纽约时报〉民初观察记(1911—1921)》,北京:当代中国出版社,2011年,第69页。

交与北洋，但北京政府的政治实践，与孙中山的期望和设计相差甚远。孙中山对于政党政治的理想是："中华民国以人民为本位，而人民之凭藉则在政党。国家必有政党，一切政治始能发达。政党之性质，非常高尚，宜重党纲，宜重党德。"①可事实上国会没有权威，无法正常运作，大大小小的所谓政党，实际上并不是以政纲相号召，更不以政纲决定自己的政治立场；国民党或者进步党可以在国会中占据一定的优势，甚至可以左右议会论坛，但没有任何政党真正能够掌握内阁的实权，真正的权力从来都掌握在手握兵权的军阀手中。正如张朋园先生指出："（国民党与进步党）两党的心智未见用于国家社会之建设，相反地却消耗在议场甚至'战场'上去了。最后两败俱伤，才发生帝制，才有军阀之糜烂国家。"②1912 年 7 月，日人宗方小太郎在向其本国提交的调查报告中道出了自己的观察：

> （中国）共和国成立后政党林立。通观全国新政党之数不下一百余种，然而彼等并非为革命开发民智，增进政治思想，而系完全依仗权势、利害及地理关系。各党政纲几乎完全相同，处于混乱庞杂状态之中。且各党既无优秀党魁，党员又无何等训练，故政治节操缺乏，以致酿成政界混乱……中国政党结社之勃兴适足以阻碍其国政之发展，而启官民交争之端，其结果徒成为扰乱天下之工具而已。③

在此情形下，孙中山从最初的鼓动、鼓气，逐步转向注重国民心理，对共和政治建设的长期性和艰巨性有了充分的认识。1912 年 8 月，卸任临时大总统后的孙中山受邀到北京和北方各省游历，《亚细亚日报》

---

① 《孙中山先生演说词》，《民立报》1913 年 1 月 20 日，"要件"。

② 张朋园：《梁启超与民国政治》，长春：吉林出版集团有限责任公司，2007年，第 54 页。

③ 宗方小太郎：《1912 年中国之政党结社》，荣孟源、章伯锋主编：《近代稗海》第 12 辑，成都：四川人民出版社，1985 年，第 166 页。

记者在北京询问孙中山:"以先生高见,以为民国国体、政体,现在已确定稳固否?"孙中山回答道:"何待多疑,民国招牌已经挂起,此后无足虑者。"①这种乐观回答,自然包含了孙中山实际是想利用舆论对共和政治前途给予引导和鼓励的因素,然而孙中山在进一步谈述中,阐明了自己这一观感的前提,那就是要看"国民的心理"。孙中山说:

> 国民既欲共和,非当局之人所能强以所不欲。彼拿破仑之为皇帝,非拿自为之,乃国民皆欲其为皇帝,否则,虽有强力武功,不能为所欲为。故吾谓此在国民心理。我国民心理既造成共和,即将来绝无见虑,彼外间一部分舆论特虚报恐怖耳。②

因而,孙中山对于革命目标达成所需要的长期性,已有充分的认识。也就在回答《亚细亚日报》记者的同一天,孙中山在袁世凯为他举办的欢宴席上指出:

> 民国肇建,百废待举,况以数千年专制一变而为共和,诚非旦夕所能为力。故欲收真正共和效果,以私见所及,非十年不为功。③

有鉴于此,1912年4月孙中山从临时大总统的位置上卸任以后,一方面继续关注如何维持共和民主制度,防范北洋系势力的破坏;另一方面,也将眼光转向政府、国会、政党、约法以外,寻找支持现代民主政治的真实基础。

---

① 孙中山:《与〈亚细亚日报〉记者的谈话》,中国社会科学院近代史研究所中华民国史研究室、中山大学历史系孙中山研究室、广东省社会科学院历史研究室编:《孙中山全集》第2卷,北京:中华书局,1982年,第416—417页。
② 孙中山:《与〈亚细亚日报〉记者的谈话》,中国社会科学院近代史研究所中华民国史研究室、中山大学历史系孙中山研究室、广东省社会科学院历史研究室编:《孙中山全集》第2卷,北京:中华书局,1982年,第417页。
③ 《北京电报》,《民立报》1912年8月30日,"专电"。

二、在民间培养势力

孙中山首先着眼于民主政治的主体——"民"，在民间培养政治基础。1913 年 1 月 29 日，负责在华收集情报并与孙中山时有交往的宗方小太郎，于上海英租界五马路之铁道局访孙中山，向孙中山提出："在此次众议员选举上，属足下领导之国民党占有优势，约得议员之过半数，然则在今春将要召开之议会上，大总统之选举当然可能如贵党之意。由于足下之精力、功绩、威望种种关系，定为众望所归，当选无疑。君能勇承此重任否?"① 孙中山回答：

> 议员之选举虽然胜利归于我党，议员数目占有过半数之优势，而于总统之选举，是否选余，尚未可知。惟余断不肯担任总统，拟暂在民间为培养势力之事，要真实的担任民国总统，非易事也。②

国民党在国会议员选举中取得过半数，孙中山是相当欣慰的，认为"然此次国会议员之选举，本党竟得占有过半数，吾等以为失败者，乃竟不然。足见国民尚有辨别之能力，亦可见公道自在乎人心。本党未尝以财力为选举之运动，而其结果，犹能得如此占胜利，足见本党党纲，能合民国心理。以后本党宜更并力进行，以求进步。今本党自以为处于势力较弱之地位，而其成绩已如此，则将来之进步，诚未可以限量。"③ 然而仍主张"在民间培养势力"，所瞩目者，已非一时权力之争夺。在

---

① 陈明译：《孙中山就选举大总统问题答日本宗方小太郎》，译自日本外务省编纂《日本外交文书》1913 年第 2 册，载中国人民政治协商会议广东省委员会文史资料研究委员会编：载《广东文史资料》第 58 辑，广东人民出版社，1988 年，第 39 页。

② 陈明译：《孙中山就选举大总统问题答日本宗方小太郎》，译自日本外务省编纂《日本外交文书》1913 年第 2 册，载中国人民政治协商会议广东省委员会文史资料研究委员会编：载《广东文史资料》第 58 辑，广东人民出版社，1988 年，第 39 页。

③ 《孙中山先生演说词》，《民立报》1913 年 1 月 20 日，"要件"。

1912 年 4 月孙中山辞去临时大总统职务时就表示,国家的进步,取决于国民的"天职"和"责任":

> 中华民国成立之后,凡中华民国之国民,均有国民之天职。何谓天职? 即是促进世界的和平。此促进世界的和平,即是中华民国前途之目的,依此种目的而进行,即是巩固中华民国之基础。又凡政治、法律、风俗、民智种种之事业,均须改良进步,始能与世界各国竞争。凡此种种之改良进步,均是中华民国国民之责任。人人能尽职任,人人能尽义务,凡四万万人无不如此,则中华民国之进步必速。①

1912 年 5 月 9 日,孙中山在广州耶稣教联合会欢迎会上演说,阐述了"专制的政治"和"共和的政治"的根本不同,指出国家政治依赖于民:

> 专制国之政治在于上,共和国之政治在乎民。将来国家政治之得失,前途之安危,结果之良否,皆惟我国民是赖,岂可如前清时代之以奴隶自居,而放弃其根本乎?②

孙中山对于民众的觉醒不仅寄予厚望,而且指出民众在新的政治框架下,具有主人翁的地位,不应自外于政治。1912 年 10 月孙中山在芜湖出席各界欢迎会时指出:

> 我国自有历史以来,人民屈服于专制政府之下,我祖我宗,以至于我之一身,皆为专制之奴隶,受君主之压制,一切不能自由。所谓国家者,亦不过君主一人一姓之私产,非我国民所有也,故人民无国家思想,且无国民资格。现在君主专制既已推翻,凡我同胞,均从奴隶跃处主人翁之地位,则一切可以自由,对于国家一切

① 《孙总统之解职辞》,《民立报》1912 年 4 月 5 日,"新闻一"。
② 《耶苏联合会欢迎孙中山》,《民生日报》1912 年 5 月 11 日,"新闻一"。

事件,亦有主权矣。然既处于主人翁之地位,则当把从前之奴隶性质,尽数抛却,各具一种爱国心,将国家一切事件,群策群力,尽心办理,万不能再视国家事为分外事。①

辛亥革命虽然对于中国的思想解放产生了前所未有的启蒙作用,但在革命甫定之时,民间社会对革命精英观念的承接,更多地受到"势"的支配,而非"理"的指引。共和之后随处可见的现象是,关于"民主"、"自由"的新名词飞来飞去,含义并没有人真正懂得;思想启蒙尤其是下层启蒙之严重不足,也显而易见。1912 年 12 月 9 日,孙中山在杭州五十一团体欢迎会上演说上又指出,共和之不见成功,是因为人民"不知共和原理":

> 去岁推倒满清政府,仿佛撤毁一间腐败房屋,其除旧更新之际,此中端赖得人。今时隔一年,新屋尚未落成,此皆人民不知共和原理之故。有识者因循观望,愚鲁者随波逐流。须知此后国为民有,应人人负担义务。目前之同心协力,即将来同享幸福。②

革命后政治并未立即上轨道,也是因为国民的基本准备尚不足以支撑新的制度。革命党的领袖此时已经看到了单凭辛亥年的革命,并没有一劳永逸地解决政治问题,而有"二次革命"的想法。不过这最早的"二次革命",并不是用武力起来革袁世凯的命,而是如黄兴在 1912 年 9 月孙中山招待参议员的茶话会上所说的,乃是"国民要革心之谓也"。③孙中山在将眼光转向民众的同时,反复强调人民的权利与义务,强调国民之责任;大力主张开发民智,特别是要将革命党人的现代民主政治的思想和主张为人民所接受。

---

① 《中山过芜追志》,《民立报》1912 年 11 月 3 日,"新闻一"。

② 《孙先生游浙记——欢迎会席上演说辞》,《民立报》1912 年 12 月 11 日,"新闻一"。

③ 《孙中山大宴参议院》,《时报》1912 年 9 月 21 日,"要闻"。

三、平民政治的经济基础

民初孙中山宣传民生主义、鼓吹发展实业、推广铁路计划,不仅在当时引人瞩目,而且也左右百年后研究者的视线。孙中山持此主张,并非认为在政治上已无所作为,或者说是干脆抛弃民权主义。黄远生当时已经看到,"今吾人必稍超然于官与党之外,而稍尽心于地方之治安,人民之生业,而后乃有建设之可言。今所谓政府及政客,视此真正之平民政治之基础,渺然不屑置意,而日日高谈建设,官僚派则相语以维持现状……窃望高谈建设者之一念此也"。①孙中山应是被黄远生划入"高谈建设"的"党"的一方,但此时孙中山宣传民生主义、鼓吹实业,正是努力建设这一政治基础。

孙中山极力强调要使民间经济成为现代政治的基层支持力量,强调"民生主义"与"平均地权"在发展工商方面之意义。孙中山指出,若不平均地权,则将来实业发达之后,大资本家必争先恐后,投资于土地投机业;反之,则必投资于工商:

> 地权既均,资本家必舍土地投机业,以从事工商,则社会前途将有无穷之希望。盖土地之面积有限,而工商之出息无限,由是而制造事业日繁,世界用途日广,国利民福,莫大乎是。否则,我辈推翻专制,固为子孙谋幸福,而土地一日不平均,又受大地主、大资本家无穷之专制耳。遗害子孙,何堪设想?②

孙中山的另一主张"耕者有其田",除了看到农民所受压迫之重外,还在于打破传统农业社会结构。1912年9月孙中山在北京与梁士诒谈话时说:"中国以农立国,倘不能于农民自身求彻底解决,则革新匪

---

① 黄远生:《我意今尚非高谈建设之时》,黄远生著:《远生遗著》(第一册),北京:商务印书馆,1924年1月,第25—26页。

② 《孙中山先生演说词》,《民生日报》1912年5月6日,"新闻一"

易。欲求解决农民自身问题，非耕者有其田不可。"①"革新匪易"一语，直道出孙中山培育"革新"的社会基础的根本目标。

民初孙中山鼓吹铁路建设，或许有在财政上与袁世凯政府争夺借款权的考量，但以铁路作为现代国家基础的出发点，却蕴藏深意，也合乎大义，因而在宣传上颇占一定优势。对于孙中山借铁路建设限制北洋政府的企图，袁世凯虽欲见招拆招，但也难以完全拒绝；舆论对孙中山铁路政策的攻击，也仅限于讽其"言大而夸"、②"于中国之内情似尚隔膜"，③或从偿款难度、借款难度、利权外溢等方面质疑其可行性，与孙中山的远见不在一个层次。近代中国发展不均衡，沿海地区和通商口岸已经出现了现代化的因素，而乡村和内地则发育很不完善，如若两者不能沟通，不仅国家的现代化进程必不能顺利实现，甚至连政治上可能统一都成问题。孙中山从根本上着眼的，不是仅仅修路而已，而是国家的建设全局和政治的社会基础。他在 1912 年 10 月又为《大陆报》撰文，其中指出：

> 目前关系吾国前途之最大者，莫如铁路之建筑。因铁路能使人民交接日密，祛除省见，消弭一切地方观念之相嫉妒与反对，使不复阻碍吾人之共同进步，以达到吾人之最终目的。且路线敷设以后，则物产之价值势必增涨数倍。因此种路线，不啻将昔日市场与生产者遥远之距离，缩短于咫尺之间也。④

这里所强调的，不仅有经济上的原因，还有政治上的考虑。关于后

---

① 凤岗及门弟子编：《三水梁燕孙先生年谱》，1946 年版（出版地不详），第123 页。

② 孤愤：《孙中山之铁路政策评》，《时报》，1912 年 9 月 16 日，"社论"。

③ 梦幻：《闲评一》，《大公报》，1912 年 9 月 6 日。

④ 《中国之铁路计划与民生主义》，中国社会科学院近代史研究所中华民国史研究室、中山大学历史系孙中山研究室、广东省社会科学院历史研究室编：《孙中山全集》第 2 卷，北京：中华书局，1982 年，第 488 页。

一点,孙中山另一段话有更直接的论述:

> 今后将敷设无数之干线,以横贯全国各极端,使伊犁与山东恍如毗邻,沈阳与广州语言相通,云南视太原将亲如兄弟焉。迨中国同胞发生强烈之民族意识,并民族能力之自信,则中国之前途,可永久适存于世界。①

正是因为相同的原因,孙中山不仅要建铁路,同时也强调建公路,因为在较近的距离内,道路更利便普通人民,能够更有效地沟通城乡。1912年10月19日,孙中山出席国民、自由、社会三党及江阴各界之欢迎会,发表演说:

> 今天兄弟刚到的时候,接到贵邑的一封信,说是从江阴到横林,要想法造条铁路……但据兄弟看起来,铁路以外,尚有要紧的事情,并且办法也稍些容易一点。这是什么呢? 就是要想法造道路,道路的办法既容易,而且最有利于国家,最有利于社会……总之,铁路为国家的交通,为几千里路的交通。若在小的地方,为便利人民交通起见,单就道路,已觉可以。马路造得多,造得好,可以便利铁路两旁的地方,那干线的火车,也就有许多利益。倘使要造铁路,即使造成,亦须加造马路,有了马路,火车方能发达。所以要中国交通上便利,须从造马路做起。②

关于修筑公路的意义,及其与修筑铁路的比较,后来孙中山续有阐发,而其意在1912年都已有端倪。1916年8月,孙中山在杭州指出:

> 今者共和再造,建设之事不容再缓。惟兹事千头万绪,从何做

---

① 《中国之铁路计划与民生主义》,中国社会科学院近代史研究所中华民国史研究室、中山大学历史系孙中山研究室、广东省社会科学院历史研究室编:《孙中山全集》第2卷,北京:中华书局,1982年,第490页。
② 《孙中山先生演说词》,《民立报》1912年10月25、26日,"要件"。

起，而要以交通便利为第一要着。欲交通便利，必先修治道路。觇国者于其国之文明发达与否，可于其道路卜之。盖道路不修则交通不便，百业因之而俱废，欲求文明进步岂可得哉！至于道路修治以后，尤以通行迅速为要。盖道路不修，交通不便，货流不畅，行旅维艰，欲求文明进步，岂可得哉？至于道路修治以后，尤以通行迅速为要，吾国昔年有以铁路为危险者，今则已无此观念，然以自动车（汽车）与火车较，则自动车之速率优于火车者远甚。[①]

在批示建筑广东香山之前山与石岐之间的公路时又指出：

近年交通进步，长远之路而专运重货如煤、铁等物，则铁路为利；若短路为人民往来者，则自动车路较铁路尤为有利而快捷。[②]

除此以外，孙中山在对于纸币的具体主张上，也体现了促进经济、社会流通考虑。民国元年冬，鉴于当时财政窘迫，孙中山毅然主张以货物为基础，发行纸币，以代硬币之用，后来廖仲恺将其意义归结为"期以一举解决社会经济国家财政之困难，祛外国银行之掣肘"。[③]孙中山所主张的这一"钱币革命"，除财政问题外，更长远的，是促进财货流通。"既行纸币，则财货必流通，工商必发达"，"社会之工商事业，亦必一跃千丈"。[④]孙中山还指出，中国所使用的银币，其市价因地而异、因时而异，甚至一地而各有不同，用于此省者而不能通用于他省，这些现状都极大地影响到经济的流通，也导致在外债方面的巨大损失，故而主张：

① 孙中山：《在杭州督军署宴会上的演说》，中国社会科学院近代史研究所中华民国史研究室、中山大学历史系孙中山研究室、广东省社会科学院历史研究室编：《孙中山全集》第3卷，北京：中华书局，1984年，第341页。
② 中国国民党中央党史史料编纂委员会编：《国父墨迹》，台北，1965年，第391—392页。
③ 廖仲恺：《钱币革命与建设》，《建设》第1卷第3号（1919年10月1日），该篇第1页。
④ 《孙中山之救亡策》，《民立报》1912年12月6、7日，"公电"。

至今日关于国家建设之数事,亦望报界有言,责诸君一致鼓吹。而其一则为圜法。中国圜法之不善,不待智者而知,中国之币制实无可言。金融界之屡起恐慌,亦多本此原因而起。若银币非价格之不一,则流通之不普……则改良圜法,厘定金本位,实为今日不可缓之要图。①

总之,孙中山极力强调使民间经济是现代政治的基层支持力量,强调"民生主义"与"平均地权"在发展工商方面的意义;着力鼓吹的铁路建设,背后也另有目标,正是因为相同的原因,孙中山也强调建公路,以更有效地沟通城乡;对于纸币和圜法的具体主张,也体现了促进经济和社会流通的考虑。孙中山在这一时期特别强调实业、铁路建设等主张,就是希望通过实业、铁路建设等主张来促进资本之成长,将沿海和边疆、大都市和乡村联系起来,带动农业、工商业和城镇的发展,造成现代国家的经济基础。

---

① 《孙先生政见之表示》(续),《民立报》1912 年 10 月 20 日,"要件"。

孙中山政治设计中的社会建设考量

　　孙中山曾指出，三民主义是为了建设"民族的国家、国民的国家、社会的国家"，①从表面上看，似乎民族主义、民权主义、民生主义分别指向"民族的"、"国民的"、"社会的"三个特定目标，一般论述也多将三者分别划定在这三个不同范围中进行讨论。因而对于孙中山的政治设计，学界大多从政治角度观察和分析，而将社会方面，归于民生主义的研究。事实上，政治与社会本身密不可分，孙中山早就设想政治革命与社会革命"毕其功于一役"，政治设计与社会建设的目标有机统一，相互影响。本节试就孙中山政治设计中的地方自治、革命程序、均权主义等关于政体和程序的政治主张，考察孙中山政治设计中的社会建设因素，从社会建设的角度，揭示孙中山政治思想的远见

---

　　① 孙中山：《在东京〈民报〉创刊周年庆祝大会的演说》，广东省社会科学院历史研究室、中国社会科学院近代史研究所中华民国史研究室、中山大学历史系孙中山研究室编：《孙中山全集》第 1 卷，北京：中华书局，1981 年，第 331 页。

与现实考量。①

一、以社会建设为目标

孙中山从中国的社会情形出发,以社会建设为目标进行其政治设计,其社会关怀值得关注。中国的政治革新,不仅仅是制度设计的问题,而首先是认识中国政治的社会基础问题。孙中山在青年时期之所以走上政治革命的道路,本身即是社会改良理想破灭所造成。孙中山在香港求学时,看到香港街道整洁,想到家乡香山的街道就不应当那样污秽。他回到香山,亲自做清道夫,把门前的街道打扫干净。孙中山以为,"一切社会上的污浊,都应该、都可以如此清理"。② 但事实却非如此,1923 年孙中山在被问及"何时及如何而得革命思想及新思想"时回答说:

> (青年时在家乡)我曾一度劝其乡中父老,为小规模之改良工作,如修桥、造路等,父老韪之,但谓无钱办事。我乃于放假时自告

①　对于孙中山地方自治、革命程序、均权主义等政治构想的生成过程和一般论述,已有相当多的专题研究,对其源流、特征、意义进行了详细的探讨。这一方面的代表性论述,可参阅:林家有:《孙中山与中国近代化道路研究》,广东教育出版社,1999 年;郑永福、吕美颐:《地方自治——孙中山关于中国政治近代化的一个重要设计》,张磊主编:《孙中山与中国近代化》(上),人民出版社,1999 年;桑兵:《孙中山革命程序论的演变》,《孙中山的思想与活动》,中山大学出版社,2001 年;李明强:《论孙中山的均权主义》,《江汉论坛》,2003 年第 6 期;周联合:《实行民治的第一方略》,《华南理工大学学报》(社会科学版)2004 年第 3 期;郑大华:《国民党训政制度对孙中山训政理论的继承与背离》,《史学月刊》2004 年第 8 期;马小泉:《孙中山地方自治思想之学理意义》,《史学月刊》2005 年第 5 期;李继锋:《地方自治和国家统一》,梁川主编:《辛亥革命与当代中国社会发展》,宁夏人民出版社,2006 年。

②　朱孟实:《谈中学生与社会运动》,《一般》第 2 卷第 3 号,1927 年 3 月。朱孟实(朱光潜)在香港聆听了孙中山的演讲,在与中学生的信中提到了孙中山的感受。

奋勇，并得他人之助，冀以自己之劳力贯彻主张。顾修路之事涉及邻村土地，顿起纠葛，遂将此计划作罢。未几我又呈请于县令，县令深表同情，允于下次假期中助之进行。迨假期既届，县令适又更迭，新县官乃行贿五万元买得此缺者，我无复希望。①

孙中山从事革命，就是为了建立一个清明的社会。1906 年发布的中国同盟会革命方略中已经指出，军政府要"扫除积弊。政治之害，如政府之压制、官吏之贪婪、差役之勒索、刑罚之残酷、抽捐之横暴、辫发之屈辱，与满洲势力同时斩绝。风俗之害，如奴婢之畜养、缠足之残忍、鸦片之流毒、风水之阻害，亦一切禁止。并施教育，修道路，设警察、卫生之制，兴起农工商实业之利源"。②在这里，他的政治革命主张与社会"兴利除弊"的改造主张是同时考虑的。

政治上的设计既然是以社会组织作为对象，因而就不得不顾及构成组织的人。政治学研究的，就是平衡均适地配合各种政治力量，使国家和政府的效能得到最高的发挥。③孙中山看到"中国人民知识程度之不足"，"且加以数千年来专制之毒，深中乎人心"，习惯于做奴隶，而不知道做主人。④人民的觉醒是现代民主政治的前提。中国缺乏民治的传统，民众与政治疏远、淡漠，缺乏政治判断力，因而在中国建立民主政治缺乏社会基础，并非一种制度或一场革命即能完成。只注重政治革

① 孙中山:《在香港大学的演说》,中山大学历史系孙中山研究室、广东省社会科学院历史研究室、中国社会科学院近代史研究所中华民国史研究室编:《孙中山全集》第 7 卷,北京:中华书局,1985 年,第 115 页。
② 孙中山:《中国同盟会革命方略》,广东省社会科学院历史研究室、中国社会科学院近代史研究所中华民国史研究室、中山大学历史系孙中山研究室编:《孙中山全集》第 1 卷,北京:中华书局,1981 年,第 297 页。
③ 张金鉴:《均权主义与地方制度》,上海:正中书局,1948 年,第 1 页。
④ 孙中山:《建国方略》,中山大学历史系孙中山研究室、广东省社会科学院历史研究室、中国社会科学院近代史研究所中华民国史研究室编:《孙中山全集》第 6 卷,北京:中华书局,1985 年,第 209 页。

命,而忽视政治的社会基础,是孙中山为辛亥革命总结的重要教训之一。假如不能奠定主权在民的社会基础,不能做好适应国情的合理的制度安排,必然"政治无清明之望,国家无巩固之时,且大乱易作,不可收拾"。①因而,在革命程序中就需要加入"训政"一环,对人民进行宣传、教育,改变民众的信仰和意识。孙中山后来指出:

> 盖不经军政时代,则反革命之势力无繇扫荡。而革命之主义亦无由宣传于群众,以得其同情与信仰。不经训政时代,则大多数之人民久经束缚,虽骤被解放,初不瞭知其活动之方式,非墨守其放弃责任之故习,即为人利用陷于反革命而不自知。②

训政是启发民智、奠定民主政治的社会基础的必经阶段。社会学家指出:"政治的本身与社会生活状态,有其密切的关系,而且可以说政治制度在某一点完全是决定于社会生活之一般趋势的,所以国家行政必当置其重心于社会观点之上,必须能够适应'生存与进步'的社会法则。"③孙中山充分认识到"欧美有欧美的社会,我们有我们的社会,彼此的人情风土各不相同。我们能够照自己的社会情形,迎合世界潮流做去,社会才可以改良,国家才可以进步","中国的社会既然是和欧美的不同,所以管理社会的政治自然也是和欧美不同"。④他的政治设计

---

① 孙中山:《中国革命史》,中山大学历史系孙中山研究室、广东省社会科学院历史研究室、中国社会科学院近代史研究所中华民国史研究室编:《孙中山全集》第7卷,北京:中华书局,1985年,第66—67页。

② 孙中山:《制定〈建国大纲〉宣言》,广东省社会科学院历史研究室、中国社会科学院近代史研究所中华民国史研究室、中山大学历史系孙中山研究室编:《孙中山全集》第11卷,北京:中华书局,1986年,第102页。

③ 谢徵孚:《社会行政与社会建设》,复旦大学社会学系:《社会事业与社会建设》,重庆:正中书局,1941年,第40页。

④ 孙中山:《三民主义·民权主义》,广东省社会科学院历史研究室、中国社会科学院近代史研究所中华民国史研究室、中山大学历史系孙中山研究室编:《孙中山全集》第9卷,北京:中华书局,1986年,第320页。

与欧美经典的政治制度相比，具有特殊性，这种特殊性正是对中国社会加以考量的结果。

二、地方自治、革命程序与均权主义

社会建设的理解有不同的层次。孙中山曾把"民权初步"作为社会建设的狭义理解，集会议事的种种法则就是社会建设。但社会建设也有其广义的理解，社会学家孙本文在《社会学原理》中指出："依社会环境的需要与人民的愿望而从事的各种社会事业，谓之社会建设。社会建设之范围甚广，举凡关于人类共同生活及其安宁幸福等各种事业，皆属之。"[1]国民党在阐释"总理遗教"时，完全认可和援引这一种关于社会建设的广义解释。[2]1929年邵元冲在演讲《训政时期的社会基本建设》中，就把主权在民、地方自治以及地方自治中的调查与统计、民权的训练、普及教育、发展社会合作事业等各具体方面，作为其所论述的"社会建设"的基本内容。[3]当然从最广义来说，政治、经济、文化建设均属于社会建设，但它们各有专门畛域和相关学说。本节所讨论的社会建设思想，是指人们在安排社会生产和生活，以及解决社会问题的过程中所提出的对于社会模式、组织、程序、社会事业具有建设意义的思想主张、方案和理想社会的蓝图，是社会思想的分支。无论狭义或广义的社会建设，在其最终目的和实际指向上并不矛盾，讨论孙中山政治设计中的社会建设考量，既不应局限于会议通则的狭义理解，也无需泛论无所不包的对象全体。由此来看，孙中山关于地方自治、革命程序、均权主义等方面的设计，充分包纳了社会建设的内容。

---

① 孙本文：《社会学原理》（下），上海：商务印书馆，1935年，第634页。
② 秦汉：《社会建设论》，重庆：国民出版社，1944年，第7页。
③ 邵元冲：《训政时期的社会基本建设》，《中央周报》第68期，1929年9月23日，第11—17页。

孙中山很早就将地方的社会事业方面的建设,纳入其地方自治的范畴。1904 年孙中山宣传其基本主张时就指出,要在军法、地方自治法之间,绾以约法:

> 地方既下,且远战地,则以军政府约地方自治。地方有人任之,则受军政府节制,无则由军政府简人任之,约以五年还完全地方自治,废军政府干涉。所约如地方应设学校、警察、道路诸政如何,每县出兵前敌若干,饷项若干。五年程度不及者,军政府再干涉之。如约则解。①

这里所说的"约法",大体相当于后来所说的"训政",其间的主要事务,已经包含学校、警察、道路等社会事业。

以中国国土之广、人口之众,地方自治是实现主权在民、扩大政治参预的必由之路。孙中山推行地方自治,是达到国家与社会整合的重要途径。论者指出,孙中山的目的,是通过地方自治的实现,以达到对县以下基层社会的控制和实现全民政治的理想。②地方自治是社会建设的政治基础。至于地方自治最重要的内容,孙中山 1920 年颁布《地方自治实行法》中,规定六项主要事业,即:一、清户口;二、立机关;三、定地价;四、修道路;五、垦荒地;六、设学校。此外还规定了地方自治团体所应办理的社会事务,指出地方自治机关"不止为一政治组织,亦并为一经济组织"。"此后之要事,为地方自治团体所应办者,则农业合作、工业合作、交易合作、银行合作、保险合作等事"。③在 1924 年 1 月国民党第一次全国代表大会审议通过,同年 4 月 12 日又经孙中山亲笔

---

① 《孙文之言》,《大陆报》第 2 卷第 9 号"谭丛",1904 年,第 55 页。

② 林家有:《孙中山与中国近代化道路研究》,广州:广东教育出版社,1999 年,第 411—412 页。

③ 孙中山:《地方自治实行法》,中山大学历史系孙中山研究室、广东省社会科学院历史研究室、中国社会科学院近代史研究所中华民国史研究室编:《孙中山全集》第 5 卷,北京:中华书局,1985 年,第 220—224 页。

誊写并修改的《建国大纲》中，又宣布：

> 在训政时期，政府当派曾经训练考试合格之员，到各县协助人
> 民筹备自治。其程度以全县人口调查清楚，全县土地测量完竣，全
> 县警卫办理妥善，四境纵横之道路修筑成功，而其人民曾受四权使
> 用之训练，而完毕其国民之义务，誓行革命之主义者，得选举县官
> 以执行一县之政事，得选举议员以议立一县之法律，始成为一完全
> 自治之县。①

从孙中山的各种论述中，都可以看到，他的地方自治主张中最重要
的内容，就是诸如警卫、治安、生产、经营、贸易、金融、教育、卫生、公益、
福利、救济等广泛的地方社会事业。

训政是孙中山政治设计中独具匠心的程序安排。其根本考量，
在于政治的和社会的建设，以及如何实现这种建设目标。孙中山郑
重宣布："今后之革命，不但当用力于破坏，尤当用力于建设，且当规
定其不可逾越之程序。"②训政的主要目的是教育民众，从扩大革命
的社会基础出发，孙中山主张革命需要发动一般民众。这是孙中山
后来领导革命事业超越辛亥革命的重要方面。辛亥革命时期，陈天
华已经看到："惟有使中等社会皆知革命主义，渐普及下等社会"，革
命才有成功的希望。③虽然下等社会的民众在辛亥时期并没有被发
动起来，但孙中山仍看到了对民众进行启蒙的重要性，认为人民需要

---

① 孙中山:《国民政府建国大纲》，广东省社会科学院历史研究室、中国社会
科学院近代史研究所中华民国史研究室、中山大学历史系孙中山研究室编:《孙中
山全集》第 9 卷，北京:中华书局，1986 年，第 127 页。

② 孙中山:《制定建国大纲宣言》，广东省社会科学院历史研究室、中国社会
科学院近代史研究所中华民国史研究室、中山大学历史系孙中山研究室编:《孙中
山全集》第 11 卷，北京:中华书局，1986 年，第 103 页。

③ 陈天华:《绝命辞》，刘晴波、彭国兴编校:《陈天华集》，湖南人民出版社，
1982 年，第 236 页。

教育,以明白革命的道理,"我们革命党人应该来教训他,如伊尹训太甲样"。① 揆诸孙中山所处时代和所面临的实际问题,不仅需要顾及政治设计,同时需要顾及社会制约。如此理解孙中山主张"训政"的苦心孤诣,则他的思想与其一贯主张相比,并无退步,具有显而易见的积极意义。②

　　均权主义综合了集权与分权各自的优点。孙中山的均权思想,包含两个层次,既有人民有权的意义,又有中央与地方划定权力关系的安排。在前一方面,孙中山早就看到,无论是中央集权还是地方分权,都必须首先实现"主权在民",否则集中也好,分权也好,无非都是"官治","政治之权,付之官僚,于人民无与"。因而要保障"民治","政治主权,在于人民,或直接以行使之,或间接以行使之……以人民为主体,人民为自动者"。③因而,孙中山的设定的均权主义的地方制度,是以"民治均权"为旨归,"以'均权'为主旨,而以'民治'为基本原则"。④在后一方面,孙中山最终主张:"凡事物有全国一致之性质者,划归中央;有因地制宜之性质者,划归地方。不偏于中央集权或地方分权。"⑤地方所分之权,适宜于地方实际情形,于社会建设关系更为密切。"教育、卫生,随地方情况而异,此权之宜属于地方者也……警卫队之设施,岂中央所能代劳,是又宜属之地方矣。同一教育也,滨

---

　　① 　孙中山:《在上海中国国民党本部会议的演说》,中山大学历史系孙中山研究室、广东省社会科学院历史研究室、中国社会科学院近代史研究所中华民国史研究室编:《孙中山全集》第5卷,北京:中华书局,1985年,第401页。

　　② 　参阅桑兵:《孙中山革命程序论的演变》,载桑兵:《孙中山的思想与活动》,广州:中山大学出版社,2001年。

　　③ 　孙中山:《中华民国建设之基础》,陈旭麓、郝盛潮主编:《孙中山集外集》,上海人民出版社,1990年,第34—35页。

　　④ 　杨幼炯:《权能画分及均权政制》,上海:正中书局,1946年,第78页。

　　⑤ 　孙中山:《国民政府建国大纲》,广东省社会科学院历史研究室、中国社会科学院近代史研究室中华民国史研究室、中山大学历史系孙中山研究室编:《孙中山全集》第9卷,北京:中华书局,1986年,第128页。

海之区，宜侧重水产；山谷之地，宜侧重矿业、或林业，是固宜予地方
以措置之自由"。①因而采取均权的政体形式，地方社会的建设更能够
因地制宜，具有优势。

地方自治、革命程序、均权主义是孙中山民权主义中关于政体方面
的主张，三者是密不可分、有机统一的。地方自治是均权的前提和基
础，同时也是训政的主要内容和主要任务；训政以实现地方自治为目
标，否则不能造成宪政的基础；均权以地方自治为凭借，否则不能实现
全民政治。它们共同包含了社会建设的因素，共同构成了社会建设的
政治基础。从这一方面说，它们不仅仅是一种政治制度、政治设计，同
时也是一种社会建设的制度与设计。

三、艰难实践中的苦心孤诣

孙中山以社会建设为考量目标设计了政治模式，同时又积极致力
于社会改造，促进人民觉醒，推动民主政治发展。在其生前，孙中山尽
可能地将这一设想付诸实践，因受制于形势，实践并不充分，但其思想
遗产对后来者产生了深远的影响。

孙中山指出，具有社会基础的政治建设，才能成功保障民主政治的
发展。虽然在他的革命生涯中，困境重重，抱负难以施展，但仍对理想
的政治的实现充满信心。他看到从点点滴滴做起，由微渐著，最终必有
实现目标的希望。孙中山并不以社会条件的不足和人民程度的低下而
在政治上无所作为。在革命的过程中，有一种言论，认为中国民智太
低，人民程度不足以行使民权，甚至以此作为反对革命的理由和政治上
开历史倒车。政治人物如此，学者亦如此。"袁世凯之流，必以为中国

---

① 孙中山：《中华民国建设之基础》，陈旭麓、郝盛潮主编：《孙中山集外集》，
上海人民出版社，1990年，第32页。

人民程度如此,必不能共和。曲学之士亦曰,非专制不可也"。①这种言论影响深远,直至孙中山身后还不时沉渣泛起,在一定程度上影响人们的历史判断。孙中山虽然也看到了民智不足的社会实情,但并没有消极对待,在其政治设计中,更以主动改变这一社会基础作为目标。他批评说:

> 乃有以国民程度太低,不能行直接民权为言,而又不欲训练之以行其权,是真可怪之甚也。②

孙中山认为,通过教育和训练,现代民主政治不仅可期建成,而且应当致力。他在向圣约翰大学毕业生致辞时就呼吁:"共和政体,以教育为根基。如今有千万人民,需要你们去教育他们。"③

孙中山在有限的范围内,主动推动其地方自治和训政的实践。在孙中山晚年,以下几个事例可以说明他对于这种政治实践的重视。

(一)支持试办县级自治。

孙中山十分希望能够进行县级的自治试验,在选择可以作为自治实验的县时,他特别关心桑梓。1921 年 1 月,孙中山特别邀请旅居港澳的香山人"会议自治办法,作县自治模范"。④ 1923 年 10 月,他向广州全国青年联合会表示:如果条件成熟,"我一定给一县或者两三县,让你们去

---

① 孙中山:《建国方略》,中山大学历史系孙中山研究室、广东省社会科学院历史研究室、中国社会科学院近代史研究所中华民国史研究室编:《孙中山全集》第 6 卷,北京:中华书局,1985 年,第 209 页。

② 孙中山:《三民主义》,中山大学历史系孙中山研究室、广东省社会科学院历史研究室、中国社会科学院近代史研究所中华民国史研究室编:《孙中山全集》第 5 卷,北京:中华书局,1985 年,第 190 页。

③ 孙中山:《在上海圣约翰大学毕业典礼上的致词》,陈旭麓、郝盛潮主编:《孙中山集外集》,上海人民出版社,1990 年,第 76 页。

④ 《本社专电》,上海《民国日报》1921 年 1 月 13 日,第 2 版。

试验试验。有了成绩,再推广到全省,以至于全国"。① 1924 年 3 月,广东台山县试办自治,他支持进行这种县级地方自治的实验,对台山县长刘栽甫呈递的台山试办完全自治折和所拟办法五条,批示"特许试办台山县自治事宜。着省长照此折所拟各条,咨行各军司令长官、各财政主管机关查照,协助施行"。②并切实保障试办地方自治所需要的经费,同意台山收入国家税"准予酌留半数,拨充自治经费"。③

（二）关心地方上与自治有关的事务。

1924 年 6 月,香山县绅民呈请沙田护沙自筹自卫,孙中山重视其中对于人民自治的重要意义,特别训令"此事有关人民自治起点,自应准其试办,以观后效。至东海十六沙地属香山,亦应准其统筹办理"。④后来该事项因与广东政府的意愿及政策不符,政府决定撤销沙田自卫组织,孙中山仍郑重其事地要求政府"统筹兼顾,方不至违背农民自治之精神"。⑤

（三）对于革命政府已经控制的地区,明令开展地方自治和训政的步骤。

---

　　①　孙中山:《在广州全国青年联合会的演说》,中山大学历史系孙中山研究室、广东省社会科学院历史研究室、中国社会科学院近代史研究所中华民国史研究室编:《孙中山全集》第 8 卷,北京:中华书局,1986 年,第 326 页。

　　②　陈锡祺主编:《孙中山年谱长编》下册,北京:中华书局,1991 年,第 1855—1856 页。

　　③　孙中山:《给刘栽甫的训令》《给古应芬的指令》,广东省社会科学院历史研究室、中国社会科学院近代史研究所中华民国史研究室、中山大学历史系孙中山研究室编:《孙中山全集》第 11 卷,北京:中华书局,1986 年,第 472、475 页。

　　④　孙中山:《给廖仲恺的训令》,广东省社会科学院历史研究室、中国社会科学院近代史研究所中华民国史研究室、中山大学历史系孙中山研究室编:《孙中山全集》第 10 卷,北京:中华书局,1986 年,第 302 页。

　　⑤　孙中山:《给古应芬的指令》,广东省社会科学院历史研究室、中国社会科学院近代史研究所中华民国史研究室、中山大学历史系孙中山研究室编:《孙中山全集》第 11 卷,北京:中华书局,1986 年,第 31 页。

1923年3月，孙中山根据广东的革命形势，主张"既有此好时机，当先将广东之政治社会，并力改良，使成一好模范省，然后推行全国，必非难事"。①1924年9月，宣布"以广东付之广东人民，实行自治，广州市政厅赳日改组，市长付之民选，以为全省自治之先导"。②当他领导的北伐在江西取得部分胜利后，又于1924年10月10日和12月4日，颁布了赣南、赣中善后条例，其中都包含实施革命程序论的内容。③

在孙中山晚年，他精心地将地方自治、革命程序、均权思想等政治主张贯穿于他最重视的几个文件，即《建国方略》《建国大纲》《三民主义》及《第一次全国代表大会宣言》，不断加以强调。1924年9月曾指令广东省将《制定〈建国宣言〉大纲》五万份分发各县。④其后孙中山北上，力图促进召开国民会议，就希望"把本党第一次代表大会的宣言、政纲提到国民大会予以通过，来重奠国民革命的基础"。"法制委员会最好根据《建国大纲》，制定一套地方自治实行的计划和法规，以备将来之用"。⑤1925年，孙中山赍志以殁，在遗嘱中，他特别强调"务须依照余所著《建国方略》《建国大纲》《三民主义》及《第一次全国代表大会宣言》，继续努力，以求贯彻"。⑥他关于中国政治现代化的基本精神和许

①　孙中山:《在欢宴广州军政各界时的演说》,郝盛潮主编:《孙中山集外集补编》,上海人民出版社,1994年,第317页。

②　孙中山:《告广东民众书》,广东省社会科学院历史研究室、中国社会科学院近代史研究所中华民国史研究室、中山大学历史系孙中山研究室编:《孙中山全集》第11卷,北京:中华书局,1986年,第36页。

③　孙中山:《公布赣南善后条例等令》《公布〈赣中善后条例〉及三种细则令》,广东省社会科学院历史研究室、中国社会科学院近代史研究所中华民国史研究室、中山大学历史系孙中山研究室编:《孙中山全集》第11卷,北京:中华书局,1986年,第154—166、452—463页。

④　《大元帅宣言分发各县》,《广州民国日报》1924年9月30日,"要闻"。

⑤　黄季陆:《国父逝世前后》,《传记文学》第6卷第3期。

⑥　孙中山:《国事遗嘱》,广东省社会科学院历史研究室、中国社会科学院近代史研究所中华民国史研究室、中山大学历史系孙中山研究室编:《孙中山全集》第11卷,北京:中华书局,1986年,第640页。

多具体设计，作为遗教留给了后来者。

中国现代史上的各个政治派别，都不同程度上受到孙中山的影响，或从中汲取合理的成分。其中不少主张，体现了孙中山关注社会建设、重视培育基础的取向。民国初年的联省自治时期，尽管各省实际上不能做到，但在各自的宣示中，都标榜"民治"、"分权"，注重地方社会建设。如1921年湖南省自治筹备处告示："湖南的自治法，简直就是三千万同胞自由的保障，也就是四万万同胞到自由之路的一颗明星……我们尽管推广我们的教育，发达我们的实业，整顿我们的内政，造成一个东方的瑞士，自治的乐园。"①四川自治联合会提倡的十二项原则中，也包含"实现职业的全民政治"、"力谋教育普及"、"组织各种协社"、"力图发展实业"等内容。②国民党在取得全国政权后，对于孙中山训政、地方自治的构想，开展了一定规模的实践，各地地方自治的实施方案，均不离孙中山原来的基本设计。其内容，一般包括筹备各级自治组织、兴办教育事业、修筑道路、办理警卫、改良社会习俗、发展实业等，虽然多数流于形式，却也颇见气象。中国共产党在某些特定的历史背景下，也提出过与孙中山政治设想相一致的主张，如1946年1月中国共产党在政治协商会议上提出《和平建国纲领草案》，内中即包含地方自治和均权的要素。提案中有："（甲）积极推行地方自治，废除现行保甲制度，实行由下面上的普选，成立自省以下各级地方民选政府。（乙）中央与地方之权限，采均权主义，省得自订省宪，各地得采取因地制宜的措施。"③由此可见，孙中山政治设计中的这一重要设想，对于中国现代历史产生了广泛和深远的影响。

①《湖南制定省自治根本法筹备处敬告全省公民白话文》《湖南筹备自治周刊》第1期，1921年2月27日，"文牍"，第7页。
②《川人自救之决心》，香港《华字日报》，1921年4月15日，"中外要闻"。
③《和平建国纲领草案》，中央档案馆编：《中共中央文件选集》第16册，1992年，第41—42页，北京：中共中央党校出版社。

孙中山在其《建国方略》第三部之《民权初步（社会建设）》的序言里，引用中国古语："行远自迩，登高自卑。"孙中山强调民主政治应从学习集会（会议）始，"会议通则为教我国人民行使民权第一步之方法也，倘此第一步能进，行之能稳，则逐步前进，民本之发达必有登峰造极之一日"。[①]不仅《民权初步》如此，其政治设计中的社会建设考量，也正具有这样的意义。社会建设是政治的基层建设。孙中山的民权主义立意宏远，同时又能立足现实，看到政治构想实际操作的重要性，从实际出发，从社情、民情出发，为现代民主政治寻找社会基础，以社会建设而求政治建设。孙中山的地方自治、革命程序、均权主义主张，显示了孙中山对于政治变革中"迩"和"卑"的极度重视。当然，因为缺乏广泛实践的条件，孙中山本人难以根据遇到的具体问题，进行理论上的改善和修正。国民党取得全国政权后，因内外部环境均有制约，受巩固政权的利益驱使，把社会建设的实践与强化统治的措施联系起来，实际目标已与孙中山的本意大异其趣。知识界质疑："宪法之下正可以做训导人民的工作；而没有宪法或约法，则训政只是专制，决不能训练人民走上民主的路。"[②]这种批评并非无的放矢。不通过发动和教育民众在实践中发展民主事业，而寄希望于国民党一党专政达成引领民主道路的目标，实不足恃。因而，如何"自迩自卑"地"行远登高"，的确是值得政治家们进一步思索、并努力在思想上和利益上实现超越的课题。无论如何，考察孙中山政治设计中的社会建设考量，可以为这种超越提供一个起点和支点。

---

① 孙中山：《建国方略》，中山大学历史系孙中山研究室、广东省社会科学院历史研究室、中国社会科学院近代史研究所中华民国史研究室编：《孙中山全集》第6卷，北京：中华书局，1985年，第414页。

② 胡适：《我们什么时候才可有宪法?》，《新月》第2卷第4号，1929年6月10日，该篇第5页。

孙中山对中国社会管理的政治考量

　　在孙中山的理念里，政治就是一种管理。他说："政治两字的意思，浅而言之，政就是众人的事，治就是管理，管理众人的事便是政治。有管理众人之事的力量，便是政权。今以人民管理政事，便叫作民权。"①政治意识导源于社会，政治又是为了管理社会，孙中山所要建设的社会政治制度的独特构想，和他对政治在社会变革中的重要作用的认知和追求，显示其最终目的，是为了能提供一种良好的、合理的社会管理。孙中山对进行这种社会管理的目标、体制和主体等问题进行了深入的思考，并在后期逐步探索了一条"以党建国"、"以

---

　　① 孙中山：《三民主义·民权主义》，广东省社会科学院历史研究室、中国社会科学院近代史研究所中华民国史研究室、中山大学历史系孙中山研究室编：《孙中山全集》第9卷，北京：中华书局，1986年，第255页。

党治国"的途径。①

一、对清末民初社会管理的批判

社会管理有广义、狭义之分。广义的社会管理指对整个社会系统的管理,即对整个社会活动、社会生活、社会关系的调控;狭义的社会管理指对社会某一特定子系统的管理,即对社会生活、社会服务等方面(所谓狭义的社会领域)的管理。依据管理主体的不同,社会管理划分为国家管理和社会组织管理。国家管理又称社会行政管理,指国家政权机关依据法律相政策,运用各种手段,对社会组织、个人、社会活动进行指导、调控,使社会系统协调、稳定、有序地发展;社会组织管理又称社会自治管理,指社会组织、群众团体根据社区公约、组织章程、活动计划,对一定范围或方面的社会生活、社会活动和社会关系进行指导、约束和协调。这两方面的管理,以前者为主,二者相互配合。②孙中山"管

_____

① 关于孙中山行政管理思想的研究,已有王业兴:《孙中山与中国近代化行政管理格局的形成》(《社会科学战线》1990年第1期);赵宏宇:《孙中山的行政管理思想述论》(《云南行政学院学报》2004年第4期);张晓杰、李坚:《孙中山行政发展思想论述》(《理论界》2005年第7期)等成果。关于党治思想的研究主要有姜义华:《孙中山的政党作业和现代化进程中的权威转换与政治造型》(《探索与争鸣》,1991年第9期);王杰:《孙中山政党作业的变征及一贯理念》(《广东社会科学》2004年第1期);王业兴:《孙中山"以党治国"思想的形成及其影响》(《广东社会科学》2005年第5期);赵书刚:《近代中国政党与政府和谐运作的一种模式——孙中山的政治文化观》(《中国青年政治学院学报》2007年第1期);李默海:《从政党政治到以党建国:孙中山政党观变化的原因分析》(《兰州学刊》2007年第8期);张晓辉:《孙中山与"以党建国"》(林家有主编:《孙中山研究》第6辑,广州:广东人民出版社,2018年)等。就广义的社会管理而言,孙中山民权主义思想中关于政治的主要构想,如五权制度、革命程序、均权主义、地方自治等,均构成社会管理的重要方面。各主要方面的具体研究已经有大量的学术成果。本节不拟着重于此,而仅从社会管理的目标、关键性制度和执行主体等方面,就孙中山广义的社会管理思想中的若干主张加以论述。

② 风笑天等:《社会管理学概论》,武汉:华中理工大学出版社,1999年,第9页。

理众人的事"的"管理"，当然指的是广义的社会管理，是通过政治手段为主的对整个社会的管理，在全部社会管理中居于主导性的地位。国家最大的问题就是政治，孙中山极力谋求用政治的力量来改变中国社会一片散沙的局面，促进社会的现代化。

传统中国，政府对社会的控制相对松散，近代以来矛盾积压，旧体制对社会变迁应对无措，反而造成政治与社会的高度紧张，因而从政治入手，是实现合理有效的社会管理的关键。在孙中山看来，中国传统的制度下根本谈不上政治和社会的管理，"中国除权贵世家可以在各级官府纵容下，假借名义，遣兵逞暴之外，概无政府、无组织、无法制、无行政管理机构"。①虽然孙中山早年也曾提出改革的主张，希望依靠朝廷大员的力量推动社会改良，但他1896年就已经提出，要"除虏兴治，罚罪救民，步法泰西，揖睦邻国"，②进行现代意义上的政治革命。1897年在向外人的呼吁中，他明确提到"不完全打倒目前极其腐败的统治而建立一个贤良政府"，要在中国实现任何改进都是不可能的，局部的和逐步的改革都是无望的。③

民国建立后，孙中山极力争取为新国家、新政治奠定一个制度基础，以便社会管理走上正轨。但军阀政治完全打破了孙中山的良好愿望，旧的社会矛盾并没有解决，新的纷乱和争斗层出不穷，社会乱象迭呈，民不聊生。李大钊在1913年6月，看到的时局是"党争则日激日厉，省界亦愈划愈严。近宋案发生，借款事起，南北几兴兵戎，生民险遭涂炭。人心诡诈，暗杀流行，国士元勋，人各恐怖，而九龙、龙华诸会匪，

---

① 埃德温·J·丁格里著、莫世祥译：《中国革命记：1911—1912》，《辛亥革命史丛刊》第7辑，中华书局1987年，第256—258页。

② 孙中山：《复翟理斯函》，广东省社会科学院历史研究室、中国社会科学院近代史研究所中华民国史研究室、中山大学历史系孙中山研究室编：《孙中山全集》第1卷，北京：中华书局1981年，第47页。

③ 孙中山：《中国的现在和未来——革新党呼吁英国保持善意的中立》，《孙中山全集》第1卷，北京：中华书局1981年，第88页。

又复蠢蠢欲动,匪氛日益猖炽,环顾神州,危机万状"。①诚如历史学家费正清所揭示的:"说军阀给成千上万的中国人带来了直接与间接的恐惧和盘剥,无论如何是正确的。"②自从民元孙中山让位于袁世凯之后,"民国遂从此多事。帝制议起,舆论哗然。虽洪宪旋覆,而余孽尚存。军阀专擅,道德坠地,政治日窳,四分五裂,不可收拾"。③袁世凯之后,各派军阀的统治更加专制,中央一再推行武力统一,地方军阀各为私利,实行抗拒和割据,国内战事不断,社会日趋混乱。孙中山痛感社会之不靖、人民之困苦,对民初社会乱局和军阀政治进行了严厉的批判。1913 年 12 月,孙中山致函咸马里夫人:"独夫政治现又得逞,其压迫较之当初的满清,更加令人无法忍受。"④辛亥革命虽然建立了民国,但专制并没有消除,社会没有走上正轨,孙中山看到"去一满洲之专制,转生出无数强盗之专制,其为毒之烈,较前尤甚。于是而民愈不聊生矣"。⑤后来中国国民党改组时,孙中山又批评"满清鼎革,继有袁氏;洪宪堕废,乃生无数专制一方之小朝廷。军阀横行,政客流毒,党人附逆,议员卖身,有如深山蔓草,烧而益生,黄河浊波,激而益溷,使国人遂疑革命

---

① 李大钊:《隐忧篇》,《言治》月刊,第 1 年第 3 期,第 28 页。

② 费正清主编:《剑桥中华民国史》第一部,上海人民出版社,1991 年,第 385 页。

③ 《孙文宣言就任大总统通电》,中国第二历史档案馆编:《中华民国档案资料汇编》第 4 辑(上),南京:江苏古籍出版社,1986 年,第 22 页。

④ 孙中山:《致咸马里夫人函》,中国社会科学院近代史研究所中华民国史研究室、中山大学历史系孙中山研究室、广东省社会科学院历史研究室编:《孙中山全集》第 3 卷,北京:中华书局 1984 年,第 73 页。

⑤ 孙中山:《建国方略·孙文学说》自序,中山大学历史系孙中山研究室、广东省社会科学院历史研究室、中国社会科学院近代史研究所中华民国史研究室编:《孙中山全集》第 6 卷,北京:中华书局,1985 年,第 158 页。

不足以致治，吾民族不足以有为"。①

二、"取法乎上"的社会行政管理构想

在社会行政管理的制度和程序设计上，孙中山都坚持了现代追求。他认为全民政治是实现现代社会管理的根本政治目标，共和制度是实现这一目标的最理想的制度。

孙中山的政制观从一开始就具有明确的现代性，虽不排斥社会上传统的要求变革的力量，但他将传统政治变迁的模式与现代政治的要求相联系。他对清王朝的指责和控诉，是基于现代民主、文明社会的要求来进行的。②因此，反对清王朝，不仅仅是反对传统意义上的苛政，而且是反对专制。"非惟除二百六十年之苛政，且取中国数千年来君主专制之治，一扫空之"，建立一个"四万万人一切平等，国民之权利义务，无

①　孙中山：《中国国民党改组宣言》，中山大学历史系孙中山研究室、广东省社会科学院历史研究室、中国社会科学院近代史研究所中华民国史研究室编：《孙中山全集》第 8 卷，北京：中华书局，1986 年，第 429 页。

②　孙中山指出："在满清二百六十年的统治之下，我们遭受到无数的虐待，举其主要者如下：

（一）满洲人的行政措施，都是为了他们的私利，并不是为了被统治者的利益。

（二）他们阻碍我们在智力方面和物质方面的发展。

（三）他们把我们作为被征服了的种族来对待，不给我们平等的权利与特权。

（四）他们侵犯我们不可让与的生存权、自由权和财产权。

（五）他们自己从事于，或者纵容官场中的贪污与行贿。

（六）他们压制言论自由。

（七）他们禁止结社自由。

（八）他们不经我们的同意而向我们征收沉重的苛捐杂税。

（九）在审讯被指控为犯罪之人时，他们使用最野蛮的酷刑拷打，逼取口供。

（十）他们不依照适当的法律程序而剥夺我们的各种权利。

（十一）他们不能依责保护其管辖范围内所有居民的生命与财产。"

见孙中山：《中国问题的真解决——向美国人民的呼吁》，广东省社会科学院历史研究室、中国社会科学院近代研究所中华民国史研究室、中山大学历史系孙中山研究室编：《孙中山全集》第 1 卷，北京：中华书局 1981 年，第 252 页。

有贵贱之差、贫富之别",①国家才能得到振兴。"排满"是一个传统政治概念,但并不是一个狭隘的民族主义口号,所"排"只是清政府,而不是在传统意义上将满族视为异族。相反,孙中山所主张的,是"汉满蒙回藏五族共和",是民族团结和国家统一,因此实际上赋予"排满"以现代的内涵。孙中山的民族主义既包含中国传统的"春秋大义",但更重要的是利用它来进行现代意义上的反专制斗争,同纯粹的种族主义意识有本质的不同。

共和思想是孙中山民权主义的中心。只有通过政治制度和社会制度的变革,"以共和政体来代替帝政统治",② 1901 年以后,清廷开始进行新政改革。孙中山认为,清廷的新政不可能带来政治上的近代化变革,清政府的改革诏旨是迷惑人民的,寄希望于清廷自身的改革,绝无可能。他说:

> 自义和团战争以来,许多人为满清政府偶而发布的改革诏旨所迷诱,便相信那个政府已开始看到时代的征兆,其本身已开始改革以便使国家进步;他们不知道,那些诏旨只不过是专门用以缓和民众骚动情绪的具文而已。由满洲人来将国家加以改革,那是绝对不可能的,因为改革意味着给他们以损害。实行改革,那他们就会被中国人民所吞没,就会丧失他们现在所享受的各种特权。③

对于康有为、梁启超一派宣扬立宪和保皇,孙中山指出:"有人说我

① 邹鲁:《中国同盟会》,中国史学会主编:《辛亥革命》(二),上海人民出版社,1957 年,第 40、41 页。
② 孙中山:《与林奇谈话的报道》,广东省社会科学院历史研究室、中国社会科学院近代史研究所中华民国史研究室、中山大学历史系孙中山研究室编:《孙中山全集》第 1 卷,北京:中华书局 1981 年,第 211 页。
③ 孙中山:《中国问题的真解决——向美国人民的呼吁》,广东省社会科学院历史研究室、中国社会科学院近代史研究所中华民国史研究室、中山大学历史系孙中山研究室编:《孙中山全集》第 1 卷,北京:中华书局 1981 年,第 251 页。

们需要君主立宪政体，这是不可能的。没有理由说我们不能建立共和制度。中国已经具备了共和政体的雏形。"①对于改良主义者认为政治变革应当遵循程序一步一步变化，先应实现君主立宪，孙中山反驳道：

> 又有谓各国皆由野蛮而专制，由专制而君主立宪，由君主立宪而始共和，次序井然，断难躐等；中国今日亦只可为君主立宪，不能躐等而为共和。此说亦谬，于修筑铁路可以知之矣。铁路之汽车，始极粗恶，继渐改良，中国而修铁路也，将用其最初粗恶之汽车乎，抑用其最近改良之汽车乎？于此取譬，是非较然矣。②

从根本上说，孙中山的政治思想来自西方，孙中山所要学习的，则是西方最进步的制度，"取法乎上"。孙中山指出：

> 吾侪不可谓中国不能共和，如谓不能，是反夫进化之公理也，是不知文明之真价也。且世界立宪，亦必以流血得之，方能称为真立宪。同一流血，何不为直截了当之共和，而为此不完不备之立宪乎？语曰："取法于上，仅得其中。"择其中而取法之，是岂智者所为耶？鄙人愿诸君于是等谬想淘汰洁净，从最上之改革着手，则同胞幸甚！中国幸甚！③

除共和思想外，在孙中山政治设计的主要方面，如五权宪法、权能区分、革命程序等，都体现了孙中山用政治的力量、国家的力量来支配

① 孙中山：《在东京中国留学生欢迎大会的演说》，广东省社会科学院历史研究室、中国社会科学院近代史研究所中华民国史研究室、中山大学历史系孙中山研究室编：《孙中山全集》第 1 卷，北京：中华书局 1981 年，第 283 页。

② 孙中山：《在东京中国留学生欢迎大会的演说》，广东省社会科学院历史研究室、中国社会科学院近代史研究所中华民国史研究室、中山大学历史系孙中山研究室编：《孙中山全集》第 1 卷，北京：中华书局 1981 年，第 283 页。

③ 孙中山：《在东京中国留学生欢迎大会的演说》，广东省社会科学院历史研究室、中国社会科学院近代史研究所中华民国史研究室、中山大学历史系孙中山研究室编：《孙中山全集》第 1 卷，北京：中华书局 1981 年，第 283 页。

和领导社会管理的思想特征,孙中山所设想的社会管理,是以国家政治权力为主导的,以国家力量的扩大来解决政治与社会的对立紧张关系。

孙中山的政治设计,是在总结和学习西方各国的现代政治制度基础上,对其社会管理的实际效果有所考察,对其经验教训有所吸取。孙中山晚年对于学习外国管理社会的政治,有一个辩证的主张,一方面要学习西方的经验,如果不参考欧美以往的经验、学理,便要费冤枉工夫,或者要再蹈欧美的覆辙;一方面又不能照搬,"像学外国机器一样,把外国管理社会的政治硬搬进来,那便是大错"。①孙中山对西方主要国家的政治制度有吸取,也有批判。孙中山对法国国家治理和社会建设给予高度评价,从中吸取了法国人民争取自由、平等的精神,但孙中山又从社会管理的效果上看,认为法国政治在后来并不理想。他认为法国革命后民权发达,但人民虽然有了选举权,却没有真正管理国家,"变成暴民政治,弄到无政府"。②因而应让人民有权管理政治,决定大事,而让专家管理政府。孙中山政治设计中的革命程序论和权能区分学说,正是针对这样一种社会情形。孙中山对美国的文明和政治体制十分推崇,但对于美国的政党政治、议会选举制度,也有批评,认为一切单凭选举,也有弊病,"美国国会内有不少蠢货,就足以证明选举的弊病"。③由

---

① 孙中山:《三民主义·民权主义》,广东省社会科学院历史研究室、中国社会科学院近代史研究所中华民国史研究室、中山大学历史系孙中山研究室编:《孙中山全集》第9卷,北京:中华书局1986年,第320页。

② 孙中山:《三民主义·民权主义》,广东省社会科学院历史研究室、中国社会科学院近代史研究所中华民国史研究室、中山大学历史系孙中山研究室编:《孙中山全集》第9卷,北京:中华书局1986年,第306页。

③ 孙中山:《与该鲁学尼等的谈话》,广东省社会科学院历史研究室、中国社会科学院近代史研究所中华民国史研究室、中山大学历史系孙中山研究室编:《孙中山全集》第1卷,北京:中华书局1981年,第320页。

于政党频繁轮替，"美国政治腐败散漫，是各国所没有的"。①尤其严重的是贿选现象存在的可能，必然导致假的民主，而这一点对中国影响极坏，"欧美代议政体的好处，中国一点都没有学到；所学的坏处却是百十倍，弄到国会议员变成猪仔议员，污秽腐败，是世界各国自古以来所没有的"。②对于美国的联邦制，孙中山到后期也认为不应适用于中国。

瑞士的国家管理制度给了孙中山极其重要的启示。孙中山提倡全民政治，蓝本正是瑞士的直接民权，即以实行普选制度为基础，以人民集会或总投票的方式，直接行使选举、复决、创制、罢免四大民权。孙中山说：

> 何谓民国？美国总统林肯氏有言曰："民之所有，民之所治，民之所享。"此之谓民国也。何谓民权？即近来瑞士国所行之制：民有选举官吏之权，民有罢免官吏之权，民有创制法案之权，民有复决法案之权，此之谓四大民权也。必具有此四大民权，方得谓为纯粹之民国也。③

瑞士之宪法比美国之宪法更优，"人民有此四大民权，乃能任用官吏，役使官吏，驾驭官吏，防范官吏，然后始称得为一国之主而无愧色也"。④孙中山此时受一位"瑞士学者"（指当时在瑞士的德意志思想家

---

① 孙中山：《在东京〈民报〉创刊周年庆祝大会的演说》，广东省社会科学院历史研究室、中国社会科学院近代史研究所中华民国史研究室、中山大学历史系孙中山研究室编：《孙中山全集》第1卷，北京：中华书局1981年，第330页。

② 孙中山：《三民主义·民权主义》，广东省社会科学院历史研究室、中国社会科学院近代史研究所中华民国史研究室、中山大学历史系孙中山研究室编：《孙中山全集》第9卷，北京：中华书局，1986年，第319页。

③ 孙中山：《建国方略》，中山大学历史系孙中山研究室、广东省社会科学院历史研究室、中国社会科学院近代史研究所中华民国史研究室编：《孙中山全集》第6卷，北京：中华书局，1985年，第412—413页。

④ 孙中山：《三民主义》，中山大学历史系孙中山研究室、广东省社会科学院历史研究室、中国社会科学院近代史研究所中华民国史研究室编：《孙中山全集》第5卷，北京：中华书局，1985年，第189页。

鲁道夫·休泰纳①)影响,要解决因人民有权而导致的政府能力退化的现象,改变人民对于政府的反抗态度,②希望效法瑞士,在中国行使直接民权,造成一个全民政治的民国。这就要求人民必须有更高的素质。民国建立,虽然在理论上确定了人民的民主权利,但能否实现这种权利,决不是起草几份法律文本所能解决的。因而要训练人民,提高民主素质,提高民主能力,做到人民有权,政府有能,以训政为过渡时期,解决人民程度问题,"用我们的民权主义,把中国改造成一个'全民政治'的民国,要驾乎欧美之上"。③这些均显示了孙中山既有高远政治目标,又对社会行政管理的基础性工作十分重视。

三、"将党放在国上"

需要依靠什么样的精英团体来管理中国社会,是孙中山政治考量中十分重视的一个方面。④孙中山在反清的武装起义时期领导了中国同盟会这一"革命党",民国刚建立时,他也一度希望能够建立起真正意义的"政党",最终又致力于建设一个高度集中的"革命党"。他始终重

①　中村义:《孙文与一位瑞士学者——以民权论为中心》,《"孙中山与亚洲"国际学术讨论会论文集》,广州:中山大学出版社,1994 年。

②　孙中山:《三民主义·民权主义》,广东省社会科学院历史研究室、中国社会科学院近代史研究所中华民国史研究室、中山大学历史系孙中山研究室编:《孙中山全集》第 9 卷,北京:中华书局,1986 年,第 321—322 页。

③　孙中山:《三民主义·民权主义》,广东省社会科学院历史研究室、中国社会科学院近代史研究所中华民国史研究室、中山大学历史系孙中山研究室编:《孙中山全集》第 9 卷,北京:中华书局,1986 年,第 314 页。

④　"党"在不同的政治理念、政治目标和政治体制下,其性质并不相同。孙中山开展反清革命时期的中国同盟会,属于"革命党"的性质,而民国建立后在议会政治的框架下成立的国民党,属于"政党"的性质。章士钊就认为以反清或建立民国相号召的党都不能算是政党:"凡政党者,皆求于现行国家组织之下,相迭代用,以施行其政策者也。故凡政党,不得含有革命性质。"因此,"革命党者,非政党也"。章士钊:《帝国统党党名质疑》,《章士钊全集》第 1 卷,北京:文汇出版社,2000 年,第 477—481 页。

视"党"这一特殊的高度政治性的社会组织的作用,认为作为社会行政管理的中坚,持有主义和先知先觉的"革命党"应当担负起领导全社会实现现代目标的重任。因此,他对于"党"在社会政治生活中应扮演什么样的角色,应如何沟通社会与政治,有自己独特的思考。

民初国民党建立时,孙中山一度希望能有真正的两党制意义上的政党的。但由改变政纲、更换名目拼凑起来的国民党,地方系统不明,组织庞杂涣散,官僚政客投机,实际不过是仅具竞选价值的政治工具。袁世凯对国民党的镇压和专制统治,使孙中山认识到,中国实行英美式的政党政治还完全没有条件,进而从两党制转向一党制的"以党建国"、"以党治国",主张只有一个政党单独治理国家。1924 年以苏俄政党为榜样再度改组国民党,使之成为名副其实的"革命党"。①

杨天宏先生论述到,孙中山有挥之不去的革命情结。在经历一系列失败之后,孙中山总结出来的最大教训就是自己所领导的党的"革命性"还不够。②孙中山对革命的党的要求,是需要一个能够承担"以党治国"重任的革命的党。"吾人立党,即为未来国家之雏形"。中国国民党成立以后,孙中山对党和国的关系阐述为:

> 我们中华民国算是一棵大树,我们革命党就是这树的根本……党事为革命源起事业,革命未成功时要以党为生命,成功后仍绝对用党来维持,所以办党比无论何事都要重要。③

孙中山认为最需要防止的,就是党的无信仰、无革命精神、不服从、

① 姜义华:《孙中山的政党作业和现代化进程中的权威转换与政治造型》,《探索与争鸣》,1991 年第 9 期。

② 杨天宏:《政党建置与民初政制走向》,《近代史研究》2007 年第 2 期,第 38 页。

③ 孙中山:《上海中国国民党本部的演说》,中山大学历史系孙中山研究室、广东省社会科学院历史研究室、中国社会科学院近代史研究所中华民国史研究室编:《孙中山全集》第 5 卷,北京:中华书局 1985 年,第 262—263 页。

不团结和组织成分混杂。中国国民党不仅重新强调三民主义革命宗旨,而且对党员的权利义务、职责和纪律都有明确的规定。他认为要建成一个有社会权威和有社会基础的革命党,在 1924 年改组国民党时,孙中山向全党说:

> 夫所贵乎有党者,盖在集合国民力能活动之分子结为团体,在一主义之下为一致之奋斗。故其要义,一在有主义,二在有团结,三在有训练。①

孙中山十分重视"革命党"的革命"主义",民初同盟会改组为国民党,使得"本党完全要变为政党,革命精神遂以消失"。②遂撰写《孙文学说》,以树立革命党人信仰。他说:"又以吾党同志向多见道不真,故虽锐于进取,而无笃守主张之勇气继之,每至中途而旁皇,因之失其所守,故文近作《学说》一卷,除祛其谬误,以立其信仰之基。"③在党的团结和纪律方面,二次革命失败后组建中华革命党,孙中山吸取过去建党经验,针对民初的国民党组织涣散、号令不一的缺点,强调对领袖的服从,"凡进本党者,必须以牺牲一己之生命、自由、权力,而图革命之成功为条件,立约宣誓,永远遵守"。④ 针对民初国民党的缺陷有所弥补。在

① 孙中山:《致全党同志书》,广东省社会科学院历史研究室、中国社会科学院近代史研究所中华民国史研究室、中山大学历史系孙中山研究室编:《孙中山全集》第 9 卷,北京:中华书局 1986 年,第 540 页。

② 孙中山:《在广州国民党党务会议的讲话》,广东省社会科学院历史研究室、中国社会科学院近代史研究所中华民国史研究室、中山大学历史系孙中山研究室编:《孙中山全集》第 8 卷,北京:中华书局,1986 年,第 268 页。

③ 孙中山:《复于右任函》,中山大学历史系孙中山研究室、广东省社会科学院历史研究室、中国社会科学院近代史研究所中华民国史研究室编:《孙中山全集》第 5 卷,北京:中华书局 1985 年,北京:中华书局 1985 年,第 106 页。

④ 孙中山:《中华革命党总章》,中国社会科学院近代史研究所中华民国史研究室、中山大学历史系孙中山研究室、广东省社会科学院历史研究室编:《孙中山全集》第 3 卷,北京:中华书局 1984 年,第 97 页。

党的组织方面，"到了革命之后，各党员知道没有抄家灭族的危险，只有升官发财的好处，所以分子越变越杂"。[①] 1919 年中华革命党改组为中国国民党，孙中山更加强调要防止官僚、政客混入党内，淘汰大批不良分子，团结优秀党员，"振作精神，一致为主义去奋斗"；在道德上，对革命党员提出了较高的要求，"第一是要本党现在的党员，人格高尚，行为正大。不可居心发财，想做大官；要立志牺牲，想做大事，使全国佩服，全国人都信仰"。[②] 希望以此建立一个由纯净分子组成纯粹革命党。在改组中，国民党沿用列宁模式重建党的组织，形成金字塔形的结构，从区分部、区党部、县党部、省党部直至中央党部。有这样一个革命的党，才能担负起建国和治国的重任。三民主义的社会理想，只有通过革命党人的艰苦努力，在民众中开展宣传、组织、发动和教育，才能按照方略，渐次实现。党的社会管理中的作用是什么？孙中山说：

> 以严格之规律的精神，树立本党组织之基础，对于本党党员，用各种适当方法施以教育与训练，使成为宣传主义、运动群众、组织政治之革命的人才。[③]

党是发起民众的组织核心，它的任务就是建立起民众与主义之间的关系，是政治与社会之间的重要桥梁。孙中山强调：

> 教本党以外的人都明白党的主义，欢迎党的主义，然后本党实

---

① 孙中山：《在广州全国青年联合会的演说》，中山大学历史系孙中山研究室、广东省社会科学院历史研究室、中国社会科学院近代史研究所中华民国史研究室编：《孙中山全集》第 8 卷，北京：中华书局，1986 年，第 321 页。

② 孙中山：《在广州中国国民党恳亲大会的演说》，中山大学历史系孙中山研究室、广东省社会科学院历史研究室、中国社会科学院近代史研究所中华民国史研究室编：《孙中山全集》第 8 卷，北京：中华书局，1986 年，第 281、283 页。

③ 孙中山：《中国国民党第一次全国代表大会宣言》，广东省社会科学院历史研究室、中国社会科学院近代史研究所中华民国史研究室、中山大学历史系孙中山研究室编：《孙中山全集》第 9 卷，北京：中华书局 1986 年，第 122 页。

施主义便无阻力,便无反抗……并且把本党的主义宣传到全国人民,令全国人心都赞成革命。①

经过辛亥革命的成功和失败,民国初年的努力和困顿,孙中山在屡败屡起的过程中,思想上和认识上产生了新的飞跃。对于中国社会政治管理的思考,从"维护框架"(二次革命、护国运动、护法运动莫不如此),转向"建设基础",把目标定在争取有社会基础的真正的民主共和。在抛弃旧的政治框架的同时,孙中山更加关注社会的主体——民众;同时通过社会革命的先锋——革命党来贯彻政治主张、执行革命程序,以期奠定社会管理的基础。这反映出孙中山对于理想社会和理想政治的不懈追求,在对民主政治的实现途径和政治的依靠力量上不断取得新的认识,找到解决问题的根本。

受客观环境的影响,孙中山过多地从革命的手段出发,许多做法违背了他建设民主主义、建立理想的全民政治的最终目标。他虽然否定了用"以党员治国"来代替"以党治国"的说法,但确实主张在建国的过程中党员享有超越的政治特权,而且在党内也划分等级,"首义党员"、"协助党员"、"普通党员"享有不同的公民权利,②这使得革命先锋与社会主体的关系被严重扭曲。孙中山对于革命党人政治觉悟的期待,也超过了当时的实际,反而"对于一般民众参政的能力,很有点怀疑"。③孙中山所针对的社会现实,是军阀依靠军事机器的专制统治。以党建国、以党治国比起以枪治国,仍具有进步的意义,但也留有明显的后遗

---

① 孙中山:《在广州中国国民党恳亲大会的演说》,中山大学历史系孙中山研究室、广东省社会科学院历史研究室、中国社会科学院近代史研究所中华民国史研究室编:《孙中山全集》第8卷,北京:中华书局,1986年,第284页。

② 孙中山:《中华革命党总章》,中国社会科学院近代史研究所中华民国史研究室、中山大学历史系孙中山研究室、广东省社会科学院历史研究室编:《孙中山全集》第3卷,北京:中华书局1984年,第98页。

③ 胡适:《我们什么时候才可有宪法?》,《新月》第2卷第4号,1929年6月10日,该篇第3页。

症。国民党取得全国政权后,走向孙中山所极力反对的"军人治党"、"独裁者利用党",以及"用人,尽党员先用;裁人,尽非党员先裁"的"党员治国"的特权政策,这种状况与孙中山社会管理的政治考量,"与中山先生'党人不可存心做官发财'的告诫是背道而驰了"。①

---

① 罗隆基:《我对党务上的"尽情批评"》,《新月》第 2 卷第 8 号,1929 年 10 月 10 日,该篇第 11 页。

革命话语与家国观念

　　民国初期、孙中山对家族、地方、团体与地方自治,给予了高度重视,借以培育现代民主政治的基础,同时也认识到建设这一基础,可以利用传统的因素和传统社会资源。民国初期是我国族谱重修和续修的一个高峰时期,邀请时代名流为本家族的族谱作序,成为一时之风气。而孙中山为他人族谱所撰写的序言,目前所知有二:一是《合肥阚氏重修谱牒序》,一是《五修詹氏宗谱序》。这两篇短序,蕴涵了革命领袖对于家族观念、国族观念的重要认识和对传统文化资源的有效利用。①

---

　　①　关于孙中山对与家族、宗族观念的阐述,学术界一般在论述孙中山民族主义思想时顺带论及。阎林森客观分析了孙中山对传统道德观念中影响深远的家族观念(阎林森:《试论孙中山对中国传统道德的吸取和改造》,《广东民族学院学报》1986年第1期);林济述及孙中山对宗族的肯定评价(林济:《孙中山对宗族评价与珠江三角洲宗族社会》,《孝感师专学报》1997年第3期)。本节所利用的孙中山撰写族谱序言,相关发现及初步研究可见宋霖:《孙中山〈合肥阚氏重修谱牒序〉考辨》,《江淮文史》,2003年第3期。

一、从家族、地方、团体到社会

孙中山本人所受传统的影响，在同时代人里面，是相对较小的，但他却认识到，建设现代政治所需要的社会基础，同样可以利用传统的因素。对于传统社会组织，孙中山首重宗族，认为家族的革新、宗族的团结，是奠定国族的基础。1912 年 5 月 11 日，孙中山出席在广州大石街萧公馆举行的孙族恳亲会，阐述了"合家族而成国家"的主张：

> 今日得与我族叔伯兄弟相见，正属欢喜，惟念四万万同胞，皆黄帝之子孙，其始均无所谓民族者。自人民繁衍，而姓氏生而家族之见重。由是家族以起。然此家族亦正好，合无数之家族，而即成为国家。今者民国成立，政当共和，合汉满蒙回藏而成一家，亦犹是一族，将来推广其博爱，连亚洲而联络之，岂第我一族而已哉！①

宗族地位的重要，在于能够在地方自治中发挥功能。地方自治主要进行的事业是清户口、立机关、定地价、修道路、垦荒地、设学校，而各宗族的所作所为，或直接致力于上述六项事业，或为举办上述事业之基础。以清户口为例，这种调查在历代政府方面实在欠缺，但宗族的修谱活动，恰能起到弥补作用，孙中山指出："我们中国不是没有统计方法的，试看各族各姓里，都有一个很详细的家谱，那就是个证据了。"②从家谱入手，将向先辈的调查转向对现在人口的调查，清户口便可以进行。由宗族而扩展，则为一乡一地。孙中山认为，自古以来，中国就有乡村自治的存在。"吾国旧有地方自治……本旧础石而加以新法，自能

---

① 《孙族恳亲会纪事》，《民生日报》1912 年 5 月 15 日，"新闻一"第四页。

② 孙中山：《在上海民治学会的演说》，中山大学历史系孙中山研究室、广东省社会科学院历史研究室、中国社会科学院近代史研究所中华民国史研究室编：《孙中山全集》第 5 卷，北京：中华书局，1985 年，第 175 页。

发挥数千年之美性"。①在乡村联合的基础上扩而广之,则为一地。1912 年 5 月 5 日在对潮州旅省同乡会演说时,孙中山就极力勉励同乡组织致力于地方自治,指出:

> 鄙人今日对于我潮州诸父老昆弟深有希望者,即能有责任心,而不可生倚赖性。人人对于国家社会,当视为我个人与他人组织而成。凡国家社会之事,即我分内事。有时凡有益于国家社会之事,即牺牲一己之利益为之而不惜,然后国家社会乃能日臻于进步。且国家之治,原因于地方,深望以后对于地方自治之组织,力为提倡赞助。地方自治之制既日发达,则一省之政治遂于此进步,推之国家亦然。如此做去,将来中国自能日臻强盛,与列强相抗衡于地球上,愿我父老昆弟勉之。②

社会团体则是辅助政党政治的重要途径。孙中山极其重视团体在社会上的功能,1912 年 4 月 10 日出席武昌 13 个团体联合欢迎会上曾称:"种族革命与政治革命。皆以一致之目的行之。今社会革命着手伊始,仆以是希望团体,复以其一致之精神,从事斯业。"③次日,在出席武汉商会等 15 个团体举行的欢迎大会上又强调:

> 以前专制政体,业经过去,将来建设一切,仍赖诸革命大家极力维持。今日团体发达,种种自由,既较清政府为佳,而维持自不容稍缓。其间真理,约分为二宗:(一)政治,(一)言论。有言论以补助团体,有团体以补助政党,则事易举,功易成。④

---

① 孙中山:《在沪举办茶话会上的演说》,中国社会科学院近代史研究所中华民国史研究室、中山大学历史系孙中山研究室、广东省社会科学院历史研究室编:《孙中山全集》第 3 卷,北京:中华书局,1984 年,第 329 页。

② 《孙先生演说词汇志》,《民立报》1912 年 5 月 13 日,"新闻一"。

③ 《孙前总统社会革命谈》,《民立报》1912 年 4 月 16 日,"要件"。

④ 《中山先生社会革命谈》,《申报》1912 年 4 月 15 日,"要闻一"。

自治是自下而上的，是与基层的社会建设紧密结合的。基层的自治发展起来，国家的民主政治才有了基础。发挥宗族、地方、团体的功能，发展地方自治，求服务现代政治的有效途径。以上这些思想，有的在辛亥革命前就有明确的认识，有的在后来又有很大的发展，有更充分的论述。

二、为同志作谱序

《合肥阚氏重修谱牒序》作于 1920 年 4 月上旬，系为《合肥阚氏家谱》而作。《合肥阚氏家谱》由阚彦闵等纂，民国十年（1921 年）年木活字本，共 30 卷，首 1 卷，24 册。①该篇序言最早以《孙中山先生的遗文》为题刊载于 1933 年 8 月 7 日《国闻周报》第 10 卷第 31 期（作为该期的补白），后被收入 1975 年张其昀先生主编、台北中华学术院出版的《国父全集补编》，1991 年由陈锡祺先生主编、北京中华书局出版的《孙中山年谱长编》下卷，1997 年陈旭麓、郝盛潮先生主编、上海人民出版社出版的《孙中山集外集》。1993 年安徽省社科院历史所宋霖先生访得《合肥阚氏重修谱牒》原本残卷，写就《孙中山〈合肥阚氏重修谱牒序〉考辨》一文，对孙中山在该篇序言中反映的自治思想有所评述，并全文收录了这篇序言。②

《合肥阚氏重修谱牒序》为孙中山应阚钧所请而作。阚钧，谱名功荫，后更名钧，字兰溪。父名宗洮。从家谱第 27 卷《宗洮传》中仅知阚钧少量信息：

> （其子）功荫，后更名钧，字兰溪。幼从师读经史，天资颖敏，旋入学堂，毕业于本郡高小学及上海某军校。辛亥壬子间为诸伟人所知，历充团长、参谋长、禁烟局长、税捐局长等任。慷慨好

① 国家档案馆二处、南开大学历史系、中国社会科学院历史研究所图书馆编：《中国家谱综合目录》，北京：中华书局，1997 年，第 713 页。
② 宋霖：《孙中山〈合肥阚氏重修谱牒序〉考辨》，《江淮文史》，2003 年第 3 期，第 101—113 页。

义，不避艰阻，视金银如流水，所得随手分散，义之所在，虽蹈汤火不肯后于他人，受其惠者莫不感戴，愿为之效死，故义勇之声传远迩。民国以来，南北政界无不知有阚兰溪其人者。①

其他生平事迹不详。从若干零星史料中，仅知阚钧曾参加过孙中山领导的1915年反袁肇和之役。该役主要由陈其美等直接指挥，起义之前，革命党人制定计划，"陆路方面，则于进攻制造局外，分攻南市，袭上海县城，夺警察署，别遣游击队，破坏电话、电灯两局"。②而布置分任任务中，"阚钧、沈侠民、朱霞、谭斌等担任攻击电话局、电灯厂"，③大概即属计划中所谓游击性质。此前此后究竟参加何组织、担任何职务，未有材料说明。是役后，阚钧仍参加孙中山一派政治活动，1916或1917年曾因开展活动向孙中山请款资助，故孙中山有答批函一件，藏于国民党党史会档案。④在1920年初，阚钧"偕其族人容甫、霍初、楚卿、调伯、震球诸君，呈其新纂谱稿，请为弁言"。⑤孙中山欣然应允，并在序言中对阚钧有较高评价，以其"从余治军有年，劳于国事，口不言功，有冯异大树之风"。⑥

① 《合肥阚氏家谱》第27卷，《宗洮传》，转引自宋霖：《孙中山〈合肥阚氏重修谱牒序〉考辨》，《江淮文史》2003年第3期，第101页。
② 《中华革命党本部通告肇和起义失败经过》，黄季陆主编：《革命文献》第46辑，中国国民党中央委员会党史委员会，1969年，第168页。
③ 邵元冲：《肇和战役实记》，《邵元冲先生文集》上册，中国国民党中央委员会党史委员会，1983年，第175页。
④ 孙中山：《批阚钧请资助函》，中国国民党中央委员会党史委员会编：《国父全集》第4册，第262—263页。其文为："日来因种种意外之事，罗掘已空，实无力相助，幸为谅之。"
⑤ 孙中山：《合肥阚氏重修谱牒序》，陈旭麓、郝盛潮主编：《孙中山集外集》，上海人民出版社，1997年，第634页。
⑥ 孙中山：《合肥阚氏重修谱牒序》，陈旭麓、郝盛潮主编：《孙中山集外集》，第634页。冯异为东汉光武帝武将，屡有功勋，"每所止舍，诸将并坐论功，异常独屏树下，军中号曰大树将军"。典见《后汉书·冯异传》（卷十七列传第七）。

《五修詹氏宗谱序》作于 1923 年 1 月，系为湖北蕲春《五修詹氏宗谱》而作。《五修詹氏宗谱》由詹映奎等修，詹干才等纂，民国十二年(1923)敦睦堂刻，共 19 卷，首 1 卷。[①]在中山大学历史系孙中山研究室等单位编辑《孙中山全集》时，由中国社会科学院近代史研究所朱宗震先生根据湖北省蕲春县县志编写组所藏《五修詹氏宗谱》抄得，收入1985 年北京中华书局出版的《孙中山全集》第 7 卷。

《五修詹氏宗谱序》为孙中山应詹大悲之请所写。詹大悲因后来与中共人士关系密切，生平事迹较为彰显，载诸多种史传。詹大悲，1887年生，辛亥革命前在汉口主持《大江报》，参与组织文学社，曾被清政府逮捕，武昌起义后出狱；1912 年加入国民党，1913 年当选湖北省议会议员；此后始终随孙中山从事政治活动，参加赣宁之役，加入中华革命党；1920 年在广州参加孙中山的军政府，1924 年参加国民党"一大"，北伐后任湖北省政府委员建财政厅长；1927 年 12 月，南京讨唐军队占领武汉，詹大悲被武汉卫戍司令以"共产党首领"罪名杀害。[②]据国民党党史会的《革命人物志》詹大悲传载："(1922 年)适陈炯明叛，孙公蒙难于永丰兵舰，君急趋侍。"[③]1923 年奉孙中山派到泉州开展联络工作。孙中山谓："同志詹大悲以其族启光、启全祖及大三祖支下续修家乘，征余言弁。"[④]当即于 1923 年初"趋侍"上海之时。

---

①　国家档案局二处、南开大学历史系、中国社会科学院历史所图书馆编：《中国家谱综合目录》，北京：中华书局，1997 年，第 569 页。

②　徐玉珍：《詹大悲》，朱信泉主编：《中华民国史资料丛稿·民国人物传》第4 卷，北京：中华书局，1984 年，第 23—29 页。

③　《詹大悲》，杜元载主编：《革命人物志》第 9 集，中国国民党中央委员会党史委员会，1972 年，第 293—295 页。

④　孙中山：《五修詹氏宗谱序》，中山大学历史系孙中山研究室、广东省社会科学院历史研究室、中国社会科学院近代史研究所中华民国史研究室编：《孙中山全集》第 7 卷，北京：中华书局，1985 年，第 75 页。

三、革命观、家族观与国族观

近代以来的族谱,因社会环境的变化,受新近观念影响,在观念及话语上呈现时代风格,屡见不鲜。孙中山作为革命领袖,借为族谱作序,主动将革命思想与现代观念援入族谱,以期形成激励与引导,意味深长。其中若干话语,可为例证。

一是"革命"。

孙中山与"革命"话语的关系问题,陈建华先生已有详细的讨论。① 到 1920 年代,在经历了观念的整合和革命的实践之后,孙中山话语中的"革命",含义应已相当明确,其现代性亦无需置疑。在《合肥阚氏重修谱牒序》中,孙中山开篇即称阚氏之始祖蚩尤为"中国第一革命家",恐已超越了作序者对客族一般意义上的尊重与颂扬。孙中山将"革命"的含义,置于反抗帝制的意义中给予评价:

> 蚩尤姓阚,为中国第一革命家,首创开矿铸械之法。因轩辕氏夺其祖神农氏之天下,乃集其党徒八十一人,精究战术,能为风雨雾霾以助战,与轩辕氏血战多年,至此不屈。轩辕氏既灭蚩尤,实行帝制,称蚩尤为乱民,加以不道德之谥号。②

孙中山一反传统对于黄帝与蚩尤之臧否,指斥黄帝"实行帝制",蚩尤则由"乱民"而成"革命家"。与其说孙中山此处挑战传统观念,不如说其中隐藏着孙中山领导辛亥革命和反袁政治活动的今典,以今日之革命观念对古人评价作革命性修正。而反对帝制正是其时孙中山用以号召革命的基本旗帜。因其"革命",而需倡导反抗的精神。孙中山对

---

① 陈建华:《"革命"的现代性——中国革命话语考论》上篇,上海古籍出版社,2000 年。

② 孙中山:《合肥阚氏重修谱牒序》,陈旭麓、郝盛潮主编:《孙中山集外集》,上海人民出版社,1990 年,第 634 页。

于阚氏家族历史上的先贤，其事功上的评价，莫不立足于此。除蚩尤外，阚氏家族的文武名人均显现了勇于反抗的"雄迈忠实"之风。孙中山评论道：

> （蚩尤子孙）历代多好义尚武之士，如齐之阚止、后魏之阚爽、唐之阚棱、元之阚文兴，及吴越钱氏之阚璠，皆特起草莽，铮铮史册。即文学昭著之阚泽、阚骃，亦多赞襄武功。之朝之事，盖皆能不失其远祖蚩尤氏雄迈忠实之流风焉。①

二是"自治"。

自治是民主的基础。一种观点认为，中国古代县以下单位是由人民自治，各家族房长、各村里长、各行业会长即为代表。这种自治虽然并不能与欧洲的严格的法规制约下的自治制度相提并论，但传统王朝确实也将一般基层行政职能转移到家族组织等。孙中山积极从中国传统社会遗产中发掘推动政治现代化的因素。地方自治虽然是一种源自西方的政治制度，但孙中山看到了中国传统社会也有自治的因素，可以作为国人实施自治的基础。孙中山认为："中国古代之治理，教养建施；后世退化政府，则委去教养之职务，而听民人各家之自教自养，而政府只存一消极不扰民者，便为善政矣。"②自治是人民的责任，一乡村在地方自治上仍可有作为。孙中山评价合肥阚氏：

> 近又自办学校、议立族规、纂续谱牒、储集公产，自治精神卓然为一乡楷模。③

---

① 孙中山：《合肥阚氏重修谱牒序》，陈旭麓、郝盛潮主编：《孙中山集外集》，上海人民出版社，1990年，第634—635页。

② 孙中山：《地方自治实行法》，中山大学历史系孙中山研究室、广东省社会科学院历史研究室、中国社会科学院近代史研究所中华民国史研究室编：《孙中山全集》第5卷，北京：中华书局，1985年，第224页。

③ 孙中山：《合肥阚氏重修谱牒序》，陈旭麓、郝盛潮主编：《孙中山集外集》，上海人民出版社，1990年，第635页。

在孙中山看来，阚氏家族所为，或直接致力于清户口、立机关、定地价、修道路、垦荒地、设学校等六项地方自治的主要事业，或为举办上述事业奠定基础。而修家谱本身，对于自治又有莫大关系。孙中山评价《五修詹氏宗谱》时说：

> 吾国家天下数千年，群之事不备于有司，家教而族约以为一家，有人事业文章可传者，官史或不具，惟家乘所详，视官史且信。若里居、生殁、婚异，凡为群之状，非家乘一无所稽焉。是为政之敝，而固无谬于自治之意也。[①]

三是"励志"、"合群"。

孙中山对中国社会与现代性要求的差距深以为虑。西方社会家族观念淡薄，而人民与国家的关系密切，传统中国社会恰恰相反。孙中山对西方社会这一优长深有感触，并以中国古典中之理想社会相比附而有很高评价：

> 欧政使国与民相系而不离。某居、某婚、某生殁、某何业、逮财若干，公之籍各具，无或取征于家。其为家也简，二世以上恒异处。人视其族，亦恒不独亲，是去极治乃甚修，而于国之治，为能范围其民而不涣者也。[②]

要建立现代的人民对于国家的责任感，则不外乎从教育和组织方面着手。"家教而族约以为一家"，对于实现这一目标具有重要意义。孙中山"欣然嘉许"为阚氏族谱作序，正是看到了族谱在这两个方面的

---

① 孙中山：《五修詹氏宗谱序》，中山大学历史系孙中山研究室、广东省社会科学院历史研究室、中国社会科学院近代史研究所中华民国史研究室编：《孙中山全集》第7卷，第75—76页。

② 孙中山：《五修詹氏宗谱序》，中山大学历史系孙中山研究室、广东省社会科学院历史研究室、中国社会科学院近代史研究所中华民国史研究室编：《孙中山全集》第7卷，第75页。

功能。从消极方面说，家族的存在弥补了传统政治无法将人民合为一体的缺失；从积极方面说，通过家族的励志合群功能，可以引导向使"国与民相系而不离"的现代社会体系。孙中山说：

> 励志、合群二事，吾民族首要之方针也。今诸君一心以改良风俗为任，注重教育，组合群力，皆为民治最优厚根柢。又能守其祖先发愤自雄、百折不挠之心志，以出而效力于国家，则将来阚氏之立功业于宇内、著勋绩于史册者，必能接踵而起，为世钦仰。①

四是"家族"、"国族"。

孙中山寄厚望于家族，实际着眼于国族（民族）。孙中山期待通过家族的革新、宗族的团结，奠定国族的基础。早在1912年推翻清廷后，孙中山回到广州，参加孙氏宗族欢迎会，就提出由家族而国族的主张，指出"自人民繁衍，而姓氏生；姓氏生，而家族之见重，由是家族以起。然此家族亦甚好，合无数之家族即成为国家"。②在两篇族谱序言撰写之前，孙中山恰有在政治斗争高低潮的间隙潜心于理论创制的一段经历，对这些问题续有思考。孙中山借中国古典所表达的理想中的"世之极治"，是"天下一家，则人不独亲其亲、子其子"。③这种人类大同的境界，首要以中国民族具备可与世界各民族进化同程的资格。而从家族、宗族到国族，是从现实出发构建国族精神的有效路径。传统家族观念中的"亲亲"，可以作为从家族到国族，并进而到世界大同的道德起点。在《五修詹氏宗谱序》中孙中山说：

---

① 孙中山：《合肥阚氏重修谱牒序》，陈旭麓、郝盛潮主编：《孙中山集外集》，上海人民出版社，1990年，第635页。

② 孙中山：《在广州孙氏宗族欢迎会上的演说》，陈旭麓、郝盛潮主编：《孙中山集外集》，上海人民出版社，1990年，第56页。

③ 孙中山：《五修詹氏宗谱续》，中山大学历史系孙中山研究室、广东省社会科学院历史研究室、中国社会科学院近代史研究所中华民国史研究室编：《孙中山全集》第7卷，第75页。

是故积民族之亲,则一人类之非敌也;积家族之亲,则一国一民族之非敌也。余稽詹氏先代时,有人能为天下之人尽瘁,今兹家乘之作,其将于是萃族人谋所以光大先烈者,而姑以亲亲之事为之蒿矢也。其进而革民族相食之陋也,将惟是;其益进而树天下一家之基也,将亦惟是。①

家族、宗族的发展方向,不是回复传统,而是在现代社会环境中,成为个人与国家之间的"很坚固很普遍的中间社会",如是则不但避免国民与国家相背离的一盘散沙局面,反而较西方社会更有优势。在其后的《三民主义》的《民族主义》篇章中,孙中山说:

中国国民和国家结构的关系,先有家族,再推到宗族,再然后才是国族。这种组织一级一级的放大,有条不紊,大小结构的关系当中是很实在的,如果用宗族为单位,改良当中的组织,再联合成国族,比较外国用个人为单位当然容易联络得多。②

因而孙中山主张"用宗族的作基础,来作扩充国族的工夫","把各姓的宗族团体先联合起来,更由宗族团体结合成一个民族的大团体"。③

政治背景的变化往往对于族谱的撰修产生显著影响。但民国建立与明清鼎替所造成的状况差异甚大。清代建政后,十分注意民间

① 孙中山:《五修詹氏宗谱序》,中山大学历史系孙中山研究室、广东省社会科学院历史研究室、中国社会科学院近代史研究所中华民国史研究室编:《孙中山全集》第7卷,第76页。

② 孙中山:《三民主义·民族主义》,广东省社会科学院历史研究室、中国社会科学院近代史研究所中华民国史研究室、中山大学历史系孙中山研究室编:《孙中山全集》第9卷,北京:中华书局,1986年,第238页。

③ 孙中山:《三民主义·民族主义》,广东省社会科学院历史研究室、中国社会科学院近代史研究所中华民国史研究室、中山大学历史系孙中山研究室编:《孙中山全集》第9卷,第239、240页。

反清思想，对民间修谱颇有戒备，导致清人修谱时更加注意体例、书例与文字，以免犯忌，但传统观念的核心内容并未变化。民国建立，因时代本身已有迥异于甚至反对传统的特征，而政治上亦没有对家族修谱的约束和高压，因而修谱过程中发生的新变化，不同于一般的改朝换代。从本节讨论的两篇族谱序言中，可以看到近代社会转型在族谱中的反映。

对于现代信息的选择，自然与家族成员的阅历、地位和政治倾向相关。合肥阚氏、蕲春詹氏因子弟中有革命党人，因而有意愿及机会邀请革命领袖作序，使得这两个个案成为现代革命话语影响传统族谱撰修的代表。作序者并不仅限于孙中山一人，反映出家族在从事这种选择时并不完全一致，或者对现代性的认识仍有模糊。如《合肥阚氏家谱》另有一序，请王揖唐所作，时间与孙序相同。[1] 王揖唐其时为南北议和中的北方政府代表，孙序中所提《合肥阚氏家谱》纂修者中有"霍初"一人，即阚铎，字霍初，1914 年始在北洋政府中任交通部秘书职，两者之间或有关联。冯尔康先生指出，20 世纪人们对于家族观念的变迁，分为两派："一派认为家族是专制主义的基础，应该消灭它，另一派希望剔除家族的宗法性，而将他建设成现代的互助团体。"[2] 孙中山属于后者，他在辛亥革命失败、国民革命未起的挫折时段，欣然为阚氏、詹氏族谱为序，表面上当然有对请序人的尊重和赞勉之意，内容和语句也表现了对传统修谱事业的尊重；但更重要的是，孙中山希望能够以自己的革命理想，将现代性注入传统的家族观念与家族制度中，并使得家族自身也产生现代意识，以改造后的家族观念服务于国族构建。他从传统家族观念中，剥离出有助于现代民族、民权、民生的内容，使家族建设具备现代国家建设的宏大意义，推

---

① 宋霖：《合肥阚氏与"中国战神"蚩尤》，《江淮文史》2003 年第 4 期。

② 冯尔康：《18 世纪以来中国家族的现代转向》，上海人民出版社，2005 年，第 13 页。

动中国社会在基础的层面上向现代转型。到孙中山写就《三民主义》时,已明确表示要将家族主义改造成国族主义,借用家族主义深入人心的力量,去完成革命的大业。本节讨论的两篇族谱序言,时间较《三民主义》的成文为早,或能从中看到孙中山这一思想确立的中间过程。

四、台湾光复声中的"国父"与"主义"

孙中山及其主义在其身后不仅成为国民党统治国家的"符号"，而且在台湾光复后成为联系台湾和祖国、帮助台民树立国家意识的重要纽带和思想资源。由于与祖国长期隔绝，孙中山的形象和三民主义的知识对于一般台湾民众较为陌生。在筹备接收台湾的过程中，有关当局及在大陆的台湾志士已为光复后的主义宣传预作准备。1945 年 10月接收至 1947 年 2 月"二二八事件"前的台湾光复初期，接收当局充分利用与孙中山有关的节日、纪念日、庆典活动，帮助民众树立中国的国家意识，从心理上和社会生活上趋向"中国化"。通过孙中山及其主义的宣传灌输和形象塑造，特别是面向民间的宣导，来推动祖国认同，树立行政权威。"国父"的形象建构和三民主义的知识推广不仅见于以《新生报》为代表的官办报刊在其中发挥的主动作用，也可见《民报》和《人民导报》等民办报刊在同一时期的极大热忱。但随着台湾接收后政情、社情的急转直下，民众对于政府的不满日益强烈，民间也借助于"孙中山"和"三民主义"来表达不满和诉求，抨击时政，揭露时弊，从而使形象塑造和知识推广的效果呈现与现实紧密联系的复杂情况。台湾光复声中的"国父"与"主义"的命运，深刻体现了国民党治理能力与新光复的台湾社情和民众期待之间的巨大落差，从一个侧面反映了 20 世纪上半叶的中国在成为现代国家过程中的艰难处境。

节日的寄托

1945 年台湾光复后,接收当局面临的首要的问题,是要在台湾民众中重新树立中国的国家意识。[①]在此过程中,有两种有益的文化元素得到了充分的利用,即孔子与孙中山。作为中华民国"国父"的孙中山,是联系台湾和祖国、帮助台民树立国家意识的一个重要资源。孙中山与台湾的历史关联相对不很密切,此前孙中山的形象以及相关的纪念活动,通过台湾的媒体也有过不多的报道,[②]但其影响主要集中在少数精英范围内,影响的高潮在 1920 年代。台湾光复时,一般台民对于孙中山的了解十分有限。光复初期,台湾省政当局

[①] 关于台湾光复初期的一般情形,可参阅张宪文、张玉法主编:《中华民国专题史》第 15 卷,陈立文、钟淑敏、欧素瑛、林正慧:《台湾光复研究》(南京大学出版社,2015 年);郑梓:《光复元年:战后台湾的历史传播图像》(新北市:稻乡出版社,2013 年)。关于台湾光复初期社会、文化方面的状况,参阅杨彦杰主编:《光复初期台湾的社会与文化》,福州:福建教育出版社,2011 年;黄英哲:《战后台湾文化的重建(1945—1947)》,镇江:江苏大学出版社,2016 年。

[②] 参阅刘碧蓉:《孙文与台湾——历史形象的诠释》,台北:文英堂出版社,2011 年。

通过高频度地介绍孙中山的历史,颂扬孙中山的功绩,塑造孙中山的形象,来达到推动认同祖国、树立国家意识的目的。节日的利用,是其中一个重要的途径,在台湾光复初期特殊的社会生态下,发挥了独特的作用。①

一、密集的节日与"国父"的频繁"出场"

台湾光复后,台湾省政当局将与孙中山领导的革命活动有关的纪念日,作为宣传孙中山的珍贵契机,通过频密的节日纪念,使"国父"在民众政治生活中频繁"出场"。1945 年 10 月至 1946 年底,所进行的与孙中山有关的节日庆祝和纪念活动主要有三类。

第一类是孙中山诞辰和逝世纪念日。

台湾光复不久,就迎来第一个孙中山诞辰纪念日,在各方面工作尚未完全部署妥善的情况下,就举行了相关的纪念活动。1945 年 11 月11 日,创办不久的台湾《民报》发表题为《勿忘国父血斗史》的社论,刊登《孙中山先生略传》,对孙中山事迹作了介绍。11 月 12 日上午,台湾行政长官公署在台北公会堂举行仪式,纪念孙中山诞辰,行政长官陈仪

---

① 与孙中山有关的节日、纪念日,学术界已有多种维度的研究成果。与本节相关的研究有林桶法《逐渐模糊的伟人塑像——国父诞辰纪念日相关报道的分析(1950—2004)》(载《第八届孙中山与现代中国学术研讨会》,台北:国父纪念馆,2005 年);周俊宇《塑造党国之民——中华民国国定节日的历史考察》(台北:政治大学硕士学位论文,2008 年);魏文享《孙中山"国父"形象在台湾的历史形塑与记忆解构》(《学术月刊》2011 年第 6 期);周游《台湾两蒋时代的孙中山诞辰纪念》(辛亥革命史研究会、武昌辛亥革命研究中心编:《辛亥革命史丛刊》第 15 辑,武汉:湖北人民出版社,2012 年);这些论著考察的主要时段都是 1950 年代以后。陈蕴茜《崇拜与记忆——孙中山符号的建构与传播》(南京大学出版社,2009 年)在相关章节讨论到台湾光复后孙中山崇拜发展的情况;她的专题论文《光复初期台湾的孙中山崇拜》(《江苏社会科学》2010 年第 5 期),重点考察了台湾光复初期"孙中山崇拜"现象如何促进台民对祖国的认同。罗福惠、朱英主编《辛亥革命的百年记忆与诠释》(武汉:华中师范大学出版社,2011 年)之第 1、第 4 卷有不少内容述及本节关注的节日、庆典空间。

任主席。①

　　第二年(1946年)11月12日,庆祝活动规模更大,这一年既是孙中山81岁诞辰,同时也是"国民大会"预定在南京开会的日子(实际推迟了三天),台北各机关举行了庆祝"国父"诞辰暨国民大会开幕的盛会。②当天官办的《台湾新生报》用半版篇幅向台湾民众作了重点介绍,发表《国父革命六十年史略》,以年谱的方式,略述孙中山之一生,刊登了孙中山画像。③ 台湾旅沪同乡会也在上海红棉酒家举行宴会,以示缅怀。④孙中山诞辰纪念日于1966年被确定为"中华文化复兴节"。

　　1946年3月12日,是台湾光复后第一个孙中山逝世纪念日。《台湾新生报》发表社论,回顾了孙中山革命与台湾的关系。⑤《台湾省地方行政干部训练团团刊》在孙中山逝世21周年纪念日到来之际,"为增

① 《国父! 虽死不死　省民皆烈热纪念》,台湾《民报》1945年11月13日。

② 《社论:纪念国父诞辰》,《台湾新生报》1946年11月12日,第5版;《社论:祝国民大会》,《台湾新生报》1946年11月15日,第2版;《省会庆祝国父诞辰参加代表达千余人 庆祝国大开幕合并举行》,《台湾新生报》1946年11月13日,第4版。

③ 《国父革命六十年史略》,《台湾新生报》1946年11月12日,第6版。《台湾新生报》是国民党政府官方在台湾创办的第一家中文报纸,是在接收日据时期《台湾新报》的基础上创办的。在初创期,该报主动树立国家意识,宣传开明思想,在新政府和台湾民众之间担任了重要的角色。《台湾新生报》因其持续时间长,刊载内容多,许多研究将其作为重要的资料来源。以《台湾新生报》为主要对象的研究,有郑梓《"光复元年"台湾社会图像之一──以〈台湾新生报〉为中心的探讨》(淡江大学历史学系主办"台湾史国际学术研讨会──社会、经济与垦拓"论文,1995年)等;亦可参看拙作《台湾光复与〈新生报〉》(《中山大学学报》2016年第3期)。

④ 《台湾旅沪同乡庆祝台湾光复、总理诞辰举行欢宴会》,《台湾月刊》1945年创刊号,第36页。

⑤ 《社论:告慰国父在天之灵》,《台湾新生报》1946年3月12日,第2版。

强读者对总理之认识，并表示纪念起见"，特将《纪念日简史》《总理革命事业之概略》《总理革命主义之大要》《总理伟大之精神与人格》《总理之重要遗教》五篇文章一同刊载出来。① 孙中山逝世纪念日同时也是植树节，这在台湾光复前早已由南京国民政府确定公布，在这次纪念活动中，也安排了植树活动。②

第二类是国庆节。

国庆节即"双十节"是每年最重要的节日，1945 年 10 月 10 日，日本已经投降，但对于台湾的接收工作还没有完成。即使这种情况下，台湾仍进行了首次庆祝"双十节"的活动，先期抵台的前进指挥所组织了"台湾庆祝国庆筹备会"，于 10 月 10 日上午 10 时在台北公会堂（即后来的中山堂）举行国庆大会。③ 当天夜间"演戏、放炮、舞狮、提灯游行，人心振奋极点"。④ 原来由日人控制的日文《台湾新报》在报社爱国台湾职员的努力下，决定在国庆节出特刊，并从这份特刊起，每日出中文版一张。特刊刊载了《国庆颂》《武昌起义与中华民国开国的史实》等文章，登载了孙中山的遗像。⑤

1946 年国庆，对于中央来说是国民政府还都南京后的第一个国庆节，对于台湾而言，是光复后的第二个国庆节和接收后第一个国庆节，南京和台北都开展了隆重的庆祝活动。台北媒体全面报道了南京

---

① 《总理逝世纪念日暨总理生平概述》，《台湾省地方行政干部训练团团刊》第 1 卷第 2 期，第 4—5 页。

② 陈蕴茜：《植树节与孙中山崇拜》，《南京大学学报》2006 年第 5 期。

③ 台湾省文献委员会编：《台湾省通志稿》卷十《光复志》，台北：台湾省政府印刷厂，1952 年，第 33 页。

④ 《光复后大事年表》，台湾新生报社编：《台湾年鉴》(1947 年)，该篇第 1 页。

⑤ 黄得时：《国庆特刊与光复号》，《新生副刊》主编：《〈新生报〉与我》，台湾《新生报》出版部印行，1985 年，第 291—292 页。

的国庆活动,刊登了蒋介石向全国的广播讲话全文,①台北各界举行盛大庆祝活动,庆祝酒会上有各机关首长及盟友出席。为增强喜庆色彩,还同时在庆祝大会的会场举行举行了台湾省第一届"集团结婚",有八对夫妇参加婚礼,台北市长亲自颁发证书。②这些纪念仪式、国庆酒会,都在媒体上作了隆重的报道。③10月10日当天,《台湾新生报》刊载了社长李万居的《辛亥革命的史实与教训》、叶明勋的《辛亥革命与台湾光复》、吴有容的《国庆感言》等文章,④并开辟了《民国三十五年国庆纪念特刊》,内有包括一些台湾政要撰写的文章,如《庆祝国庆寄望台胞》(李翼中)、《国庆的回顾与前瞻》(黄朝琴)、《怎样纪念我们的国庆》(柯远芬)、《庆祝国庆声中的瞻前与顾后》(范寿康)、《台湾青年应如何准备作建设新中国的匠人——为庆祝卅五年双十节而作》(李友邦)、《祝国庆　望民主》(张兆焕)。⑤

第三类是为纪念由孙中山领导的革命活动而产生的各种节日、纪念日。这一类节日比较繁杂,主要有:

(1)青年节

3月29日是国民政府所定的青年节,源于纪念孙中山领导的黄花岗起义。1946年3月29日,《台湾新生报》发表了题为《青年节告台湾

---

① 《溯念国父缔造艰难　协力完成建国大业——蒋主席播告全国同胞》,《台湾新生报》1946年10月10日,第2版;《普天同庆双十佳节——蒋主席主持中枢庆祝典礼　首都八十万市民热烈欢腾》《还都以后首届国庆　主席伉俪举行茶会》,《台湾新生报》1946年10月11日,第2版。

② 《双十节》,《新台湾画报》1946年第10期,第7页。

③ 《光复后第二度国庆　省会举行盛大庆祝》《庆祝国庆酒会昨在中山堂举行》,《台湾新生报》1946年10月11日,第5版。

④ 李万居:《辛亥革命的史实与教训》,《台湾新生报》1946年10月10日,第5版;叶明勋:《辛亥革命与台湾光复》、吴有容:《国庆感言》,《台湾新生报》1946年10月10日,第6版。

⑤ 《民国三十五年国庆纪念特刊》,《台湾新生报》1946年10月10日,第7版。

青年》的社论；①台北各界在中山堂举行"纪念先烈暨庆祝第三届青年节大会"，当晚在中山堂，举办青年节音乐演奏会。②

（2）"革命政府成立纪念日"

5月是纪念活动较多的一月，除五四运动外，还有5月1日"济南惨案"纪念日、5月9日"国耻日"纪念（纪念"二十一条"签字）、5月30日"五卅惨案"纪念等。《台湾新生报》发表《星期专论》，题为《五月在中国》，对上述纪念日进行了追溯。其中与孙中山革命历史关系最密的是5月5日"革命政府成立纪念日"，源于孙中山1921年在广州就任中华民国军政府大总统（即一般所称"非常大总统"）。《台湾新生报》发表专论介绍了当年革命政府成立的历史，特别指出要认识孙中山"始终如一为革命而努力的精神"。③

（3）国民革命军北伐誓师纪念日

7月9日是"国民革命军北伐誓师纪念日"，源于1926年广州国民政府誓师北伐，此时孙中山已经逝世，但北伐是孙中山晚年领导国民革命的直接结果。1946年是国民革命军北伐誓师20周年，在南京和台北都举行了纪念活动，南京提前于8日上午9时，与国父纪念周合并举行，蒋介石出席，《台湾新生报》报道了南京的纪念活动。④国民党台湾省党部也于9日上午10时30分，在党部大礼堂举行了"国民革命誓师北伐二十周年纪念会"。⑤

（4）孙中山第一次广州起义51周年纪念日

---

① 《社论：青年节告台湾青年》，《台湾新生报》1946年3月29日，第2版。

② 《庆祝青年节》，《台湾画报》1946年第4期，第3—4页。

③ 章熙林：《星期专论：五月在中国》，《台湾新生报》1946年5月12日，第2版。

④ 《三民主义适合我国需要 且与世界潮流相应——吴稚晖报告北伐誓师意义》，《台湾新生报》1946年7月9日，第2版。

⑤ 《北伐誓师二十周年 省党部昨晨集会纪念》，《台湾新生报》1946年7月10日，第3版；《大事日记》，《台湾画报》1946年第8期，第11页。

9月9日是孙中山第一次广州起义51周年纪念日,纪念1895年孙中山建立兴中会后筹划的第一次广州起义。国民党台湾省党部举行纪念周和孙中山第一次广州起义51周年纪念会,《台湾新生报》刊文介绍了广州起义的历史。[1]后于1948年由全国律师公会联合大会决议,确定是日为律师节。

(5)肇和军舰起义纪念日

12月5日是纪念1915年孙中山领导反袁斗争中肇和军舰起义的纪念日,1938年由国民党五届中央常务委员会决议定为纪念日,1945年由国民党中央核准,以每年12月5日作为海员节。1946年12月5日,国民党台湾省党部召开肇和军舰起义31周年纪念大会,《台湾新生报》在报道中将肇和军舰起义的史事作了介绍。[2]

二、以孙中山纪念空间联系的节日和庆典

接踵而至的节日从时间纵向上将孙中山与国家的历史、国家意识几乎连续不断地呈现出来,而空间上孙中山元素的利用,则将更多的节日、纪念和庆典活动纳入与之一致的目标之中,极大地延展了节日利用的范围。在孙中山元素空间利用中最有代表性的,是中山堂的利用。中山堂是原日本殖民当局为纪念裕仁天皇登基在台北兴建的集会场所,由台北公会堂改名而来,台湾光复后立刻成为接收台湾的工作场所和光复初期的政治中心。1945年10月25日台北举行受降仪式,就在改名后的中山堂举行;受降典礼结束后,台北各界举行热烈庆祝,庆祝台湾光复纪念大会就在中山堂门前举行,之后举行了绵延数里的大规

---

① 《台湾省党部纪念周合并举行总理第一次起义五十一周年纪念会——张书记长出席报告起义史实》,《台湾新生报》1946年9月10日,第2版;《起义简史》,《台湾新生报》1946年9月10日,第2版。

② 《纪念肇和舰起义 省党部今晨召开纪念会》,《台湾新生报》1946年12月5日,第4版。

模游行。①在台湾光复后相当长一段时期内，中山堂是承担各种节日庆典和纪念活动的主要场所，不仅承担了与孙中山有关的节日庆典，而且通过这一空间举行庆典，将其他节日、仪式和活动在树立国家意识的目标下融为一体。

上述与孙中山密切相关的节日，最重要的都在中山堂进行。1946年3月，台湾首届植树节与国父逝世纪念合并举办，会场设于中山堂，典礼结束后，继续在中山路举行植树仪式。②1945年庆祝国庆时，中山堂尚未改名，但已在布置上突出孙中山元素，会场正面高悬党旗、国旗和孙中山的遗像。③1946年国庆节，在中山堂安排了一系列重大庆祝活动，上午在中山堂举行庆祝国庆大会；下午3时在中山堂大礼堂举办集体婚礼；下午5时在中山堂光复厅举行庆祝国庆酒会；④晚上7时半在中山堂举行庆祝"双十节"音乐会，"听众一千余人，极一时之盛"。⑤1946年孙中山诞辰纪念日，台北庆祝"国父"诞辰暨国民大会开幕大会于12日上午8时半在中山堂举行。⑥1946年3月29日的青年节庆祝大会和青年节音乐演奏会，也在中山堂举行。⑦

除此之外，中山堂还举行了其他节日的庆祝活动，将其他文化要素和文化资源与中山堂本身所具有的孙中山元素联系起来。例如，1946年4月4日"儿童节"，台北市教育局主办国语演说竞赛，在中山堂举

---

① 《庆祝台湾光复纪念大会》，《新台湾画报》1946年第1期，第11页。

② 陈蕴茜：《植树节与孙中山崇拜》，《南京大学学报》2006年第5期。

③ 台湾省文献委员会编：《台湾省通志稿》卷十《光复志》，台北：台湾省政府印刷厂，1952年，第33页。

④ 漫沙：《双十佳节多佳事》，《台湾新生报》1946年10月11日，第5版；《双十节》，《台湾画报》1946年第10期，第7页。

⑤ 《庆祝国庆酒会昨在中山堂举行》，《台湾新生报》1946年10月11日，第5版。

⑥ 《省会庆祝国父诞辰 参加代表达千余人 庆祝国大开幕合并举行》，《台湾新生报》1946年11月13日，第4版。

⑦ 《庆祝青年节》，《台湾画报》1946年第4期，第3—4页。

行,参加儿童 3000 余人。① 1946 年 5 月 12 日台北市妇女会在中山堂举行"母亲节"纪念会,《台湾新生报》作了报导,并刊发了记者感言,报道中突出了传统文化和民族精神的宣传。② 8 月 27 日是孔子诞辰纪念日,同时也是政府明定的"教师节",当天在中山堂举行的"纪念先师孔子诞辰暨庆祝教师节大会",参加者 2000 余人。③"儿童节"、"母亲节"、"教师节"都是社会影响很大的节日,利用中山堂举行相关活动,所产生的社会影响,以及对参加者个人的影响,都有显著的提升。

　　一些重要团体组织重要纪念活动和招待活动,也因在中山堂举行而显示其重要性和地位。1945 年底的民族复兴节(为纪念蒋介石西安事变后于 12 月 25 日被释放),因与西方的圣诞节同时,台湾行政长官陈仪假中山堂举行茶会,招待驻台盟军。在茶会上陈仪与美军驻台联络官顾德里上校分别致祝词、答词。④ 1946 年 8 月庆祝抗战胜利一周年,行政长官公署在中山堂内主办庆祝宴会,陈仪主持并招待外宾;而在中山公园,则举行各界庆祝大会。⑤许多重要机构团体也选择中山堂作为成立或开会的地点,1946 年 4 月 12 日台北市参议会成立大会在中山堂举行,陈仪到场致训词。⑥ 5 月 16 日台湾全省妇女会成立大会于下午 3 时在中山堂举行,陈仪和台湾省党部都派代表参加。⑦ 6 月 16 日台湾文化协进会在中山堂举行成立大会,400 余人出席,省党部主委李翼中到场致训词,讨论通过了议案、章程、事业计划、预算书、大会宣

　　① 《台湾鳞爪》,《台湾画报》1946 年第 4 期,第 3 页。
　　② 《台北妇女会召开"母亲节"纪念会》,《台湾新生报》1946 年 5 月 13 日,第 6 版;漫沙:《参加"母亲节"纪念会感言》,《台湾新生报》1946 年 5 月 13 日,第 6 版。
　　③ 《省会庆祝孔子诞辰　昨举行教师节大会　参加人员达二千余人》,《台湾新生报》1946 年 8 月 28 日,第 5 版。
　　④ 《圣诞节陈长官招待盟军》,《新台湾画报》1946 年第 1 期,第 18 页。
　　⑤ 《胜利一周年庆祝大会》,《台湾画报》1946 年第 8 期,第 6 页。
　　⑥ 《台湾鳞爪》,《台湾画报》1946 年第 4 期,第 3 页。
　　⑦ 《台湾省妇女会召开代表大会》,《台湾民报》1946 年 5 月 17 日,第 2 版。

言,选举了理事长。① 5 月 25 日为"台湾民主国"成立 51 周年纪念,国民党台湾省党部假省党部大礼堂举行座谈会,台北市参议会假中山堂大集会堂举行"台湾民主政治发轫纪念大会",另开诗会。②台湾省党部监察委员丘念台还在中山堂举行的纪念会上,演讲"台湾民主国"的历史及今后民族精神。③此外,一些重要的文化活动,也利用中山堂,如台湾文化协会等机构联合举办著名国画家陈天啸画展,也在中山堂举行记者招待会。④

综合统计各种节日、纪念日、庆典活动,以 1946 年为例,在《台湾新生报》上得到报道的,就有近 30 次之多,大约平均 10 天一次。这些节日中,有些直接与孙中山相关,有些与孙中山领导的革命事业相关,有些通过活动空间而与孙中山纪念产生联系。

三、纪念、庆典中的"国父"与国家意识

光复初期在台湾举行各种以孙中山为主题或与孙中山相关的纪念、庆祝活动,与当时在大陆早已普遍开展的同类活动相比,具有一定的特殊性。这主要体现在台湾原有的基础几乎是空白,需要从孙中山宣传和利用的最初级的知识和手段来进行,另一方面,也避免了在大陆因为长期空洞说教而引起的反感和淡漠。光复初期来台从事行政工作特别是宣传工作的人士,又有强烈的主动性,情感表达较大陆的宣传工作要真切得多,也有效得多。在台民这一方面,刚刚光复的台湾,民众

---

① 《日志》,《台湾文化》第 1 卷第 1 期,1946 年 9 月 15 日,第 29 页。

② 《省党部宣传处召开座谈会 纪念台湾民族运动》,《台湾新生报》1946 年 5 月 24 日,第 5 版;《台湾民主国纪念大会今日在中山堂扩大举行》,《台湾新生报》1946 年 5 月 25 日,第 5 版。

③ 《台湾鳞爪》,《台湾画报》1946 年第 6 期,第 5 页。

④ 《陈天啸图画展昨假中山堂招待记者》,《民报》1946 年 7 月 4 日晨刊,第 2 版。

有喜悦感、新鲜感,有较高的期望和较好的善意,同时原来对中国大陆、对孙中山了解不够,自然需要主政者和来自大陆的知识分子主动地、有针对性地开展孙中山事迹和国家意识的宣传。宣传者对此也有切实的体会,经常能够在媒体上看到类似《台湾新生报》"社论"这样的表达:

> 今天是中华民国国父、中国国民党总理孙中山先生逝世于北平的二十一周年纪念日。可是我们在台湾来纪念国父的逝世,今天却是第一次……往年只是肃穆悲哀,无限痛楚,今年却带有喜悦的心情。像是子弟做了一件成功的事,要向家长陈述一样,这种心情,我们想每人都有吧。①

从节日、纪念、庆典活动的内涵来看,孙中山元素的利用,主要体现在以下几个方面。

(一)强调孙中山与台湾的关系

1946 年 3 月 12 日,是台湾光复后第一个孙中山逝世纪念日,《台湾新生报》发表社论,回顾了孙中山革命与台湾的关系,阐明纪念的意义。在这个意义的阐释中,有意强调台湾的光复回归祖国,是孙中山的革命目标。社论指出:

> 国父革命之初,即以收复台湾为主要意愿。诚以台湾为我国安危存亡所系,我国要讲求真正的国防,维护永久的和平,台湾无论如何是必须确保的。现在台湾光复了。国父的遗志实现了。今天我们在国父所想收回的台湾,举行国父逝世的纪念,安得心中不充满愉快之情,而以之告慰于国父在天之灵!……今天我们在台湾纪念国父逝世,细数国父革命艰难困苦经过,愈觉台湾光复意义与价值之重要,愈觉国父精神与人格之伟大!②

---

① 《社论:告慰国父在天之灵》,《台湾新生报》1946 年 3 月 12 日,第 2 版。
② 《社论:告慰国父在天之灵》,《台湾新生报》1946 年 3 月 12 日,第 2 版。

在上海的台湾旅沪同乡会纪念孙中山诞辰的宴会上，也有台人廖文奎说：

> 总理遗教之扶助弱小民族，如援助高丽民族独立、收回台湾同胞入祖国怀抱，其目的既然达到，台胞于庆祝故土光复之日，应纪念总理遗教，并庆祝其诞辰。①

1946 年"双十节"的庆祝活动中，除全面报道国庆活动外，台湾媒体还发表了许多怀念孙中山领导辛亥革命功绩的文章，特别是将辛亥革命与台湾光复从历史上紧密地联系起来。《台湾新生报》主编李万居指出：

> 本省光复后，今天第一次逢到祖国的国庆纪念日，实值得我们特别欣欢和鼓舞。三十五年前的今天，国父孙中山先生领导的革命初步成功，缔造了我们的中华民国。此一革命建国的工作不断进行，国运赖以延续，对侵略者的长期搏斗终获胜利，而本省亦因此得以摆脱日人的统治重登祖国的图籍。②

《台湾新生报》发表的社论《国庆感言》指出：

> 辛亥革命是国父孙中山先生先后领导的十多次革命行动的初步成功……假如没有辛亥革命，便没有中华民国，更谈不到抗战胜利，而本省同胞也将永无翻身之日。我们之得以重归祖国，实深受辛亥革命之赐。这是祖国的国庆对于本省同胞特别重大的意义，我们应当深切记取的。③

----

① 《台湾旅沪同乡庆祝台湾光复、总理诞辰举行欢宴会》，《台湾月刊》1945 年创刊号，第 36 页。

② 李万居：《辛亥革命的史实与教训》，《台湾新生报》1946 年 10 月 10 日，第 5 版。

③ 《社论：国庆感言》，《台湾新生报》1946 年 10 月 10 日，第 2 版。

（二）宣传孙中山的精神和人格

结合节日庆典，媒体密集地刊登有关孙中山的生平介绍和图画，在宣传中特别突出孙中山的精神和人格，使民众在节日的"欢欣鼓舞"之余，表达对"国父""最崇高的敬仰。"①

在青年节之际，《台湾新生报》发表的社论，以孙中山青年时代立志推翻清朝，鼓励台湾青年发扬孙中山的精神，并以孙中山作为青年的一个有志竟成的榜样。社论指出：

> 在沦陷五十年、光复不久的新台湾，来迎接这伟大的革命的青年节，实感无限的兴奋与欣慰……希望台湾青年，要立定志向，发扬光大先烈的革命精神，以国事为己任，做一个顶天立地的伟大男儿……国父革命的成功，就是因为国父在幼年便立定了"推翻满清，建立民国"的志愿。②

在 11 月 12 日孙中山诞辰纪念日，《台湾新生报》发表《纪念国父诞辰》，回顾了孙中山的革命历史，将孙中山的革命理想与孙中山身后的革命事业的发展进行比较，向民众指出，在孙中山逝世后 20 年里，孙中山最殷切期望的两件事，"废除不平等条约"目的已达，"召开国民会议"亦将开始，这些成就归功于孙中山的革命理论和遗教，"国父革命理论的正确与切合实际，以及国父遗教深入人心的感召，实为重要的因素。我们今天纪念国父诞辰，对此应有深切的认识"。又着重介绍了孙中山"人格方面，尤令人钦佩感动"，特别是孙中山的道德和人格，值得敬仰和学习，"我们要了解国父在革命事业上的成功，却不可忽略了国父立身处世的道德精神。今天我们纪念国父诞辰，特提出这一点。我们学

---

① 李翼中：《庆祝国庆寄望台胞》，《台湾新生报》1946 年 10 月 10 日，第 7 版。

② 《社论：青年节告台湾青年》，《台湾新生报》1946 年 3 月 29 日，第 2 版。

习国父革命的精神，尤当学习国父人格的伟大"。①

（三）突出国家意识的树立和现实政策的宣传

通过节日的活动、宣传以及大量的媒体文章、评论，结合孙中山事迹和中国历史、中国文化的推介，政府与媒体努力在台民中树立中国的国家意识，充分利用孙中山这一政治和文化资源，取得台湾民众的认同和亲近。其中最为典型的，就是认同祖国，认同孙中山为"国父"。行政长官陈仪在许多节日庆祝场合都强调：

> 我希望在台湾的每一个同胞，都是国父的孝子顺孙，台湾的每一块土地，都是实行三民主义的实验室、育种场，把全中国很快地建设成富强康乐的三民主义共和国。②

围绕孙中山的种种纪念、庆祝活动，都是为着这样一个根本的目标进行。

同时，利用节日庆典，也加强政策宣传，在树立国家意识的过程中，协助当局开展实际工作。1946 年孙中山诞辰纪念日，台北举行庆祝"国父"诞辰暨国民大会开幕大会，省党部主任李翼中致开幕词，说明了纪念"国父"诞辰的意义。行政长官陈仪致训，指出纪念国父诞辰，要做出几件"有益于大众的事"，即列举"本省之三点重要工作"为：

> （一）提高本省同胞智、德、体水准，加紧学习国文国语。（二）赶快完成民主建国的基础，希望本省四万多公务员及六百卅万同胞都能发挥其能力。（三）注意提高人民生活，尤其是农工的生活水准。③

---

① 《社论：纪念国父诞辰》，《台湾新生报》1946 年 11 月 12 日，第 5 版。

② 《九三胜利纪念日·陈长官广播词》，《台湾新生报》1946 年 9 月 3 日，北部版第 5 版。

③ 《省会庆祝国父诞辰 参加代表达千余人 庆祝国大开幕合并举行》，《台湾新生报》1946 年 11 月 13 日，第 4 版。

　　在各种纪念、庆祝活动和经常性举办的"总理纪念周"上，都尽量联系当时的具体政策，进行讲解、研讨。

　　需要强调的是，这些节日、纪念日、庆典活动，原本不是台湾民众所熟悉的。正如一位记者观察到的："这个刚从异族魔掌中解脱出来的孤岛，重投祖国怀抱，为时不过一年的省份，对于祖国的节日，都很生疏。在举行每一个生疏节日的时候，都要加上'第一次'或'第一届'这几个字眼，看来虽然平常。我们若把它进一步的想一想，这几个字眼是多么叫人悲痛。回顾我们五十年不能跟祖国同胞轰轰烈烈地庆祝，或纪念每一个节日，我们内心的憾恨，是不能描摹的。"①利用中国的节日，特别是利用与孙中山有关的节日、纪念活动，是台湾光复之初重新"中国化"的重要过程，是通过现实工作树立国家意识的重要途径。为此，当时还有人编辑和发卖专书，用中文和日文介绍祖国的各种纪念日。②节日具有时间上的连续性，顺时而频密出现，反复加深印象；庆典则具有激动人心、达成集体行为上的效果；并且这种节日活动、庆典方式更加贴近民众，也具有重要的新闻价值，易于得到关注和报道。与一般说教性的手段相比，节日的利用具有更大的优势，在内涵上体现了思想性、教育性，在行为方式上发挥了大众集会的社会功能。两相结合，比较容易实现政治自觉的实际功效，帮助光复初期的台湾民众较快从心理上和社会生活方面趋向中国化，同时也为行政当局树立了政治正统性。

----

　　①　一记者：《纪念万世师表的圣诞》，《台湾新生报》1946 年 8 月 28 日，第 5 版。

　　②　《中国各种纪念日解说》广告，《民报》，1946 年 7 月 1 日晨刊，第 2 版。

台湾光复初期孙中山形象的民间塑造

　　光复后的台湾省政当局，利用各种途径力图推动祖国认同、树立行政权威，并且按照在大陆通行的政治文化及行政方式推行省政。光复初期孙中山形象在台湾民众中的重塑，如何出于省政当局之主动，而显效于民间舆论之承接，以及趋势之急速逆转和负面反映伴随出现，其中史事和教训，令人扼腕感慨。从当时官办、民办之数份知名报刊，可以探知孙中山形象塑造中的宣传、接受和利用情形，或对光复初期的台湾官民关系和政社冲突，有更深入之了解。①

----

　　①　与本节相关的研究除前揭魏文享、周游的相关论著（这些论著考察的主要时段都是 1950 年代以后）外，还有庄惠惇《国族的流行体系——战后初期台湾杂志文本中的主流论述》（"中央"大学《史汇》第 3 期，1999 年 4 月）涉及光复初期孙中山形象的树立对于国族产生认同的意义；陈蕴茜《崇拜与记忆——孙中山符号的建构与传播》（南京大学出版社，2009 年）在相关章节讨论到台湾光复后孙中山崇拜发展的情况；陈蕴茜《光复初期台湾的孙中山崇拜》（《江苏社会科学》2010年第 5 期）重点考察了台湾光复初期"孙中山崇拜"现象如何促进台民对祖国的认同。大量关于"二二八事件"的研究，亦会涉及此前一段时期的史事认知，兹不赘举。不同的研究者对于光复初期台湾历史的看法，背后各有立场，从当时的原始资料入手，或可得到更为真切的历史感受。

一、面向民间的宣传和官办舆论的灌输

台湾省行政长官公署行政之初,特别重视面向民间宣传塑造孙中山形象的工作。1946 年 3 月 12 日孙中山逝世纪念日和 9 月 3 日对日抗战胜利纪念日,行政长官陈仪两度发表对台民的演讲,强调民众要实践三民主义,做孙中山的"孝子顺孙"。①中国国民党台湾省党部在 1946 年孙中山逝世纪念日,发表《为国父逝世廿一周年纪念告同胞书》,也努力强调孙中山与台湾光复的历史关系,指出:

> 国父之生扭转了中华民族的命运,国父之逝却促成了中华民族的新生……台湾自获脱五十一年的桎梏,自是蒙被了国父的遗泽,希望全体同胞坚定三民主义之信仰,立志做国父的忠实信徒。②

在向民众灌输孙中山形象的过程中,官办报刊发挥了主动的作用。行政长官公署宣传委员会在台湾通过《台湾新生报》,在每年上半年的孙中山逝世纪念日和下半年的孙中山诞辰纪念日,都担任了宣传孙中山的主力和主动者角色。1946 年 11 月 12 日,《台湾新生报》发表社论《纪念国父诞辰》,刊载《国父革命六十年史略》。③省会各机关庆祝国父诞辰活动,在这一天前后都得到了充分的预报和报道。④前已述及,官办报纸还通过频密的与孙中山相关的纪念日的报

① 《九三胜利纪念日陈长官广播词》,《台湾新生报》1946 年 9 月 3 日,北部版第 5 版。

② 《为国父逝世廿一周年纪念告同胞书》,《人民导报》1946 年 3 月 12 日,第 2 版。

③ 《社论:纪念国父诞辰》,《台湾新生报》1946 年 11 月 12 日,第 2 版;《国父革命六十年史略》,《台湾新生报》1946 年 11 月 12 日,第 6 版。

④ 《省会庆祝国父诞辰 参加代表达千余人 庆祝国大开幕合并举行》,《台湾新生报》1946 年 11 月 13 日,第 4 版。

道和纪念活动,使孙中山的形象在舆论和民众日常生活中反复出现,
加深印象。

对孙中山的名称、形象(包括平面形象和立体形象)、纪念仪式的行
为规范等方面,官方的规则制定能更多地体现为民众所切身感受的一
面。孙中山的形象成为礼拜的对象,庆祝台湾光复纪念大会开始时,已
要求所有参与者向孙中山遗像行礼。① 1946 年新年之前,台北市北门
城楼上,孙中山和蒋介石的巨幅画像已经并挂。② 1946 年 4 月 18 日,
在台北公园举行孙中山铜像奠基典礼,③此后孙中山的各种塑像在台
湾大量出现。国民学校教室内悬挂孙中山遗像,一般布局是,遗像上方
为孙中山手题"天下为公",左右是孙中山遗训中的"革命尚未成功,同
志仍须努力"。④ 这成为当时中小学教室的标准设置。"国父纪念周"
的举办和"总理遗嘱"的诵读,在各地、各种场合全面推行。1946 年初
出版的指导政务人员宣传工作的《台湾省政令宣导人员手册》等指引性
书籍中,《国父遗嘱》被列为首篇。⑤行政长官公署教育处向辅仁小学、
各师范学校附属小学、国语推行委员会附设实验小学、各县市政府行
文,指出"本省各县市国民学校举行国父纪念周暨升降旗仪式,多不一
律,殊碍观瞻",特抄录规定仪式,要求遵照办理,以昭郑重。⑥ 在纪念
周的各项程序中,有实际内容的,一般是中段的"工作报告",而环绕报
告的仪式,无论是行礼、遗嘱诵读,还是默念,都是以对孙中山的崇敬为
核心。总理遗嘱诵读的普遍推行,以仪式化的程序加强民众对孙中山

---

① 《庆祝台湾光复纪念大会》,《新台湾画报》1946 年第 1 期,第 11—12 页。
② 《新台湾在建设中》,《新台湾画报》1946 年第 1 期,第 13—14 页。
③ 《台湾鳞爪》,《台湾画报》1946 年第 5 期,第 3 页。
④ 《实施三民主义教育》,《新台湾画报》1946 年第 2/3 期,第 8 页,照片。
⑤ 《台湾省政令宣导人员手册》,台湾省行政长官公署宣传委员会编印,1946
年 2 月。
⑥ 《台湾省行政长官公署教育处代电》,《台湾省行政长官公署公报》,1946
年冬字第 64 号,第 10—11 页。

的崇敬,对国民党行政权威的树立良有帮助,常被作为向孙中山表现敬意的首要选项。1946 年孙中山逝世纪念活动时,本来台湾各机关及各级学校照放假一天,不过根据教育当局的要求,因为一年中放假日过多,故要求各校一律依旧上课,但在校内诵总理遗嘱,以志纪念。①联系到当时台民特殊的教育背景,特别是多数人不能使用中文的实情,这些让民众可见可闻、可以亲身参与的宣传方式,对孙中山形象的民间塑造,可以产生更为直接的效果。

二、民办报纸的积极响应与承接

在官方的灌输和官办舆论的主动之下,民办报刊对于孙中山相关事物,也表现出了极大的热忱。民办报刊的积极响应,存在各种不同的情况,有自主的因素,也有配合官方的因素;有主动的行为,也有担任信息传递的行为。光复初期,民办报刊所受政策钳制还稍显松懈,民众声音尚可得到表达。孙中山在民办报纸中的不断出场,一定程度上反映了社会与民众的态度趋向和心理期待。

台湾光复之初,人们对于祖国的事物普遍感兴趣,有了解的愿望和要求,社会氛围较为适宜孙中山形象的重塑。早在国民政府正式接收台湾之前的 1945 年 9 月,已有杨逵创办中日文并行的《一阳周报》(这是日本投降后台人创办的最早的中日文并行的杂志),大量宣传孙中山与三民主义,出版《纪念孙总理诞辰特辑》,可以代表光复之初一部分台湾本土知识分子对于孙中山和三民主义的情感取向。② 1945 年 10 月25 日"台湾留学国内学友会"创办的《前锋》,在其创刊号《光复纪念号》

---

① 《国父逝世纪念日　各机关放假一天》,《民报》1946 年 3 月 12 日,第 2版。

② 参阅黄惠祯:《三民主义在台湾——杨逵主编"一阳周报"的时代意义》,《文史台湾学报》第 3 期,2011 年 12 月。

上刊载了《孙中山先生传略》《三民主义图表解说》和《国旗党旗概况》等文字。①这些史事，均反映了台湾回归祖国后，民众对于孙中山及三民主义的求知欲望之高。而在大量涌现的民办报纸中，以笔者阅读所及，《民报》和《人民导报》的相关评论和报道，较多地反映了孙中山形象塑造得到民间承接的情形。

《民报》创刊于 1945 年 10 月 10 日，是台湾光复后最早的一份中文报纸，早于官办的《台湾新生报》半个月。《民报》关注台湾社会、反映民情、积极参与政治活动，是最有代表性的民营报纸。它主张把自己办成"站在老百姓立场说话的报纸，不许离却岗位说官话"，②自我定位为"不偏于党派，不为各带别有使命的团体所利用"。③《人民导报》是具有左翼色彩的报纸，由大陆来台的台籍知识分子与台湾本地进步人士于 1945 年 12 月合办，自期"一本原则，为民喉舌"。④这两份报纸看上去虽然也是国民党人在办，⑤并多多少少带有政治性质，但与官办报纸相比，还是更多地反映了一些民意，更多地反映了一些社会实情。1946 年 9 月各报在《新新》月报社举行座谈会，根据当时报界中人的评判（如《人民导报》苏新的发言），在当时各报中，"仅有《人民导报》《民报》《大明报》三家是属于民间的……就事实而言，《大明报》或《民报》等确实有服务人民的想法，但受到外来压力时，也不得不歪曲变形，究竟不能随心所欲"。⑥正因为如此，《民报》被国民党台湾省党部视为"纯为地方色

① 《前锋》创刊号（光复纪念号），1945 年 10 月 25 日。

② 《热言》，《民报》1947 年 2 月 28 日，第 1 版。

③ 《社论：增发晚刊的感言》，《民报》1946 年 6 月 1 日，第 1 版。

④ 《宋斐如启事》，《人民导报》1946 年 5 月 9 日，第 1 版。

⑤ 《民报》社长林茂生曾任台湾行政长官公署教育处教员甄选委员会委员，《人民导报》社长宋斐如被陈仪任命为台湾省行政长官公署教育处副处长。

⑥ 黄得时：《谈台湾文化的前途》（黄得峰译），江宝钗主编、黄得时著：《黄得时全集》2，创作卷二：日文随笔，台南：台湾文学馆，2002 年，第 451 页。

彩"的报纸,《人民导报》也受到省党部的严重批评,①在"二二八事件"
后,两报都被国民党当局查封。

《民报》的报名本来就与孙中山的革命历史相联系,强调继承孙中
山革命时期在日本创办的同名报纸《民报》的精神。《民报》热情地表达
了对孙中山的崇敬,充分肯定孙中山的历史贡献,在纪念孙中山逝世的
"社论"中指出:

> 我们诚心的崇仰国父,不但因为他是有智识的、有能力的、有
> 人格的伟大人物,而且因他的智识、能力、人格,使他成就了一个最
> 伟大最有权威的革命导师。我们诚心的崇仰国父,因为他能够根
> 据三民主义,引导我们的全民族,从满清的专制政治,而领导向三
> 民主义的民主政治。因为他能够很坚决地、很稳健地,使被压迫
> 的、被分裂的中国,从一切反动的势力、从一切外国帝国主义的压
> 迫中拔救出来,而完成五族共和的中华民族。②

"社论"指出,孙中山提出的三民主义,现在并没有能够顺利实现,
因而要做一个"中国国民",需要继续继承和遵循孙中山的遗教:

> 国父指示我们建设三民主义的国家,然而我们现在的国家,并未
> 达到国父所计划的境地,我们个个应当继承国父的遗教与昭示,不怕
> 艰苦,不贪安逸,不恐讥议,不顾怨谤,才配称是忠实的中国国民。③

对于与孙中山有关的事项,《民报》都给予高度的关注、积极的报
道。如孙中山亲笔书写的《三民主义》原稿及《〈建国方略〉序》等著述及
书札文件,有数十件曾被日本掠夺,运至日本,后辗转被中国索回。《民

---

① 李翼中:《帽檐述事——台事亲历记》,《二二八事件资料选辑(二)》,台北
"中研院"近代史研究所,1992年,第405页。
② 《社论:国父精神不死》,《民报》1946年3月12日,第1版。
③ 《社论:国父精神不死》,《民报》1946年3月12日,第1版。

《报》报道：

> （孙中山亲笔书写的《三民主义》原稿及《〈建国方略〉序》等著
> 述及书札）由郭镇华氏侦悉，乃百般设法，历经难险，终由日本取
> 回，秘密运至天津，俟机呈献中央。抗战胜利后中委庞镜唐氏，因
> 公赴北平与郭氏会晤，两氏于十二月底，携带五项珍籍同机飞渝，
> 现已送中央党史会保存。①

1946 年 5 月 5 日，英国伦敦举行了孙中山纪念碑的揭幕仪式，并宣读
了中国国民政府主席蒋介石、英国首相艾德礼的函电，《民报》也以《伦敦孙
总理纪念碑揭幕 会中宣读蒋主席等函电》为题，给予了及时的报道。②

《民报》和《人民导报》都对孙中山在台湾的史迹倾注了巨大的热
情，特别是孙中山 1913 年短暂留驻台湾时寓居的梅屋敷史迹的发现，
轰动一时，两报都转发了长篇的报道。《民报》以《国父民二来台 曾寓
"梅屋敷"》为题，转发了中央通讯社的消息，报道如下：（《人民导报》同
日以《台北市梅屋旅馆 国父曾临驻足》为题，内容大致相同）

> （中央社十七日本市讯）台省光复以来，常有我国革命史迹发
> 现。前传闻国父于民国初年来台时曾在台北停留，至今遗有史料。
> 昨此间梅屋敷旅馆主人大和宗吉等来访中央社记者，叙述始末甚
> 详。据谈国父于一九一三（民国二年）秋间自福州来台北，寓梅屋
> 敷旅馆，曾在内午餐，饭后并与当旅馆中人在日本式之五郎庭花园
> 内散步，当时日人村田省藏曾为总理护卫，另有便服宪警二三人随
> 侍。村田系前驻菲律宾大使，现为战争罪犯，被禁于东京。国父曾
> 亲笔书"博爱"二字赠屋主大和，另书"同仁"赠其弟藤井，二者均存
> 及今。前者保存于东京，后者犹在梅屋敷旅馆中。另有一当时侍

---

① 《国父遗著璧还，送中央党史会保存》，《民报》1946 年 2 月 2 日，第 2 版。

② 《伦敦孙总理纪念碑揭幕会中宣读蒋主席等函电》，《民报》1946 年 5 月 8
日，第 1 版。

奉之下女静子,艺名百惠,年十四岁,今仍在草山供下士职,惟今已四十七矣。此外尚摄有电影,至今未得下落。馆主有意请求政府将该馆整顿保存,以垂纪念。①

这一则报道,在官办的《新生报》上同日也刊载,不过在《新生报》上的标题是《国父手泽犹存》,小字副题为"当年曾寓台北梅屋敷旅馆 亲笔书博爱同仁四字尚在",正文文字与《民报》和《人民导报》一致。②而《民报》和《人民导报》所拟之标题,凸显了孙中山与台湾的关系,特别是台湾对于孙中山当时脱险的正面作用,足令台人自豪;另一方面,与《新生报》注重孙中山手迹的视角不同,《民报》和《人民导报》更加注重所述事情为台北市民身边的地点和场所,极易取得民众的亲切感。作为发行量可观的报纸,《民报》和《人民导报》的报道,对于民众了解这一段史实,可以起到的作用不言而喻。直至今日,这些报道仍是研究当时孙中山行踪的重要史料来源。因梅屋敷馆主"有意请求政府将该馆整顿保存"③,今日台北的"国父史迹纪念馆",即因此而开辟出来。该纪念馆筹备处的照片刊登于1946年2月的《台湾月刊》上,④蒋介石还为之题写一幅"日月经天"的匾额。⑤

———————————

① 《国父民二来台曾寓"梅屋敷"》,《民报》1946年2月18日第2版;《台北市梅屋旅馆国父曾临驻足》,《人民导报》1946年2月18日第4版。

② 《国父手泽犹存》,《台湾新生报》1946年2月18日第2版。

③ 《国父民二来台曾寓"梅屋敷"》,《民报》1946年2月18日第2版;《台北市梅屋旅馆国父曾临驻足》,《人民导报》1946年2月18日第4版。

④ 《台北市国父史迹纪念馆》,《台湾月刊》1946年第2期,第8页。

⑤ 《蒋主席为国父史迹纪念馆题匾》,《台湾画报》1946年第7期,第2页。值得注意的是,《民报》1946年3月23日以《护法之役举事未果,国父由沪经台然后赴日》为题转发了对此事更详尽的报道,在《台湾新生报》前后几日均未见,其传播和影响的范围,有待进一步考证。该报道文后有一记者按语:"国父莅台时,曾居台北大正町梅屋敷,前已有所报告。该处现已筹备辟为国父史迹纪念馆。"再次提及"国父史迹纪念馆"的筹备。(参见《护法之役举事未果,国父由沪经台然后赴日》,《民报》1946年3月23日,第2版)

和官办报纸一样，《民报》和《人民导报》也对孙中山相关纪念日进行了密集的报道，积极辅助政府的宣传工作。在 1946 年 3 月 12 日孙中山逝世纪念日前，《民报》预报了国民党台湾省党部定于当日举行国语演说竞赛会，并告知参加者可至该部宣传处报名。①还通知当日上午在中山堂开纪念会后，继续在中山路举行植树仪式，省会各机关公务员应全体参加。②纪念活动结束后，《民报》及时报道了各方面参加的盛况，也介绍了首都南京及各地举行纪念活动的情况。③《人民导报》在 1946 年 3 月 12 日、13 日，集中报道了相关纪念活动，④还特别报道了"台湾省会各界纪念国父逝世廿一周年大会"宣劳组，发动慰劳献金，分赠驻防省会各部全体官兵，募集 25000 元，派代表谢娥、姚敏瑄两女士分送转发全体官兵，以志慰劳。同时省会台北各电影院亦于 12 日早场免费请各士兵观看演戏。⑤1946 年青年节，《民报》发表社论《纪念黄花岗先烈》，报道了台北各界纪念革命先烈暨庆祝青年节大会，《民报》社社长林茂生还作了演讲。⑥ 5 月 5 日"革命政府成立纪念日"，《人民导报》刊登特载《革命政府成立纪念暨庆祝还都的历史和意义》，指出："五

① 《国父逝世纪念日，党部举行国语竞赛》，《民报》1946 年 3 月 2 日，第 2版。

② 《国父逝世纪念日将在中山路植树》，《民报》1946 年 3 月 10 日，第 2 版。

③ 《国父逝世纪念大会各方面踊跃参加》，《民报》1946 年 3 月 13 日，第 2版；《国父逝世二十一周年京各界开纪念会官民多前往展谒陵寝》，《民报》1946 年 3 月 14 日，第 1 版；《纪念总理逝世，全国各地宣传造林》，《民报》1946 年 3 月 14日，第 1 版。

④ 《国父逝世廿一周年在中山堂举行纪念大会》，《人民导报》1946 年 3 月 12日，第 2 版；《昨中山堂盛大举行国父逝世纪念大会》，《人民导报》1946 年 3 月 13日，第 2 版。

⑤ 《国父逝世廿一周年纪念发动劳军献金演剧》，《人民导报》1946 年 3 月 12日，第 2 版。

⑥ 《社论：纪念黄花岗先烈》，《民报》1946 年 3 月 29 日第 1 版；《各界纪念革命先烈暨庆祝青年节大会昨日在中山堂盛大举行》，《民报》1946 年 3 月 30 日，第 2版。

月五日这一天,在中华民国革命史上,具有很重大的意义。"①

　　孙中山形象重塑的效果在民间如何评估,从舆论报道中很难具体而微地得到反映。从《民报》《人民导报》以及其他一些报刊如《前锋》《政经报》《现代周刊》中,也能看到相关报道和舆论态度的活跃,或需要联系其他更多民间史料,乃至文学作品,方可反映更多的基层状况。不过,从若干评论中,也可看到一些踪迹。如《民报》曾经从社论作者的口中,记述了台湾乡民最初对于孙中山三民主义的热情。文中说:

　　　　本省人自光复以后,对于三民主义的研究是非常的热心。笔者曾到乡下就三民主义演讲过好几次,听众所表示热烈欢迎的态度与认真听讲的状况,足使演讲者感动至说不出话来。②

　　从中可见,孙中山形象塑造的民间承接在积极方面不乏体现。而下一节中将分析的若干负面情形,或也可反过来说明,当时孙中山形象在民间的普及范围和熟悉程度。

三、孙中山形象在民情诉求中的借助和利用

　　孙中山的事迹宣传、形象塑造,通过官方灌输和民间承接,固然有所收效,而消极方面的反映也随之而来。由此可以看到的是民间承接的另一重要方面,即借助于孙中山,来表达对社会现实和当局行政的不满。这或是理解光复初期孙中山形象民间承接的更深层、也是更具有观察价值的问题。

　　孙中山及其主义的宣传,在经历了初期的新奇感之后,很快遭遇到了民众的冷淡。《民报》报道:

---

　　① 《革命政府成立纪念暨庆祝还都的历史和意义》,《人民导报》1946 年 5 月 5 日,第 1 版。
　　② 《社论:认识三民主义》,《民报》1946 年 2 月 19 日,第 1 版。

> 近来民众对于三民主义忽然冷淡起来，甚至有故意曲解三民主义做开玩笑……轻佻者流更戏用三民主义的文字，作俏皮贪污之辈的用语，或故为曲解以文饰自己的不是。[1]

民众这种态度上的复杂表现，源自当时政府行政中出现的弊端，和执政人员的不良表现。《民报》将之归结为公务人员的行为失谨，累及三民主义受谤于民众。但是，《民报》对于这样的负面情绪，仍慎重地予以引导，评论者小心翼翼地指出，即使发生这样的情况，仍应对当局和公务人员抱以希望，指出"我们省民不可因一时的对于办公员的不满，便放弃三民主义的研究。这是和因噎废食一样，愿我们同胞切莫犯此谬误"。[2]

可是局势的发展的确不如人意。1946 年上半年，仅仅在正式收复台湾 3 个月后，因为执政当局的原因，台湾社会政治、经济各方面出现的问题，引发民间的普遍不满，省政当局与台湾民众非但没有从隔膜走向融洽，反而日益矛盾激化。在许多具体问题上，舆论的不满到了十分严重的程度，而在人们表达不满时，"孙中山"竟然在一定条件下成为反过来借以向政府宣泄情绪和表达诉求的工具。

铁路问题是一个引起强烈社会不满、并在报纸上讨论较多的问题。台湾铁路自接管以来，陷于一种混乱状态。铁路系统中下级服务人员，因岗位与生活不能安定，有怠工倾向；就客运而言，乘客拥挤，车厢乘车环境不堪忍受；就货运而言，货物遗失成为家常便饭，车站职员公然宣称不能负责；至于各车站和火车内之无秩序、污秽，实为台湾有铁路以来未曾有之情况。然而，铁路当局不但不求改进，反而在 1946 年 2 月猛然提高票价至原价的五倍，引起民众强烈不满，舆论批评浪高一

---

[1] 《社论：认识三民主义》，《民报》1946 年 2 月 19 日，第 1 版。

[2] 《社论：认识三民主义》，《民报》1946 年 2 月 19 日，第 1 版。

浪。①有评论者借颂扬孙中山的民生主义和民国初年对铁路事业的重视,严厉批评路政当局,提出改进的期望。《民报》发表题为《试看今日之铁路》的社论,指出:

> 自古以来,人们称衣食住为人生的三大需要,然而我们国父,则再加上一个"行",而称为衣食住行。国父的民生主义,便是以解决此人民四大需要为最后的目的……国父在推翻满清以后,将临时总统让给袁世凯,一时曾经担任全国铁路督办的职务,此即在重视"行"的问题。所以在那辛亥革命后的最重要时期,没有丝毫的权力私欲,而决意亲自筹谋这个问题的解决。对于国父的远虑深谋,我们民众应当何等的感激呀!②

粮食问题是台湾光复后引发社会不满的另一大要害。光复以后,台湾最严重的社会问题,就是粮价的暴涨,而当局在解决粮食问题上的无能,不仅加剧了危局,也加剧了社会上针对当局者的不满。据报道,台湾光复前,米价每斤最高5角,光复以后,政府实行米配给制度,由于不能普遍配给,黑市猖獗,官价1元,黑市却由1元、2元、3元、5元至突破10元大关。1946年1月12日,政府因配给制度办不通,明令取消,米价曾一度跌回至5元,但自2月1日政府宣布交通运输费(包括铁路火车、公路汽车)提高至500%后,米价突又暴涨,由5元步步高升至12元,并仍有继续上涨之势。③还有报道1946年2月初,高雄市内的米价曾到每小斗100元以上,被称为"杀人的高价",④各地都有因米价问题致死的案例。台中有因饥饿自缢之惨剧发生,⑤台北三重埔竹

---

① 《社论:请看今日之铁路》,《民报》1946年2月2日,第1版。
② 《社论:请看今日之铁路》,《民报》1946年2月2日,第1版。
③ 《社论:欢迎李宣慰使》,《人民导报》1946年2月8日,第1版。
④ 《高雄米价日高一日》,《民报》1946年2月2日,第2版。
⑤ 《社论:欢迎李宣慰使》,《人民导报》1946年2月8日,第1版。

围黄某（59岁），家有数口，饥饿难堪，来市内亲戚处借钱买米，他的亲戚也没有钱借给他，老翁不忍家族的饥饿，又没有解决办法，进退两难，竟举刀自杀未遂，被送台北病院治疗。①高雄有一个18岁女子因为盗取陆军仓库的发霉米，被国军枪杀。另有一对夫妻，因为不能购米投河而死。②凡此种种，在报纸上都引起连续的报道和讨论，已见民众之愤懑不可抑制。在台湾第一届省议会开议之时，署名"沉溺在水火中的一市民王德元"从孙中山"平均地权"、"节制资本"的角度，对米价上涨不可遏抑的状况提出了尖锐的批评：

> 我们的国父孙中山先生著了《三民主义》，其中民生主义里提及平均地权和节制资本。
>
> 请问诸位省参议员，实现平均地权有否可能，节制资本有否可能？
>
> 看报纸上的记载，米价飞涨，老翁自杀，诸位先生，请救救势将饿死的省民吧！
>
> 请问救济总署有的是物，有的是钱，何不救人之急。
>
> 希望诸位先生救出沉溺在水火中的我们吧。
>
> 使贫民人人有米吃，人人有工作。③

台湾光复后，负责接收的军政人员，贪官污吏和一些跋扈军人的失当行为频频发生，甚至引起许多起动辄杀人的惨案。④某些在大陆习以为常的现象，如裙带关系、贪污受贿、随意侵占、行为粗野等，时有所闻，而当局有些政策，对台民则不乏歧视。一些公务人员在接收敌产时，不明日人房屋，乱加封贴，甚至将台民建筑的日式住屋，也加以封条，民众

---

① 《米食人》，《人民导报》1946年5月1日，第2版。
② 《三条不散冤魂飘游大会中》，《人民导报》1946年5月2日，第2版。
③ 《请救救我们吧！》，《人民导报》1946年5月1日第2版，"人民之声"。
④ 《高雄市发生不幸事件铳剑刺杀无辜良民开市民大会唤起政府》，《民报》1946年4月2日，第2版。

颇感处理失当,希望当局约束部下,以维威信。①对于接收过程中的乱象和公务人员的劣迹,民众借纪念孙中山逝世,表示了强烈的痛恨之情。《人民导报》有一篇署名"感叹生"的感言:

> 最可痛者莫如沦陷区的接收,无不是唯利是图,挽亲牵戚,乱七八糟。甚至对在汕头的台胞,称为"台侨"的笑话,又如最近的台北号走私,日人房屋的封条等,甘愿献丑于敌人之前,足令有心人痛叹不已。我希望国父有灵,将此辈不肖份子拿去交阎判发落,即能恢复中国,即能建设世界盟主之新中国啦。值兹国父逝世纪念日,略述数言以志纪念。②

现实离当局所宣扬的三民主义相去甚远,不满情绪的表达,以孙中山之理想作为参照,在言论效果上增添了说理的有力和对读者的感召力。而且,社会不满必然导致对政治的揶揄和嘲讽。在光复后具有政治象征意义的"中山装"流行之际(当时是公务人员的标志性置装),另一个包含贬义的"中山袋"也流行开来。《民报》的《热言》专栏刊文提到这一"新鲜事物",并对贪官污吏污及孙中山名义的行为表达了憎恶。评论说:

> 中山服原为存念国父而起的名称,一穿上贪官污吏的身上,就要污秽这名称了。

> 最近本省内流行着一句"中山袋",说是贪污之徒,把中山服的口袋,造得特别大,预备广收阿堵物。

> 这种污及国父名称的行为,纵然手段巧妙,逃得出法网,也配不上是我族类。③

---

① 《群情愤慨》,《人民导报》1946 年 3 月 12 日,第 2 版。
② 《国父逝世纪念日感言》,《人民导报》1946 年 3 月 13 日,第 2 版,"人民园地"。
③ 《热言》,《民报》1946 年 3 月 28 日,第 1 版。

对于国民党省政当局在宣传孙中山方面的所作所为，舆论也指出其效果的局限。《民报》引用孙中山在 1924 年对于国民党宣传讲习所学生的演讲，指出台湾光复之初因为"粮食问题"、"治安问题"、"人材登用问题"等未得充分的解决，致使民众和政府当局发生隔膜，就是因为当局没有做到孙中山所提出的"感化"民众的"宣传"工作。《民报》的社论指出，孙中山的演讲，可以"在今日还给与我们重要的教训，为打开本省昨今的官民的'隔膜'，我们希望当局展开立在'诚意'的'宣传'工作"。①

孙中山本人在革命过程中对于宣传工作十分重视，1924 年对国民党宣传讲习所的学生演讲道："我们宣传主义，不特是要人知，并且要感化民众，要他们心悦诚服。我们若果能感化民众，民众能够心悦诚服，那才算是我们宣传的结果，那才算是达到了我们宣传的目的。"②孙中山和三民主义在光复初期的台湾，既有台湾知识界和民众渴望了解的需求，又有当局努力宣传的主动，在特殊的历史背景下，对台湾民间的观念和认识产生了一定的作用。问题在于，光复初期的接收和行政，没有能够"感化民众"，《民报》的评论指出：

> 有人说人民对今天的政治现象已经失望，失望的原因在那里了。日人所有财产争先接收，怎么民心不接收呢？衣食住行问题是政治，这问题赶快不能解决，那里有政治？致使人民抱有政治面的失望，不知不觉放弃公权。③

民众没有"心悦诚服"，所以达不到当局宣传的目的，孙中山形象的民间承接才出现各种负面的效应。

---

① 《社论：宣传的工作》，《民报》1946 年 2 月 27 日，第 1 版。
② 孙中山：《在广州国民党讲习所开学典礼的演说》，广东省社会科学院历史研究室、中国社会科学院近代史研究所中华民国史研究室、中山大学历史系孙中山研究室编：《孙中山全集》第 10 卷，北京：中华书局 2011 年，第 350 页。
③ 《社论：选举后的回想》，《民报》1946 年 3 月 18 日，第 1 版。

抗战后期以来,国民党在大陆腐败日深,积重难返,不仅民心无法收拾,自身败相也日益无可挽回。关于孙中山和三民主义在宣传灌输中的负面影响,在大陆早已司空见惯,随着国民党统治模式在台湾的移植,种种弊端也随之移植,并非在台湾特有的新现象。自然,台湾省政当局在接收和行政之初,措置失当,造成恶果,不能辞其咎。可是平心而论,早期治台的统治集团,与在大陆的执政者相比,为劣程度还稍有收敛。但台民认为,"台胞之程度较高,法治观念较深,选举的经验也多,所谓建设模范省的基础堪云具备。正因如此,台胞对于'比国内好得多'的不良风气,还看不惯,也看不起"。①努力推动孙中山形象的树立,一方面符合国民党在大陆执政的政治文化习惯和基本行事规则,另一方面也与试图在台推行"清明"政治的初衷相配合,然而实际效果相去甚远。孙中山形象重塑中的民间反映,不过当时政情、社情的一个侧面。

① 《社论:怎样来消除隔膜》,《民报》1946 年 5 月 29 日,第 1 版。

台湾光复初期三民主义的知识推广

　　台湾光复之初，为顺利将大陆党治模式移植到台湾，同时也为巩固官方意识形态并进而转化为社会的意识形态，以期长久奠定统治基础，治台当局不仅致力于孙中山的形象塑造，也努力进行三民主义的知识推广，同时民间接受、宣传的热情一度高涨，在短暂时期内，呈现出知识推广的热潮。目前学术界对于这一时期三民主义的知识推广问题，关注不多。①本节主要考察台湾光复初期省政当局及民间社会推广三民主义理论和知识的基本情形及其实际效果，以期反映特殊社情下台湾思想界的复杂变迁，以及国民党意识形态宣传工作与台湾社会实际的严重脱节。

---

　　① 　关于这一时期三民主义在台湾的宣扬与传播，相关研究有黄惠祯：《三民主义在台湾——杨逵主编〈一阳周刊〉的时代意义》，台北《文史台湾学报》第 3 期，2011 年；庄惠惇：《国族的流行体系——战后初期台湾杂志文本中的主流论述》，"中央"大学《史汇》第 3 期，1999 年；蔡盛琦：《战后初期学国语热潮与国语读本》，台北《"国家图书馆"馆刊》，2011 年第 2 期；崔末顺：《"重建台湾、建设新中国"之路：战后初期刊物中"文化"和"交流"的意义》，台湾文学馆：《台湾文学研究学报》第 21 期，2015 年。

一、建设"三民主义模范省"的预备与启动

抗日战争后期,国民政府既已将战后收复台湾作为基本国策,国民党党政当局和在大陆的台籍志士,均为接收台湾预作准备。收复后的台湾治理,自然是以国民党在大陆的党治方式为基本模式,三民主义作为根本意识形态和用于"建国"的基础理论,被置于接收准备工作的重要地位。1944 年 4 月 17 日,蒋介石于中央设计局下设台湾调查委员会,并指派陈仪任主任委员。1945 年 3 月,台湾调查委员会制定《台湾接管计划纲要》,在文化教育方面提出通过改革学校、课程、教科书,推广国语,培训各级教员、公务人员,加强三民主义教育等措施。1944 年 5 月,陈仪两度致信教育部长陈立夫,提出因日本长期统治,"台湾五十岁以下的人对于中国文化及三民主义差不多没有了解的机会……收复以后,顶要紧的是根绝奴化的旧心理,建设革命的心理,那就为主的要靠教育了"。因而对于将来治台干部的训练,"关于国父遗教、总裁言语、国语、历史及抗战以来的政治设施,应特别注重"。①

在大陆追随国民政府从事复台事业的台籍志士也有相同的认识。1943 年 4 月,《新台湾》画报的主编林啸鲲在《如何领导台湾革命工作》中呼吁:

> 中央党部,应加紧台湾党务工作,尤其对于三民主义之阐扬,因台人富于民族革命性格,若以三民主义为号召,必能一齐奋起,惟对于办理党务之人,必须慎重选择,应以曾受吾党之严格训练与彻底明了主义或曾任党务工作者为合格,且须以台人为主体。②

---

① 《陈仪致陈立夫函》,陈鸣钟、陈兴唐主编:《台湾光复和光复后五年省情》,南京:南京出版社,1989 年,第 58、61 页。

② 林啸鲲:《如何领导台湾革命工作》,《新台湾》画报,创刊号,1943 年 4 月 15 日。载张瑞成编:《抗战时期收复台湾之重要言论》,台北:中国国民党中央委员会党史委员会出版,1990 年,第 84—85 页。

在此前后，1944 年 6 月，三民主义青年团干部郭熏风指出，"中央所以先设立台湾党团机构，即在要将三民主义的思想，在台湾心上建立一个坚强堡垒"。①时任台湾义勇总队负责人的李友邦在谈当时任务时指出，"台湾问题的发展，已经具体而实际的进为收复运动的目前，最主要的，是如何使三民主义能够普遍深入到台湾的每一个角落，打定一个党团工作的基础"。②光复前的 1945 年 1 月，台湾革命同盟会的主要创建人、《台湾民声报》总编辑李万居在《台湾民声报》创刊词中，指出该刊的主要任务，第一条就说：

> 宣扬三民主义思想，唤起台胞爱护国族的情绪，加强团结，严密组织，待机奋起，响应登陆盟军，推翻日寇的淫虐统治，以恢复自由。③

在大陆的台湾志士对将来台湾实行三民主义的前景，寄予了极大的希望，认为台湾收复后，贯彻三民主义自有优势，三民主义理论在台湾的推广，比在大陆更易取得成效。1943 年 6 月，国民党直属台湾党部执行委员谢东闵提出："台湾确可成为三民主义的模范省，这是我们应特别予以重视者。"④吴思汉在 1945 年 10 月 7 日刊载于重庆《台湾民声报》上的《台湾的教育》一文中指出，台湾学生的民族意识和国家观念，因受日本殖民统治的刺激，比大陆各地的学生还要更加强烈，"只须

① 郭熏风：《共同努力收复台湾》，《台湾青年》第 60 号，1944 年 6 月 17 日，载张瑞成编：《抗战时期收复台湾之重要言论》，台北：中国国民党中央委员会党史委员会出版，1990 年，第 210 页。
② 李友邦：《纪念"六一七"的意义与任务》，《台湾青年》第 61 号，1944 年 6 月 23 日。载张瑞成编：《抗战时期收复台湾之重要言论》，台北：中国国民党中央委员会党史委员会出版，1990 年，第 200 页。
③ 《创刊词》，重庆《台湾民声报》，第 1 期，1945 年 4 月 16 日，第 1 页。
④ 谢东闵：《台湾收复后的问题》，《台湾问题参考资料》第 2 辑，载张瑞成编：《抗战时期收复台湾之重要言论》，台北：中国国民党中央委员会党史委员会出版，1990 年，第 106—107 页。

要三民主义理论的灌输而已"。①总之,在预备阶段,各方人士不仅对于三民主义理论的推广非常坚定,而且十分乐观。

台湾光复后,省政当局迅即将推广措施付诸实施。

首先是树立三民主义的正统地位,把握理论上的解释权。

1946年8月纪念孔子诞辰(同时也是法定的教师节)时,台湾省党部发布了《为纪念孔子暨教师节告本省同胞书》,强调"国父如此继承我国的传统精神,因此他所创造的三民主义能适合乎国是民情,能适合乎时代要求,而且能适合乎世界潮流"。②在台北举行的庆祝大会上,教育处长范寿康代表行政长官陈仪致辞,阐述三民主义的民族性及与孔子思想之关系,指出三民主义"为我国之思想,中华民族之思想,中国之固有道德,但此皆由来于孔子之思想。故三民主义与孔子思想相同。要为中国人以须要有三民主义之思想"。③

其次是运用政治和行政权力,进行推广。

行政长官公署、台湾省党部和各地方党政机构,透过行政和党务系统来进行理论宣扬。为了使台湾出身的公务员、教育人员学习三民主义,成立了由陈仪兼任主任的"台湾省地方行政干部训练团",发行《台湾省地方行政干部训练团团刊》(后改名为《台湾省训练团团刊》《台湾训练》)。1946年3月,《台湾省地方行政干部训练团团刊》为纪念孙中山逝世21周年,特将《总理逝世纪念日简史》及《总理革命事业概略》等刊载,其中《总理革命主义之大要》《总理之重要遗教》是两个重要部

---

① 吴思汉:《台湾的教育》,重庆《台湾民声报》第9、10期合刊,1945年10月7日,第15页。

② 《中国国民党台湾省党部为纪念孔子暨教师节告本省同胞书》,《台湾新生报》,1946年8月27日,第5版。

③ 《省会庆祝孔子诞辰昨举行教师节大会参加人员达二千余人》,《台湾新生报》,1946年8月28日,第5版。

分。①在教育方面，要求"对国家民族意识，尤其是三民主义建国理念，应加要加紧培育，使之普通的认识与了解"，②并且将学校教育与党务工作紧密配合起来，由各县市党部指导员参与向各校宣扬三民主义，并令各级视导人员严密督导，以弥补"各县市所属学校目前了解三民主义真谛尚少，教育法令亦概未能遵循"的局面。③

再次是部署和直接开展推广工作。

行政长官公署宣传委员会作为专司理论宣传工作的政府机构，将翻印《总理遗教》《三民主义》《建国大纲》《孙文学说》《实业计划》《民权初步》列入工作计划的头条，到 1946 年 3 月底，每种著作翻印散发了 3 万部。④到 1947 年初，共翻印《三民主义》105000 册、《建国方略》及其他著作各 3000 册，分赠机关、学校、团体及省训练团。⑤为顾及当时大多数台民只能阅读日文书刊的现实，在印行时特别安排将其中《三民主义》的日文版印制了 10 万册，远远超过中文版的 5000 册，要求各级政府、学校的公教人员及中等以上学校学生人手一册。⑥国民党台湾省党部也先后编印日译本的党义党史、总理遗教、总裁言行、五权宪法等。⑦

---

① 《总理逝世纪念日暨总理生平概述》，《台湾省地方行政干部训练团团刊》，第 1 卷第 2 期，第 4—5 页。

② 游弥坚：《本省教育事业的现状及今后的趋向》，《台湾文化》，第 1 卷第 1 期，1946 年 9 月 15 日，第 4 页。

③ 《各学校应普遍理解三民主义教育真谛》，《民报》，1946 年 11 月 18 日，第 2 版。

④ 《台湾省行政长官公署宣传委员会三十五年工作计划》，载《台湾省政令宣导人员手册》，台湾省行政长官公署宣传委员会编印，1946 年 2 月，第 63 页。

⑤ 《中华民国三十五年度台湾省行政长官公署工作报告》，1947 年 4 月，无出版社信息，第 9 页。

⑥ 《台湾省行政长官公署训令》，《台湾省行政长官公署公报》，1946 年冬字 13，第 11—12 页。

⑦ 《中国国民党台湾省执行委员会工作报告》，三十四年十一月至三十六年八月，台北：中国国民党党史会藏。

1945 年 12 月,台湾省党部主任委员李翼中和书记长张兆焕、宣传处长林紫贵分别率领访问团,前往全台各地,进行了一个月的访问工作,除表达慰问外,在利用访问期间,先后在各地召开三民主义宣传大会 19 次(每抵一地即举办),每次参加会议的人数在 2 万至 4 万人不等。①

行政长官公署和省党部在推广孙中山及三民主义理论知识方面,居于主动的地位。通过制订计划、培训干部、官办报刊、纪念活动、民众教育等途径,启动了三民主义的知识普及。

二、知识推广中的官民互动

"三民主义"的称谓,在日本宣布投降,国民政府尚未来得及接收的一段时间里,已在台湾出现。当时"三民主义青年团"首先在台湾各地建立起组织,一些优秀的台湾精英都加入了三青团,在政治真空的特殊时期起到了维持社会秩序的作用,虽不能说家喻户晓,但应当也广为人知。②报纸上较早出现"三民主义"字样的,如《台湾新报》(当时还是日文版)曾有一则标题为《标榜三民主义》的报道,提到了"台湾学生联盟"的组建,希望"网罗台湾中等以上的男女学生,在与三民主义青年团紧密联系下,开展昂扬民族精神、建设乡土文化、实践国父遗教等民众先锋的学生运动"。③但这一时期民众对三民主义的理论究竟有多少了解,恐未能过于乐观估计。在国民政府正式接收以前,杨逵创办《一阳周报》,直接转载或者翻译了大量的孙中山的著述,以及他人撰写的孙中山传略和研究文章,特别是出版了一期《纪念孙总理诞辰特辑》。④毕

---

① 《中国国民党台湾省执行委员会工作报告》,三十四年十一月至三十五年三月,台北:中国国民党党史会藏。

② 《严秀峰女士访问记录》,台北:"中研院"近代史研究所编:《口述历史》第 4 期,1993 年 2 月出版,第 116 页。

③ 《三民主义を标榜》,《台湾新报》,1945 年 9 月 29 日,第 2 版。

④ 参阅黄惠祯:《三民主义在台湾——杨逵主编"一阳周报"的时代意义》,台北《文史台湾学报》第 3 期,2011 年。

竟影响有限。真正的普及，需要各种形式的官方和民间共同推动。这一段时期内孙中山和三民主义理论的知识推广，一定程度上显现了"官"与"民"的相互配合。

光复初期大量民办报刊创刊，比较积极地刊载一些官方人士的宣传和理论阐释文章。台北市教育局长姜琦在《人民导报》创刊号上发表《三民主义上人民之意义》，介绍"国父遗教"的三民主义与林肯"民有、民治、民享"的差别，阐述"民"之意义、"五权宪法"、"权能分离"等。在他的阐释下，《人民导报》所冠名的"人民"二字，就是"以三民主义为根据的，而三民主义又是中国国民党之根本主义"。①民政处长周一鹗则在《人民导报》连载《三民主义的政治建设》一文。②教育处长范寿康在《现代周刊》创刊号发表《从儒家的根本思想说到三民主义》，阐述孙中山三民主义的理论，最基本的内容就是"仁"与"义"，与他代言的行政长官陈仪的言辞一脉相承。③

民办报刊在三民主义的知识推广方面所显示出来的热情，较之官方宣传具有更大的意义。《前锋》专门开辟了一个栏目"史料"，"希望每期大量的介绍祖国各种革命史料"。④在《光复纪念号》该期的"史料"栏目中，除《孙中山先生传略》（全文不到 2000 字，主要介绍孙中山在辛亥革命前的事迹，文字录自《革命概要》一书）、《国旗党旗概说》（亦录自《革命概要》）外，⑤第三篇《三民主义图表解说》，将三民主义的内容，分成四表，第一表是《三民主义大纲》，第二表是《民族主义》，第三表是《民

---

① 姜琦：《三民主义上人民之意义》，《人民导报》，1946 年 1 月 1 日，第 1、2 版。

② 周一鹗：《三民主义的政治建设》，《人民导报》，1946 年 1 月 1—6 日，第 5 版。

③ 范寿康：《从儒家的根本思想说到三民主义》，《现代周刊》创刊号，1945 年 12 月 10 日，第 7—9 页。

④ 《编后记》，《前锋》（光复纪念号），1945 年 10 月 25 日，台北，第 29 页。

⑤ 《孙中山先生传略》《国旗党旗概说》，《前锋》（光复纪念号），第 17—18 页。

权主义》,第四表是《民生主义》,文字简明扼要,将三民主义的内容用图表形式条理化。①同样的方式也被 1946 年 9 月出版的胡天平编的《新国民手册》所采用。在这本知识性小册子里,除了在第一编《新国民的精神准则》中,以《我们的国父》开篇(内容为《国父传略》《国父与中华民国》《国父遗教》《为什么要做国父纪念周》,其中《国父遗教》主要介绍了戴季陶所列的孙中山重要著述,如《三民主义》《革命方略》《建国大纲》《实业计划》《孙文学说》《民权初步》等),第二编《新国民的政治常识》以较多的图表,阐述三民主义的主要内容。图表有:一、《三民主义表解》,二、《建国大纲表解》,三、《心理建设表解》,四、《物质建设表解》,五、《社会建设表解》,六、《地方自治开始实行法表解》。此外还有与当时形势相关的《和平建国纲领》《中华民国宪法草案》《中国国民党政纲》《第一期经济建设计划》《党政革新运动暂行纲领》等的介绍。②

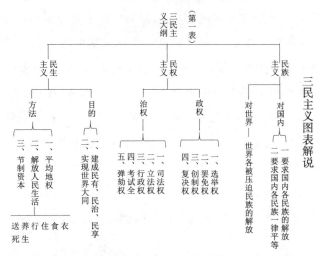

《三民主义图表解说》,《前锋》(光复纪念号),第 19 页

《政经报》半月刊创刊号出版时,因出刊仓促,稿件很少,除了发刊

---

① 《三民主义图表解说》,《前锋》(光复纪念号),第 19—20 页。
② 胡天平编:《新国民手册》,台北:中华文化服务社,1946 年 9 月。

词外,主要转载了一些现成的文章。其中一篇就是甘乃光的《三民主义序》,此文概要地介绍了孙中山三民主义的主要内容和意义,特别重视孙中山所提出的"以党建国",指出"孙文主义的革命策略为'由社会运动'到政治运动的重要步骤","孙文主义是以国民革命为过渡、社会革命为目的的主义","我们对于孙文主义的新认识,以为其最重要的革命策略是:由社会运动到政治运动——以党建国论,由国民革命到社会革命——民生主义即大同主义"。①转载的另一篇文章是《三民主义概要》,2000 余字,内容分"民族主义"、"民权主义"、"民生主义"三个大的部分,其中"民生主义"着重阐述了"平均地权"与"产业公有",篇幅最大。②这两篇文章,都是转自上海三民公司 1927 年出版的《孙中山全集》,甘乃光的《三民主义序》即为《孙中山全集》初编《三民主义》所写的序,《三民主义概要》也是原文照录《孙中山全集》,并无更易。③在国民革命时期,甘乃光表现为国民党左派,他对三民主义的某些内容的强调,与他的立场和交游有关(甘是廖仲恺的秘书,与廖的关系十分密切)。

三民主义的初步知识,通过正式的学校教育,编入课程。"因为三民主义、国语、国文与中华历史为民族精神、民族意识的要素,所以,各级学校一律设此四科目,加多钟点"。④真正完善的中小学课本,到 1946年 8 月才成规模。除《公民》课本外,从行政长官公署教育处编写的语文课本中,亦可看到对孙中山和三民主义相关知识的重视。《初级国语文选》共收有 100 篇课文,其中孙中山的著名演讲《立志做大事不要做大官》被分成三课,列在较前位置;《高级国语文选》收录了孙中山的《知

---

① 甘乃光:《三民主义序》,《政经报》创刊号,第 5—6 页,1945 年 10 月 25日。

② 《三民主义概要》,《政经报》创刊号,第 6—7 页,1945 年 10 月 25 日。

③ 参阅三民公司编:《孙中山全集》(上海三民公司,1927 年)《初集·三民主义》中之《甘乃光序》《三民主义提要》。

④ 中国第二历史档案馆、海峡两岸交流出版中心:《馆藏民国台湾档案汇编》,第 82 册,北京:九州出版社,2007 年,第 13 页。

难行易》演讲，分为两课。①而教育对象更广、不受年龄限制的公民训练讲堂，②也根据公民训练课目及课时分配标准，编写了七种《公民训练课本》，计有：《国父遗教》《总裁言行》《国语》《本国历史地理》《地方自治》《本省施政概要》《音乐》等。其中《国父遗教》居首。《国父遗教》共编17课，主要内容有：

第一课：《什么是三民主义》

第二课：《民族与国家》

第三课：《民族的形成》

第四课：《中华民族的危机》

第五课：《民族主义的恢复》

第六课：《如何恢复民族地位》

第七课：《民族主义的主要原则》

第八课：《政治与民权》

第九课：《民权与自由》

第十课：《民权与平等》

第十一课：《平等的精义》

第十二课：《权与能的分别》

第十三课：《民生问题的由来》

第十四课：《民生主义的办法》

---

① 台湾省行政长官公署教育处编：《初级国语文选》《高级国语文选》，台北：台湾书店印行，1946年。

② 各县市公民训练讲堂由省依每中小学设1所，县市政府加设3所，区署市公所、乡镇区公所加设1所；依足资利用之中小学校、中山堂、会议厅及其他公共场所之数量，并参酌可以讲授国语会话教师人数，由各县市照省拟最低标准尽量增设。讲堂训练期间改为一个月，受训公民年龄不加限制。教育处通令各中小学校、民教馆、国语推行所等，对公民训练工作列为本职工作之一，对兼课切实负责。参阅黄英哲、许雪姬、杨彦杰主编：《台湾省编译馆档案手稿行政·人事·财务·书信》，福州：福建教育出版社，2010年，第100页。

第十五课：《民生主义与共产主义的异同》

第十六课：《民生主义的最终目的》

第十七课：《实施民生主义的办法》①

　　每一课的文字篇幅在 200—600 字之间，大多数为 400—500 字，篇幅很短。根据要求，该训练课本系"以国民学校毕业程度之公民为对象"，每 4 小时讲授一课。②由此可知教员需要补充相当多的内容，来完成讲习。此外，在同一套课本中的《国语》《本国历史》中，也有少量内容，讲授孙中山与三民主义，如《国语》课程，本以认识汉字为目的，其中第四课为《国父孙中山先生》，第十二课为《三民主义》，都只有寥寥数语，第二十课《国父遗嘱》收入了遗嘱全文。③《本国历史》中有第五课《国父孙中山与中华民国》，同样篇幅很短，需要教员补充内容。④

　　通过广播和与之相配合的国语教育的推广，是另一重要途径。当时，"民间收音机之装置，相当普遍，故广播电台为宣传之利器"。⑤而且乡间也多有，在当时多数台民不能阅读中文的情况下，利用广播进行宣讲，效果比报刊更为显著。台湾广播电台于 1945 年 10 月 25 日成立，"注重于三民主义、总理遗教、总裁言论之宣扬，及国语之推广"。⑥从大

---

　　①　《台湾省公民训练课本·国父遗教》，台北：台湾省公民训练委员会编印，1946 年 10 月。

　　②　《台湾省公民训练课本编辑大意》，见《台湾省公民训练课本·国父遗教》扉页，台北：台湾省公民训练委员会编印，1946 年 10 月。

　　③　《台湾省公民训练课本·国语》，台北：台湾省公民训练委员会编印，1946 年 10 月。

　　④　《台湾省公民训练课本·本国历史》，台北：台湾省公民训练委员会编印，1946 年 10 月。

　　⑤　《台湾省行政长官公署三月来工作概要》，张海鹏主编：《台湾光复史料汇编（第六编）·台湾行政长官公署施政与工作报告》，重庆出版社，2017 年，第 736 页。

　　⑥　《台湾广播电台接管临时办法》，中国第二历史档案馆、海峡两岸交流出版中心：《馆藏民国台湾档案汇编》，第 42 册，北京：九州出版社，2007 年，第 22 页。

陆回到台湾、当时担任台湾广播电台台长的林忠编写了一套《国语广播教本》，主要用于配合广播电台教授国语，在国音下附注闽南音、罗马音和日本音，读者可以利用该教本，使用收音机进行学习。第一册注重发音，第二册注重实用会话，第三册为简易读本。在教学初阶的第一册中，专门收录了《总理遗嘱》全文。①而第三册，则有三篇课文介绍孙中山及三民主义，每篇大约 1000 字左右，分别是第 11 课《国父孙中山先生》(介绍孙中山领导辛亥革命、创建民国的事迹)；第 17 课《光复台湾的伟大导师》(介绍孙中山革命与台湾的关系，指出孙中山走向革命"主要是受了中日战争及马关和约的影响"，因而主张"恢复高台，巩固中华")；第 18 课《三民主义与革命目的》则分别介绍了民族、民权、民生主义的主要含义，其中告诫人们：

> 直到目前为止，我们所能履行的国民革命任务，只限于民族主义的一部分，那就是中国民族对外求得了解放，民族主义的其他部分、民权主义、和民生主义都还待我们力求其实现。②

　　林忠以自己所编的这套书为教本，在电台以广播的方式教大家学国语。这套书当时比较畅销，也受到当局重视，其书名为行政长官陈仪所题。

三、从"三民主义"到"三眠主义"的转换与坠落

　　上述民间报刊对孙中山及其三民主义的理论宣传和知识推广的热情，从一个方面体现了当时台湾知识界和一般民众对于祖国的期待。

---

① 林忠编：《国语广播教本》第一册，台北：台湾实业股份有限公司出版部，1945 年 11 月，第 5 页。
② 林忠编：《国语广播教本》第三册，台北：台湾实业股份有限公司出版部，1946 年 7 月，第 17—19、33、37 页。

光复初期率先主动宣传孙中山和三民主义的台湾文化人杨逵也忆及，当时《三民主义》那本书印了很多，大家都抢先去买，但是经历了初期的新奇感之后，很快遭遇到了民众的冷淡。他在多年后的回忆里说：

> 孙文的《三民主义》那本书印了很多，大家都抢先去买，但是，到台湾的国民党那批人，都是些胡作非为的，对三民主义的民族、民权、民生，那批人完全背道而驰。最后，大家都失望了。老百姓都这样说：那不是什么三民主义，而是……三眠主义。①

杨逵所忆乃是自己的经历，这或许可以看作是孙中山形象塑造和三民主义知识推广中负面效应的一个最简要清晰的说明。

民众这种态度上的复杂表现，源自当时政府治理中出现的弊端，和执政人员的不良表现。《民报》将之归结为公务人员的行为失谨：

> 究其最大的原因，实出于对办公员之不满。一般民众头脑单纯，一见办公员之非为，便误解三民主义的作风就是这样……误解或曲解三民主义的人，当然是不对，是要谨慎。然而应该以身作则的办公员们，不能洁身自守，累及三民主义受谤于民众，这种人怎么对得起国父呢？②

虽则如此，对于"三民主义"，《民报》指出仍应抱以尊崇态度。但在当局者一方，在进行三民主义理论的知识推广时，所持居高临下的态度，严重地影响了推广的效果。当局责怪台湾人不懂三民主义，把一切问题归咎于台民"了解三民主义真谛尚少"③，这与责备台民"奴化"如

---

① 《杨逵忆述不凡的岁月——陪内村刚介访谈杨逵于东京》，戴国煇：《台湾史研究——回顾与探索》，台北市：远流出版事业股份有限公司，1985 年，第 235页。

② 《社论：认识三民主义》，《民报》1946 年 2 月 19 日，第 1 版。

③ 《各学校应普遍理解三民主义教育真谛》，《民报》1946 年 11 月 18 日，第 2版。

出一辙。台湾知识界对诸如此类的论调甚为不满,反而认为他们比当时大陆各省的大多数民众更为理解三民主义:

> 其实三民主义的理论,并不是怎样艰深,只要一读过、一听过便可领略的……了解三民主义是不成大问题的,紧要点却是在政治家究竟实行三民主义至如何程度,民众应该如何争取三民主义的彻底实现。假使有人要以台省人不大明了三民主义的理由,指谓台省人尚是不够"资格"的新民,那么,这论者便是十足带着统治者脸孔的人,就是欺人太甚的伪政治者、伪评论家,是我们所不取的。[①]

揆诸《民报》上发表的一篇署名香远的来稿,台湾知识界对于三民主义的理解和认识并不浅薄。论者指出:

> 国父游历欧美时,正当资本主义开灿烂之花实,是资本主义之烂热期。同时资本主义之缺点亦暴露无遗。营(疑为劳——引者注)资阶级之斗争、社会贫富之悬殊,欧美诸国已面临着革命之前夕。在这种严重关头,国父行踪所到,耳濡目染,感慨良多。加之苏俄正承战败满身疮痍之余,揭橥"暴尔雪维克"之旗帜,运用国家计划统制经济之政策,埋头苦干,努力于社会主义国家之建设,国势蒸蒸日上。国父亦深受其影响。因此乃提倡国家资本,节制私人资本,平均地权,以为我国经济政策之基本大纲。是以欧美自由资本主义之优点,加上苏联计划统制经济之优点,其用意可谓深厚矣。[②]

作者以此来认识中国当时的经济状况,指出"我国之经济政策,既不是完全之自由资本主义,也不是完全之计划经济社会主义……但我

---

① 赖明弘:《光复杂感》,《新知识》(台中)第 1 期,第 11 页,1946 年 8 月 15 日。

② 香远:《谈谈民生主义》(上),《民报》,1946 年 10 月 6 日,第 1 版。

国现状,官僚资本之跋扈,投机资本之作祟,社会凋敝,民生困苦,在资本主义及社会主义的国家里头,看不到的另外包藏一种危机,酝酿一种祸根,这是值得我们戒心的"。①而就台湾而言,"世界上任何一角落,没有比较台湾国家资本更发达的地方。现在日人这笔庞大的投资,为我政府接收过来,可说民生主义里头的国家资本已达到理想了。若按照耕者有其田的原则,应该把被日人剥占的田地,迅速尽量开放出来,以实行平均地权。则民生主义之实施,比内地任何省份更有成功的希望。若不出此,只说什么非发展国资不可,则台胞的经济的活动,岂不是完全要窒息了吗?"②

对于民权主义也是一样。另有论者指出,"台湾因经过日寇五十年的统治,缺乏三民主义的熏陶和修养,这是无可否认的事实",但这并不意味着台民实行民主的能力不足。因为在日据时期,虽然不能充分地发挥民权,但毕竟在台湾已经实行选举制度,"在这种形式的制度下,却给了台民以许多学习的机会"。也就是说,台湾民众不一定了解什么是三民主义,但却已经掌握了民权主义所要求的实际能力。如果只以缺乏主义的认识为借口,不给予台民参政的权利,不符合台湾的实际。所以呼吁在台湾实施宪政,指出这个问题"是遵循总理遗教的实践的具体表现"。③

从"三民主义",到"三眠主义",深刻反映了台湾民众光复后的不满。在接收台湾之前,就有论者提出,要在台湾推行三民主义,但这三民主义不是"讲"的或"讲的力行"的三民主义,而是"做"的三民主义。三民主义之于台湾,应该不是在讲台上出现,而是在工厂、农场、城市、

---

① 香远:《谈谈民生主义》(上),《民报》,1946 年 10 月 6 日,第 1 版。
② 香远:《谈谈民生主义》(下),《民报》,1946 年 10 月 7 日,第 1 版。
③ 谢挣强:《宪政实施与台湾》,《台湾民声报》(重庆)第 1 期,1945 年 4 月 16 日。载张瑞成编:《抗战时期收复台湾之重要言论》,台北:中国国民党中央委员会党史委员会出版,1990 年,第 229—230 页。

乡间、山巅和海角所有人民的生活场所中现形,这样才能杜绝假主义之名而行取利之实的弊害,使每一个台湾人都享受到三民主义真正的恩惠。① 可是事实上人们观察到的是,光复近一年时间中,"实行三民主义"宣传无所不在,甚至工厂烟筒上都印着这样的标语,现实却是经济混沌,失业增加,产业处于停滞状态,"'实行三民主义'的标语和宣传看板的存在,表明'宣传和实际'有着相当大的出入"。② 平时不多谈政治的民间文化综合杂志《新新》,刊出一则漫画,颇能反映一般民众对政府口口声声以三民主义"医治"台湾的回敬:别指望这样的"三民主义"能够"医治"台湾,还是先医治一下官僚主义的沉疴吧。③

《官僚病须先医!》,《新新》第 7 期,第 2 页

光复之初,台湾省政当局主动推广三民主义的相关知识,同时民间接受、宣传的热情一度十分高涨,呈现出与在大陆及在后来的台湾完全不同的景象。但总的来说,这种知识推广进行得很不充分,许多措施只

① 孝绍:《试假定我是台湾人来提出三项管见》,《台湾民声报》(重庆)第 5 期,第 5 页,1945 年 6 月 16 日。

② 林聪圣:《台湾的命运》,《新新》第 6 期,第 7 页,1946 年 8 月 12 日。

③ 《官僚病须先医》,《新新》第 7 期,第 2 页,1946 年 10 月 17 日。

是停留在表面，有的只不过是为了完成任务而徒具形式。随着台湾接收后政情、社情的急转直下，民众对于政府的不满日益强烈，"三民主义"也不时作为民众表达不满的重要借助，从而使知识推广的效果出现复杂的变化，整体上影响了当时台湾思想界的生态。台湾光复初期，社会和文化思潮清新而富于理想主义，与当时大陆国民党统治区形成对比。反观此时国民党治下的大陆，国家现代化的进程有限，国民党推广意识形态，在思想界和舆论界也没有获得普遍和真心的迎取，而当局却以日益僵化的意识形态统制，挟政治、军事上的强势和所谓的接收优越感，来应对思想界、舆论界相对自由、现代化程度相对较高的台湾，也不能不说是一种历史的阴差阳错。台湾省政当局执政之弊，更多地来自国民党统治的整体腐朽和官场恶习、军队积弊的长期积累。在大陆已经抽心一烂的国民党，无法避免种种劣政、恶政在台湾的再现，光复未久，而官民矛盾、政社冲突的激化，已势在必然。从这个意义上看，光复初期台湾的命运，与中国走向现代国家的命运事实上联系在一起，国民党的国家治理整体如是，台湾又如何独善和幸免！

五、现代中国的新力量与新路径

孙中山提出了进行现代意义上的革命，开创了中国进入现代国家的历史进程。其间，孙中山发动了包括十次起义在内的反清武装斗争，领导了辛亥革命；在民国建立后又不断开展捍卫共和的二次革命、护国运动、护法运动；晚年领导国民革命，百折不挠，愈挫愈奋。在中国历史刚刚进入 20 世纪时，"革命"或者仅仅是一种可能的选择；而 20 世纪上半叶，"革命"成为中国政治和社会发展的"常态"和"正态"，被现代中国各种政治力量不约而同地加以选择，致使 20 世纪的中国历史革命高潮迭起，中国共产党及其领导的新民主主义革命即在此潮流中发生、发展。中国共产党人是孙中山革命事业最坚定的支持者、最忠诚的合作者、最忠实的继承者，不断推动中国革命，为中国进入现代国家、实现民族复兴创造历史条件。新的革命路径并不是垂直转轨，而是以中国共产党与孙中山合作、迅猛发展革命力量、增强丰富政治经验为开端，成长为领导现代中国历史进程的新力量，开辟了实现中国现代化的新路径。与孙中山领导的中国国民党合作，是中国共产党早期力量迅猛发展的关键因素，广州也因以成为国共两党共同领导国民革命的中心地区，"中国共产党广州时期"成为中国共产党领导新民主主义革命取得胜利的奠基时期。

孙中山、广州与第一次国共合作

1920 年代,刚诞生不久的中国共产党依托广州,与孙中山领导的国民党合作,共同领导了声势浩大的国民革命运动。关于孙中山与第一次国共合作的研究成果已经数不胜数,[1]本节主要在既有研究基础

---

[1] 在早期的研究中,台湾学者李云汉较为偏重孙中山与中国共产党合作的联俄策略(李云汉:《从"容共"到"清党"》,台北:中国学术奖助委员会,1966 年)。大陆学者更为强调孙中山从吸收新生力量来促进国民党的改造(黄修荣:《第一次国共合作》,上海人民出版社,1986 年;林家有、周兴樑:《孙中山与国共第一次合作》,成都:四川人民出版社,1989 年)。自上世纪 90 年代以来,不少论著特别重视从国民党、中共、苏联和共产国际三方关系来揭示第一次国共合作的重要史实,重要成果有李玉贞:《孙中山与共产国际》,台北"中研院"近代史研究所,1996 年;杨奎松:《中共与莫斯科的关系》,台北:东大图书股份有限公司,1997 年;王奇生:《从"容共"到"容国":1924—1927 年国共党际关系再考察》,《近代史研究》2001 年第 4 期;王奇生:《中国近代通史》第 7 卷《国共合作与国民革命》,南京:江苏人民出版社,2006 年;杨奎松:《国民党的"联共"与"反共"》,北京:社会科学文献出版社,2008 年(后再版于桂林:广西师范大学出版社,2016 年)。曾庆榴多篇论文从广州与国民革命的关系的视角作了细致的论述(曾庆榴:《国民革命与广州》,广州出版社,2011 年)。

上，充分利用共产国际与苏联共产党相关历史档案，以孙中山、广州在第一次国共合作中的重要性为主要视角，简述中国共产党通过与孙中山的合作迅速成长为领导现代中国进程新力量的最初进程，并揭示其中的关键因素。

一、与孙中山的合作与中共革命重心南移

在中共"一大"前后，中国共产党人一面从事于创党的工作，一面致力于民众工作，虽然人数不多，且主要由知识分子构成，但视野却是全国性的，特别重视华北、华东等地的工人运动。中共革命重心南移广州，关键因素是共产国际对中国共产党与孙中山领导的中国国民党进行合作的目标设定，以及孙中山能够稳固地掌握广州局势的现实条件。

从中共"一大"到国共合作正式建立的历史线索十分清楚。1922年初，共产国际召开远东各国共产党及民族革命团体第一次代表大会；4 月底，广州召开了党团领导干部会议，讨论建立联合战线问题。不久，中共中央发表《中国共产党对于时局的主张》，公开表达愿意同国民党等革命民主党派组成联合战线的政治态度。在 1922 年 7 月的中共"二大"上，提出了建立"民主联合战线"的主张，即以党外合作的方式与国民党建立统一战线，但没有被孙中山接受。1922 年 8 月，共产国际执委会主席团委员卡尔·拉狄克拟定给派驻中国南方代表马林工作指令，确认国民党是革命组织，共产党人应支持国民党并在国民党内进行工作。8 月底中共在杭州西湖召开特别会议，决定在孙中山改组国民党的条件下，党的少数干部先加入国民党，同时劝说全体共产党人以个人身份加入国民党。会后不久，李大钊、陈独秀、蔡和森等由孙中山主盟，首先以个人身份加入国民党。这次会议是国共合作、中共革命实践重心转向广州的重要节点。1923 年 1 月12 日，共产国际执行委员会作出《关于中国共产党与国民党的关系问题的决议》，指出中共与国民党合作是必要的，"中国共产党党员留

在国民党内是适宜的",①对促进中共三大制定国共合作方针起了重要作用。

一般在论述中国共产党的革命重心向广州转移时,都会引据当时共产党人和共产国际代表对于广州政治形势和社会环境的积极评价。如1922年3月6日,谭平山致函施存统(方国昌),建议团的一大改在广州举行,"因为(广州)比较的自由";②1922年7月,马林在给共产国际执行委员会的报告中也指出:"在远东,广州是唯一勿需打扰当局就可以建立常设代表处的城市。"③1923年5月底,马林再度强调,"我们在广州有充分的行动自由"。④这些依据都有一定的合理性,并且其中所强调的广州的政治和社会环境确实也发挥了实际的作用,但并不能够解释革命实践南移的全部问题。事实上,即使在这些条件仍旧存在的情况下,中共中央对于工作重点的认识仍有反复。1922年7月,共产国际命令中共中央迁广州,要求"中国共产党中央委员会接短笺后,应据共产国际主席团7月18日决定,立即将驻地迁往广州并与菲力浦同志(即马林——引者注)密切配合进行党的一切工作"。⑤但是,此时

① 《共产国际执行委员会关于中国共产党与国民党的关系问题的决议》,中共中央党史研究室、中央档案馆编:《中国共产党第三次全国代表大会档案文献选编》,中共党史出版社,2014年,第27页。

② 《谭平山致国昌先生》,1922年3月6日,《谭平山文集》编辑部编:《谭平山文集》,北京:人民出版社,1986年,第240页。

③ 《致共产国际执行委员会》,中共中央党史研究室第一研究部编:《共产国际、联共(布)与中国革命文献资料选辑(1917-1925)》,北京图书馆出版社,1997年,第320页。

④ 《致共产国际执行委员会、红色工会国际、共产国际执行委员会东方部和东方部远东局——关于中国形势和1923年5月15日至31日期间的工作报告》,中共中央党史研究室第一研究部编:《共产国际、联共(布)与中国革命文献资料选辑(1917—1925)》,北京图书馆出版社,1997年,第455页。

⑤ 《共产国际给中国共产党中央委员会的命令》,中共中央党史研究室第一研究部编:《共产国际、联共(布)与中国革命文献资料选辑(1917—1925)》,北京图书馆出版社,1997年,第321页。原件现存荷兰阿姆斯特丹国际社会历史研究所。

因为陈炯明所部发动"六一六兵变"，孙中山已无法在广州立足，8 月离穗转赴上海，因而中共中央驻地南迁和革命实践南移无法实现。真正决定中共将革命重心转向广州的，有两个事实上联系在一起的因素，即：共产国际要求中国国共合作得到国、共双方的实际推进；中国共产党与孙中山领导的国民党实行合作确有可能。

在同样被广为引征的一则资料中，已经可以看到，与孙中山领导的国民党合作，对于中共革命实践重心南移具有如何关键的意义。1922年 5 月，共产国际执委会远东书记处派往广东的代表利金考察广州后，给远东书记处的报告中称：

> 我确信，中国目前的形势把对我们小组工作的组织改革问题提到了首位。这次改革可归结为把工作重心转移到广州。这样做有许多理由，最重要的理由是：1.现在在南方有广泛的合法条件；2.在广州有最先进的工人运动；3.最后，广州是国民党的活动中心。①

这里需要特别予以注意的，是被强调的第三点，即广州是"国民党的活动中心"。从推动中国国民革命运动的角度考虑，广州就是当时中国革命的枢纽。利金提出："如果我们共产主义小组中央局迁到广州，这种情况就有助于把国民革命运动的各种联系集中到中央局手中。"②因而由季诺维也夫和维经斯基向中共中央建议"把中央委员会迁至广

---

① 《利金就在华工作情况给共产国际执委会远东部的报告》，中共中央党史研究室第一研究部译：《联共(布)、共产国际与中国国民革命运动(1920—1925)》，北京图书馆出版社，1997 年，第 95 页。

② 《利金就在华工作情况给共产国际执委会远东部的报告》，中共中央党史研究室第一研究部译：《联共(布)、共产国际与中国国民革命运动(1920—1925)》，北京图书馆出版社，1997 年，第 95 页。

州,那是更适于广泛合法地开展工作的地方"。[①]

中国共产党早期一直在谋求在广东发展力量。在党刚刚建立时,广东因为处于桂系军阀统治之下,由于军阀的压制和自身的财政困难,工作没有什么进展。[②]陈独秀最初反对与国民党合作,也是考虑如何在当时形势下创造党在广东打开工作局面的条件,他在 1922 年 4 月致维经斯基的信中说:"广东实力派之陈炯明,名为国民党,实则反对孙逸仙派甚力,我们倘加入国民党,立即受陈派之敌视,即在广东亦不能活动。"[③]但在广州党团会议之后,"虽然与会者之间存在重大的意见分歧,广州会议对中国共产党的历史却产生了重大的影响。共产党对国民党的政策开始转变了。"[④]1922 年 5 月,第一次全国劳动大会、团第一次全国代表大会都在广州成功举行,不过这一过程很快就中断了,因为随着陈炯明背叛孙中山,孙中山失去了对广州的控制权,被迫离开广州。这恰从另一方面说明,与孙中山一派的合作,比广州具有更好的政治和社会环境,对于共产国际和中国共产党来说,要重要和关键得多。

二、广州成为革命中心

中共革命实践南移是马林的倡议,以及在此基础上共产国际对中共指令的结果,中国国共合作的策略即是马林将自己在爪哇的经验移

---

① 《维经斯基给中共中央的信》,中共中央党史研究室第一研究部译:《联共(布)、共产国际与中国国民革命运动(1920—1925)》,北京图书馆出版社,1997 年,第 117 页。

② 《广州共产党的报告》,中央档案馆编:《中共中央文件选集》第一册,中共中央党校出版社,1989 年,第 20 页。

③ 《陈独秀致吴廷康的信》,中共中央党史研究室第一研究部编:《共产国际、联共(布)与中国革命文献资料选辑(1917—1925)》,北京图书馆出版社,1997年,第 222 页。

④ C. A. 达林:《中国回忆录:1921—1927》,北京:中国社会科学出版社,1981 年,第 91 页。

植到中国,在中国促成民族革命的联合战线而形成的,并成为共产国际对中国革命的基本主张。因而马林对于国共合作的实现和中共革命实践重心的南移,具有至关重要的影响。在西湖会议上,马林根据共产国际的指示,建议中国共产党党员以个人名义加入国民党。虽然1922年下半年共产国际所要求的中共中央局南迁广州因客观条件未能实现,但当1923年初孙中山重新掌握广州后,马林在3月重提中共中央南迁,并在广州召开中共"三大"。他在向布哈林的汇报中指出："那(指广州——引者注)是中央委员会可以合法存在的唯一城市,可以在那里举行会议。"①根据这一部署,1923年4、5月间,中共方面的主要领导干部陈独秀、李大钊、张国焘、瞿秋白、蔡和森、向警予、张太雷、毛泽东、邓中夏等相继到了广州,马林本人也到了广州;党的理论刊物《新青年》移至广州,中共中央的机关刊物《前锋》在广州创刊。

1923年6月,中共"三大"在广州举行。中国"三大"是在孙中山领导的国民党的支持下,在广州公开举行的。大会讨论了国共合作以及党纲草案、选举中央执行委员会等重要议题。经讨论,中共"三大"接受了共产国际关于全体共产党员以个人身份加入国民党的决定,确定了与国民党进行合作的统一战线方针,推动了国民革命运动的发展。

中共"三大"在广州召开后,虽然决定了以党内合作的方式与孙中山领导的国民党合作,但大会结束后不久的1923年7月,中央局又迁回上海,"宁愿在上海处于非法地位,也不愿在广州公开活动,因为上海的运动意义更重要"。② 一方面是因为中共主要领导层此时还是认为开展群众工作和宣传工作十分重要,"想在北方通过新的地方组织去推

① 《致布哈林的信》,中共中央党史研究室第一研究部编:《共产国际、联共(布)与中国革命文献资料选辑(1917—1925)》,北京图书馆出版社,1997年,第458页。

② 马林:《向共产国际执行委员会的报告》,中央档案馆编:《中共中央文件选集》第一册,中共中央党校出版社,1989年,第498页。

动国民党的现代化",同时也觉得上海有利于《向导》周报的工作。①加之上海具有对外联络的方便。而更主要的原因,则是孙中山一时对于国民党改组和与共产党的合作还没有积极的表示,使得中共通过的同国民党合作的决议"还是一纸空文"。②中共的领导者们认为,"留在南方继续争取孙本人对进行政治宣传的支持是白费力气",③甚至还希望孙中山离开广州,到上海组织国民会议。④

然而,国共合作形势的变化,迅速改变了革命重心摇摆不定的局面。1923 年 10 月鲍罗廷到达广州,10 月 18 日孙中山委任其为国民党组织教练员。鲍罗廷对孙中山说:"如能假以六个月时间,可以将广州市变成吾党(指国民党——引者注)最巩固之地盘。"⑤鲍罗廷到达广州仅两个月,就坚定地认为:

> 广东不论在改组国民党方面,还是在一般地发展国民革命运动方面,都能够成为我们整个工作的中心。任何一个省都不可能像广东那样成为国民党的领导和发展中心……那么支持孙现在正在为控制广东而进行的斗争的问题就是我们计划的一部分,就必

---

① 马林:《向共产国际执行委员会的报告》,中央档案馆编:《中共中央文件选集》第一册,北京:中共中央党校出版社,1989 年,第 499 页。

② 《鲍罗廷关于华南形势的札记》,中共中央党史研究室第一研究部译:《联共(布)、共产国际与中国国民革命运动(1920—1925)》,北京图书馆出版社,1997 年,第 369 页。

③ 《马林致达夫谦和越飞的信》,中共中央党史研究室第一研究部编:《共产国际、联共(布)与中国革命文献资料选辑(1917—1925)》,北京图书馆出版社,1997 年,第 427 页。

④ 《陈独秀、李大钊、蔡和森、谭平山、毛泽东同志致孙中山的信》,中共中央党史研究室第一研究部编:《共产国际、联共(布)与中国革命文献资料选辑(1917—1925)》,北京图书馆出版社,1997 年,第 496 页。

⑤ 孙中山:《在广州大本营对国民党员的演说》(1923 年 11 月 25 日),广东省社会科学研究院历史研究所、中国社会科学院近代史研究所中华民国史研究室编:《孙中山全集》第 8 卷,北京:中华书局,1986 年,第 438 页。

须与国民党改组问题和整个国民革命运动问题同时解决。①

在国民党"一大"召开前,根据共产国际执行委员会驻中国代表向共产国际执行委员会主席团的报告,"加入国民党的我们中国共产党的同志通过思想和组织这两方面的工作促使国民党健全起来……过去几个月里党全力以赴做这个工作"。②苏联对于孙中山的物质援助,随着鲍罗廷的到来成为现实,孙中山完全控制广州已经具有必需的条件,国民党的改组顺利推进。自此时起,不仅国共合作已经具备完备的基础,而且得到孙中山和国民党的实力支持。党的革命重心南移的两个条件基本实现,中国共产党在广州与国民党共同推进国民革命,事实上成为党的工作的重点。

三、孙中山逝世后广州在革命中的持续重要性

中共革命实践的重心转向广州后,形成了中共中央在上海(绝大部分时间内)、国民革命运动主要区域在广州的格局,直至北伐战争将革命推进到长江流域、国共合作彻底破裂,广州在中国共产党的革命实践中,都具有极其重要的地位。

在共产国际派往来华的不同人员中,对于广州的认识是不尽相同的,对于中共中央应设在何处,也有不同的主张。1922 年 11 月,考虑到北京的工人运动的需要,越飞致信马林,主张"党的中央委员会要尽

---

① 《鲍罗廷关于华南形势的札记》,中共中央党史研究室第一研究部译:《联共(布)、共产国际与中国国民革命运动(1920－1925)》,北京图书馆出版社,1997年,第374页。

② 《共产国际执行委员会驻中国代表向共产国际执行委员会主席团的报告》,中共中央党史研究室第一研究部编:《共产国际、联共(布)与中国革命文献资料选辑(1917－1925)》,北京图书馆出版社,1997年,第565页。

快迁到北京来,此事至关重要,否则将会有很大损失"。① 1923 年 3 月,因为北方地区和长江流域工人运动的兴起,维经斯基一度认为"中共中央作出的关于迁往广州的决定现在恰恰是不妥当的","应当利用在南方合法工作的机会,但不应把整个中央委员会搬到那里,把全部工作的重心转移到那里去",并强调了中共中央设在上海的理由。②维经斯基更坚决反对党的代表大会在广州召开,主张应在北方至少应在上海召开。③ 就在中共中央决定迁往广州召开中共"三大"前夕,维经斯基还在 1923 年 3 月 9 日向马林提出:"最近的将来华中和华北也许会成为发生新罢工的区域,很难设想你将如何从广州给与指导和安排联络。"④

中共中央的迁址问题,有过多次的反复和争论。在中共"二大"之后,中央局迁到过北京,但京汉铁路大罢工失败后,又被迫返回上海。党的中央定于何处,"须视什么是目前党最主要的责任,何处是革命的中心,中央须在何地才能执行党目前这一重要〈的〉职任"。⑤自中共"三大"后,中共中央迁回上海,后一直没有再回到广州。在这种情形下,广

① 《越飞致马林的信》,中共中央党史研究室第一研究部编:《共产国际、联共(布)与中国革命文献资料选辑(1917—1925)》,北京图书馆出版社,1997 年,第400 页。

② 《维经斯基给共产国际执委会东方部主任萨法罗夫的信》,中共中央党史研究室第一研究部译:《联共(布)、共产国际与中国国民革命运动(1920—1925)》,北京图书馆出版社,1997 年,第 227、228 页。

③ 《维经斯基就中国形势给共产国际执委会东方部的报告》,中共中央党史研究室第一研究部译:《联共(布)、共产国际与中国国民革命运动(1920—1925)》,北京图书馆出版社,1997 年,第 234 页。

④ 《维经斯基致斯内夫利特的信》,中共中央党史研究室第一研究部编:《共产国际、联共(布)与中国革命文献资料选辑(1917—1925)》,北京图书馆出版社,1997 年,第 439 页。

⑤ 《中央地址问题》,中央档案馆编:《中共中央文件选集》第二册,北京:中共中央党校出版社,1989 年,第 58 页。

州实际上是以一种特殊的形式，展现着其在中国革命中的重要性。随着
国共合作的国民革命全面展开，广州即使不是中共中央驻地，仍成为当
时中共革命实践的主要地区，而且地位不断增强。1924 年 7 月，广东的
共产党人召开专门会议，作出决议："坚持把广州作为国民革命运动的基
地是目前最重要的任务之一。"①1924 年 10 月，中共中央决定恢复中共
广东区执行委员会，又称"两广区委"，由周恩来担任委员长兼宣传部长，
陈延年任秘书兼组织部长。1925 年 1 月中共"四大"后，委员长改称书
记，陈延年任书记。1925 年 5 月，中共中央根据广东远离上海的实际，决
定由谭平山、周恩来、罗亦农会同中共广东区委书记陈延年及鲍罗廷组
成中共中央广东区临时委员会，近距离指导广东的各项工作。② 苏联和
共产国际派往中国的几条不同线索的指导人员，负责分别联系不同
地区的中共党组织。维经斯基负责联系上海中共中央，加拉罕负责
联系北京党组织，鲍罗廷在担任广东革命政权的政治总顾问的同时，
负责联系广东区委。这三人中，加拉罕在 1926 年 10 月离开中国之
前一直是莫斯科其他代表的最高上级，鲍罗廷既是共产国际的代表，
又是协助加拉罕开展苏联外交工作的负责人，主要负责联系国民党
中央执委会、广东的国民政府和国民革命军，以及广东的中共组织。
共产国际远东局和维经斯基把精力集中在对中共的领导工作上和整
个党的活动上。③而实际上，鲍罗廷及其指导的广东党组织，所起的作
用和在整个革命布局中的地位高于在上海的维经斯基和中共中央。以
至于作为中共中央领导人的陈独秀，抱怨鲍罗廷以"在中国，在目前这

---

① 《中共广东组织就鲍罗廷的报告作出的决议》，中共中央党史研究室第一
研究部译：《联共（布）、共产国际与中国国民革命运动（1920－1925）》，北京图书馆
出版社，1997 年，第 508 页。

② 黄振位：《中共广东党史概论》，广州：广东高等教育出版社，1994 年，第
45－46 页。

③ 中共中央党史研究室第一研究部译：《联共（布）、共产国际与中国国民革
命运动（1926－1927）》上册，北京图书馆出版社，1998 年，第 292 页。

个阶段,即在国民运动时期,一切工作都必须经过国民党"为理由,而把主要的注意力都放在"苏俄的任务"上,忽视"共产国际的任务"。①孙中山逝世后,广州一度失去领导重心,鲍罗廷的地位甚至到达"填补这个空缺"的地步。②

鲍罗廷对中共中央不能够设在广州,是极不满意的,他一直责怪中共中央没有立足于广州,影响了国民革命工作的进行。1925年5月,鲍罗廷自苏联回广州,途经上海,与上海的中共中央产生很大的分歧,他认为"中央委员会现在就应当把全部力量投向广州(尽管会损害其他工作)",而中央委员会则认为"它在这方面已经尽了最大的可能(张太雷、蔡和森、罗亦农以及其他许多负责人已被派往广州从事经常性工作……)"。③鲍罗廷是主张中共中央迁往广州的最有力鼓吹者,事后他在共产党在国民革命中失败后的1927年10月总结:"这些年来,中共中央一直设在上海的法租界。在这个租界里,中央在很大程度上脱离了中国的实际生活。我多次建议把中央迁往广州,但都没有得到著名的中央委员陈独秀等人的响应。因此,运动向全国发展的主要根据

---

① 《中共中央与共产国际代表联席会议》,1924年12月5日,莫斯科当代历史文献保管与研究中心档案,转引自杨奎松:《中共与莫斯科的关系》,台北:东大图书股份有限公司,1997年,第57—58页。

② 张国焘:《我的回忆》第二册,北京:东方出版社,1998年,第52页。

③ 《维尔德给维经斯基的信》,中共中央党史研究室第一研究部译:《联共(布)、共产国际与中国国民革命运动(1920—1925)》,北京图书馆出版社,1997年,第615页。事后(1930年)鲍罗廷在苏联中国问题研究员举行的学术研讨会上,谈到与中央的关系时,仍然争辩:"自1923年国民党改组起直至武汉时期末,中国革命中存在着两条路线:一条是上海路线即陈独秀路线,这是货真价实的陈独秀路线,因为他和孙中山一样,孙中山是国民党的领袖,他是中共的领袖;另一条是广州路线。这两条路线互相矛盾,甚至在武汉时期发生了冲突。"(吴永清译:《陈独秀主义的历史根源》,《国外中国近代史研究》第13辑,北京:中国社会科学出版社,1989年,第62页。)

地——广州没有得到来自中共中央方面的应有指导。"[1]

1926 年以后，虽然北方声援国民军的工作，上海的工人运动都在中央的工作视野之中，但中共已充分认识到，"当使广东以外一切不与帝国主义军阀结缘之武力均结合于广东政府旗帜之下"。[2] 1926 年 5 月，苏联派往中国了解政治形势的布勃诺夫使团在对中国革命进行调查后得出的结论是："广州毕竟是国民革命的巨大成果，实质上它是中国历史上近十年国民革命运动的唯一真正发展……广州是个中心，集中了国民革命的主要的有组织的社会政治力量。"其中"共产党是最有组织的力量"。[3] 在 1926 年上半年，即北伐战争开始前，中共中央认为中央在上海已不适宜，有迁离上海的意向，而理想中的地点，则以北京为首选，广州为次选。中央认为：

> 党在最近将来政治上的第一职任，是从各方面准备广东政府的北伐；同时须顾及北方上海已得到的民众运动工人运动的基础；中央所在地必须能顾及上面所指工作，才能尽党整个的使命。……现时可作中央地址的地方，只有北京和广州。惟广州是革命的唯一根据〈地〉，在顾及全国各方面的工作上，较不方便。[4]

因而根据当时的局势，中央决定准备迁往北京，如果国民军在北方

---

① 《鲍罗廷在老布尔什维克协会会员大会上所作的〈当前中国政治经济形势〉的报告》，中共中央党史研究室第一研究部译：《联共（布）、共产国际与中国国民革命运动（1926—1927）》下册，北京图书馆出版社，1998 年，第 509 页。

② 《中央通告第一百零一号——最近政局观察及我们今后工作原则》，中央档案馆编：《中共中央文件选集》第二册，北京：中共中央党校出版社，1989 年，第 128 页。

③ 《布勃诺夫使团的总的结论和具体建议》，中共中央党史研究室第一研究部译：《联共（布）、共产国际与中国国民革命运动（1926—1927）》上册，北京图书馆出版社，1998 年，第 250 页。

④ 《中央地址问题》，中央档案馆编：《中共中央文件选集》第二册，北京：中共中央党校出版社，1989 年，第 58 页。

失败,则决移广州。①

北伐战争开始后,国民革命军的主要军事力量出师北伐,中国共产党的工作重心随国民政府转至武汉,广州的重要性有所下降。1926 年11 月,当国民党中央党部和国民政府迁都武汉已成定局时,中共广东区委报告指出:"广东省现在已到了个地方工作的时期了,上层政治已不能有什么作用了。"②但中共中央仍然充分认识到广东的重要性,1926 年底中共中央指出:"广东仍旧是国民革命的根据地,在现时北伐的发展中,不惟不能轻视广东,更须注意使广东政权成为左派所领导的政权,并且愈加强固起来。"③共产国际远东局在经过对广州的实地考察之后,也认识到在国民革命很快就要取得第一阶段胜利,国民党很快就要建立全国政权的形势下,"党应当竭尽全力支持取得胜利的国民党和广州"。④1927 年初,共产国际执行委员会政治书记处作出决议:

> 应特别注意保证党中央对在国民党内工作的共产党员的政权而坚定的领导。迄今为止,在这个问题上情况很不正常。中共中央在上海,而国民党中央在广州。因此,实际上是由广州地区党委

----

① 中央所在地的不确定和不断变动,在党内也引起许多焦虑和争议。陈独秀在中共"三大"报告上说:即使在广州,"那里的局势也不稳定,因此,改善中央机构还是不可能的";而且"我们不得不经常改换中央所在地,这使我们的工作受到了严重损失。"见《陈独秀在中国共产党第三次全国代表大会上的报告》,中央档案馆编:《中共中央文件选集》第一册,北京:中共中央党校出版社,1989 年,第 167、171—172 页。

② 《粤区政治报告(二)——国民政府迁移及省政府改组后广东政局与我们的政策》,中央档案馆编:《中共中央文件选集》第二册,北京:中共中央党校出版社,1989 年,第 653 页。

③ 《中央局报告(十、十一月份)》,中央档案馆编:《中共中央文件选集》第二册,北京:中共中央党校出版社,1989 年,第 502 页。

④ 《拉菲斯关于共产国际执行委员会远东局工作的报告》,中共中央党史研究室第一研究部译:《联共(布)、共产国际与中国国民革命运动(1926—1927)》下册,北京图书馆出版社,1998 年,第 45 页。

（和党中央的政治分歧很大）来领导共产党在国民党内的工作。中央应直接领导共产党员在国民党内的工作。因此，党中央要设在国民党中央的所在地，这在组织上才是正确的。如果由于某些特殊原因办不到，党中央应派出十分权威的专门代表团来领导共产党员在国民党中央的工作。因此，应重新考虑中国共产党中央委员会所在地的问题。中央委员会应设在关键性的战区，而广州政府的南方战线现在就是这样的地区（这当然不是说其他地区的工作应削弱）。①

1927 年 4 月，广州发生"四一五"反革命政变，中国共产党人在广东进行了抗争。在武汉，在国共合作行将终结的时刻，共产国际代表罗易还坚定地认为，联合国民党左派收复广东，"是寻找作战基地的一个战略手段，联合起来的革命力量将能从这个基地给反动派以决定性的打击"。② 1927 年 6 月，罗易为中共方面拟定了《中国（国共两党）国民革命纲领草案》，内中还有"立即收复广东"的提案，认为如此不但能够解反革命势力对于武汉政权的包围，而且还可以缓和财政困难。③ 1927 年上半年，虽然革命在空间上主要已经不在广州，但共产国际和中国共产党此时的政策仍然是延续广州时期的基本政策，尽力维持与国民党的合作，维护统一战线。1927 年上半年的中共革命，事实上仍是中国共产党在广州的基本路线和策略的一部分。

1927 年 7 月中共中央领导层改组，中共革命策略从国共合作的统

① 《共产国际执行委员会政治书记处书记〈关于中国共产党的组织任务〉的决议》，中共中央党史研究室第一研究部译：《联共（布）、共产国际与中国国民革命运动（1926—1927）》下册，北京图书馆出版社，1998 年，第 84—85 页。

② 《罗易同汪精卫的谈话记录》，中共中央党史研究室第一研究部译：《联共（布）、共产国际与中国国民革命运动（1926—1927）》下册，北京图书馆出版社，1998 年，第 370 页。

③ 《中国（国共两党）国民革命纲领草案》，《罗易赴华使命：1927 年的国共分裂》，北京：中国人民大学出版社，1981 年，第 330 页。

一战线改变为独立领导武装反抗国民党统治,自此中国共产党的革命进入下一阶段。在这新阶段的起初,中国共产党决定开展一系列的城市武装暴动,充分考虑到在广州领导国民革命时所奠定的良好基础。正如1927年10月青年共产国际驻华代表希塔罗夫在致青年共产国际领导人沙茨金的信中说:"广东的基础对于夺取政权,对于建立苏维埃(这是我们在得到上面最后批准前就决定了的)是最有利的……在许多省,首先在广东,准备武装暴动仍是当前任务。"①广州成为其中唯一实现城市起义,并尝试进行建立城市苏维埃的地方。

---

① 《希塔罗夫给沙茨金的信》,中共中央党史研究室第一研究部译:《联共(布)、共产国际与中国苏维埃运动(1927—1931)》,北京:中央文献出版社,2002年,第133页。

革命视域下的"中国共产党广州时期"

从 1923 年 4 月—5 月中共中央迁往广州准备进行国共合作，到 1926 年 12 月国民政府迁都武汉，党的工作重心转往长江流域（如果根据内容上的联系性，更可追溯到 1922 年 8 月的中共西湖会议，延伸到 1927 年 7 月的中共中央领导层改组、党的革命目标和策略发生战略性转变）。中国共产党以广州为中心，实行国共合作，领导开展国民革命。在广州，中国共产党通过国共合作和以国共合作统一战线为中心的工人运动、农民运动、军事运动、学生运动等，取得了丰富的政治经验；对革命的重大问题进行了深入的思考，为以后的革命实践预先作了认识上和理论上的准备；中国共产党的未来政治领袖得到了革命实践的锻炼，为中国共产党第一代领导集体的诞生储备了人才条件。第一次国共合作时期中国共产党在广州的革命实践，为后一时期留下了重要的历史遗产，广州时期的路线、政策以及成效对后阶段的历史产生了深远的影响。①在国民党"清党""分共",对共产党进行残酷镇压后,中国共产党虽然遭遇巨大损失,但凭借广州时期获得的空前壮大和积累的丰富经验,能够迅速转变战略,找到中国革命的正确道路,进入苏维埃运动的新时期。

一、中国共产党广州时期的阶段独特性

中国共产党在广州时期的实践,是以国共合作、开展国民革命运动作为主要工作,以统一战线作为主要策略,对成立之初的相对独立性进行了及时的修正,也与后来的革命实践形成了阶段性的差异,形成了独具特色,同时又意义非凡的特殊时期。

中国共产党人在中共"一大"时所持的立场是,"对现有其他政党,应采取独立的攻击的政策"。②这固然反映出早期共产党人对于理论和革命理想的纯粹性的追求,但极不利于党的组织的扩大和实际工作的

---

① 大陆中共党史的主流著作,无不对 1923—1927 年中共在广州的活动和发展给予充分重视。如胡绳主编《中国共产党的七十年》,将这一时期的历史,作为主要篇幅置于第二章《在大革命的洪流中》(胡绳主编:《中国共产党的七十年》,北京:中共党史出版社,1991 年);沙健孙主编五卷本《中国共产党史稿》,其中第 2 卷集中于党在广州的重要活动(沙健孙主编:《中国共产党史稿》,北京:中央文献出版社,2006 年);其他各种全局性的党史著作也基本如此。从广东地方党史研究著作来看,曾庆榴主编《中国共产党广东地方史》,亦以"在大革命的洪流中"为题,论述党在广州时期的主要过程(曾庆榴主编:《中国共产党广东地方史》,广州:广东人民出版社,1999 年);广东省人民武装斗争史编纂委员会编著《广东人民武装斗争史》,第 1 卷大部分内容即党在广州的主要活动(广东省人民武装斗争史编纂委员会编著:《广东人民武装斗争史》,广州:广东人民出版社,1995 年)。也有以这一时期的国共合作为主题的专史,以及部分以"国民革命"、"大革命"为主题的研究,已经充分体现了对于中国共产党早期广州实践重大意义的认识(黄修荣:《第一次国共合作》,上海人民出版社,1986;林家有主编《国共合作史》,重庆出版社,1987 年;何锦洲、蔡明禁:《首次国共合作时期广东革命史》,广州:华南理工大学出版社,1994 年;黄志坚:《第一次国共合作在广州》,广州:暨南大学出版社,2015 年)。

② 《中国共产党第一个决议》,中央档案馆编:《中共中央文件选集》第一册,北京:中共中央党校出版社,1989 年,第 8 页。

开展。在列宁和共产国际的指导下,中共"二大"通过了《关于"民主的联合战线"的议决案》,提出"只是联合与帮助,决不是投降附属与合并",其计划则是"先行邀请国民党及社会主义青年团在适宜地点开一代表会议,互商如何加邀其他各革新团体,及如何进行"。①西湖会议后,中国共产党开始了实际上的与国民党合作,促进国民党改组的工作,虽然党内意见并不一致,但从事实上开始了从建党初坚持独立性,到建立民主革命的统一战线的转变。中共"三大"之后,陈独秀已经主张"现在只有一心不乱的干国民革命"。②中国共产党及时改变了建党之初的相对独立状态,国共合作、统一战线成为中国共产党广州时期的主要内容,并且在国民革命运动中迅速得到发展。

中国共产党广州时期的阶段独特性表现之一,是通过国共合作,迅速发展壮大,成为中国革命的领导力量,也成功发展成为一个群众性的马克思主义政党。国共合作的统一战线是中国共产党广州时期最重要的历史内涵。

中国共产党在早期的力量空前增长,主要得益于广州实践。中国共产党 1921 年"一大"时有党员 53 人,而到 1927 年中共"五大"时,增长为近 58000 人。更为关键的是,中国共产党通过国共合作,参与国民革命运动的领导,在政治上发挥越来越大的作用。中国共产党在国民党内力量的发展,经历了一个过程,虽然也出现一些对于共产党力量发展的限制,而整体发展的趋势无法阻遏。国民党"一大"上,一批国民党元老对孙中山的联共政策提出异议,但已不能阻止和束缚共产党员跨党。孙中山逝世后,中共力量继续在国民党内发展壮大,1926 年 1 月国民党"二大"后,在国民党中央党部八部一处中,共产党员占据了

---

① 《关于"民主的联合战线"的议决案》,中央档案馆编:《中共中央文件选集》第一册,北京:中共中央党校出版社,1989 年,第 66 页。
② 陈独秀:《中国国民革命与社会各阶级》,《前锋》第 2 号,1923 年 12 月 1 日,第 9 页。

77%的领导职位,国民革命军第一、第二、第三、第四、第六军政治部主任及第一军三个师的党代表等,都是共产党员。1926年《整理党务案》针对中共在国民党内势力迅速壮大,提出"凡他党党员之加入本党者,在高级党部(中央党部、省党部、特别市党部)任执行委员时,其额数不得超过各该党部执行委员总数三分之一","凡他党党员之加入本党者,不得充任本党中央机关之部长"。① 这对共产党人在国民党上层的发展,固然构成一定限制,但对基层的作用仍然有限。例如1925年9月至1926年9月一年中,广东的共产党员数量从400人发展到1000人,"有一半应属于3月20日以后的时期,因为这个时期党组织被驱逐出政权机关,在群众中从事巩固自己的阵地的工作"。②"C. P. 在群众中的工作更深进一层。"③

共产党在国共合作期间为国民党开展组织工作十分积极。国民党原来有组织的地方,共产党员一并加入,如广东、上海、四川、山东;国民党原来没有组织的地方,中共则为之创设,如哈尔滨、奉天、北京、天津、南京、安徽、湖北、湖南、浙江、福建。④孙中山逝世后,中共中央特别通知,要由共产党人努力发展国民党党员,"因为在中山死时由我们征收的党员,都可望与左派接近,乘此将左派数量扩充了,我们在第二次国民党全国代表大会中才有和右派竞争选举的可能"。⑤在国民党"二大"

---

① 荣孟源主编、孙彩霞编:《中国国民党历次代表大会及中央全会资料》(上),北京:光明日报出版社,1985年,第233页。

② 《共产国际执行委员会远东局使团关于对广州政治关系和党派关系调查结果的报告》,中共中央党史研究室第一研究部译:《联共(布)、共产国际与中国国民革命运动(1926—1927)》上册,北京图书馆出版社,1998年,第444页。

③ 《中央局报告(十、十一月份)》,中央档案馆编:《中共中央文件选集》第二册,北京:中共中央党校出版社,1989年,第506页。

④ 《国民运动进行计划决议案》,中央档案馆编:《中共中央文件选集》第一册,北京:中共中央党校出版社,1989年,第200页。

⑤ 《中央通告第十九号——宣传孙中山遗言,发展国民党左派力量》,中央档案馆编:《中共中央文件选集》第一册,北京:中共中央党校出版社,1989年,第404页。

召开前后,已有大约 90% 的国民党地方组织处于共产党员和国民党左派的领导之下。这种组织工作不仅仅是为国民党,同时也为共产党自身开展。在酝酿准备进行国共合作之初,中共的目标是:"我们加入国民党,但仍旧保存我们的组织,并须努力从各工人团体中,从国民党左派中,吸收真有阶级觉悟的革命分子,渐渐扩大我们的组织,谨严我们的纪律,以立强大的群众共产党之基础。"①在合作初期,中共曾十分注意不要大面积从国民党中发展党员,随着形势的发展,后期则一改谨慎从国民党中发展中共党员的策略。②在共产党员大量加入国民党的同时,③国民党员也被发展加入共产党,改变了国共合作初期由中共党员加入国民党的单向流动,演变为一种国共党员之间的双向互动。④因而到 1937 年托洛斯基还认为,当时中共加入国民党对于前者发展为独立

①　《关于国民运动及国民党问题的议决案》,中央档案馆编:《中共中央文件选集》第一册,北京:中共中央党校出版社,1989 年,第 147 页。

②　《同志们在国民党工作及态度决议案》,中央档案馆编:《中共中央文件选集》第一册,北京:中共中央党校出版社,1989 年,第 222—225 页。

③　1926 年 4 月时,据蔡和森向共产国际远东书记处的报告,平均 90% 的共产党员加入了国民党(见《蔡同志在远东书记处 1926 年 4 月 27 日会议上的报告》,中共中央党史研究室第一研究部译:《联共(布)、共产国际与中国国民革命运动(1926—1927)》上册,北京图书馆出版社,1998 年,第 230 页)。而 1925 年 10 月,中央就提出了新的要求,"非必要时,我们的新同志不再加入国民党,不担任国民党的工作,尤其是高级党部(完全在我们势力支配之下的党部不在此限)"(《中国共产党与中国国民党关系议决案》,中央档案馆编:《中共中央文件选集》第一册,北京:中共中央党校出版社,1989 年,第 489 页)。而同时国民党员被发展加入共产党,已经成为一种令一些国民党人忧虑的现象,1925 年 12 月,蒋介石在潮州行营召集第一军各政治部职员、各级党代表会议,提出"总理准共产党跨国民党而未准国民党跨共产党,然亦未明言不准。现在本校(黄埔军校——引者注)亦不禁止国民党加入共产党,惟加入共产党者须向特别党部声明,请得照准"。(《蒋校长于潮州提出调和党争办法》,广东革命历史博物馆编:《黄埔军校史料(1924—1927)》,广州:广东人民出版社,1982 年,第 345 页。)

④　王奇生:《从"容共"到"容国":1924—1927 年国共党际关系再考察》,《近代史研究》2001 年第 4 期;王奇生:《中国近代通史》第 7 卷《国共合作与国民革命》,南京:江苏人民出版社,2006 年。

政党是很有好处的。①

中共创立之初,主要成分是知识分子,随着党员数量的逐渐增多,工人和农民成分的党员比重有所增加,但知识分子仍然占据较大的比例,而且发挥主导作用。追求党的群众性,是早期中共工作的重要目标,这一目标的实现,同样得益于广州时期在统一战线背景下民众工作的开展。工人成分党员的增长,主要是在五卅运动后,特别是省港大罢工期间取得的。农民成分党员的急增,更是得益于革命政权领导下的广东农民运动的发展和北伐战争进行中湖南农民运动的高涨。到1926年7月,中共对自身的认识,仍是"还在小团体与群众的党之过渡期间,要跑到领导革命的地位,还须更大的努力"。② 1927年中共"五大"召开时,党员数已经达到5万多人,并且实现了280万工人和900万农民在共产党的领导下"已经组织起来",中共宣布"本党已成为群众的党了"。③

中国共产党广州时期的阶段独特性表现之二,是共产国际有效的、符合中国革命实际的指导,在当时使中国共产党国际共产主义运动中取得了举世瞩目的历史成就。特殊形式下的马克思主义中国化实践,是中国共产党广州时期的又一重要特征。

国共合作的统一战线作为中国共产党发展和从事革命实践的主要形式,是马克思主义中国化在特殊形式下的第一次尝试。杨奎松很早就指出,马克思主义中国化的进程,随着中国共产党实际地运用它来认识和解决中国革命的一系列具体问题,已经不可避免地开始了;由于中

---

① 李玉贞:评介《布尔什维克与中国革命(1919—1927)》,《百年潮》2000年第12期,第70页。

② 《中央政治报告》,中央档案馆编:《中共中央文件选集》第二册,北京:中共中央党校出版社,1989年,第171页。

③ 《政治形势与党的任务议决案》,中央档案馆编:《中共中央文件选集》第三册,北京:中共中央党校出版社,1989年,第48页。

国早期的共产主义组织自身理论准备不充分,缺乏革命实践,因此马克思主义在中国的运用最初不能不在共产国际指导下展开。①在这场特殊的马克思主义中国化过程中,共产国际发挥了主导的作用,但是中国共产党人同样也发挥了不可替代的作用。对国际指示的接受、落实,是靠中国共产党人来进行的;在"中国化"过程中对于中国国情的探索,对于中国革命实际的把握,也同样是由中国共产党人来进行的。

中国共产党与当时各国共产党一样,是共产国际的一个支部。在中共创建之初,还是国际共产主义运动中人数非常少、力量非常小的政党,但仅仅六年后,到 1927 年,中共成为仅次于苏共的世界第二大共产党,同时也是除苏共之外取得革命成就最高的共产党。其发展速度,令共产国际十分惊讶。1926 年 2 月至 3 月,共产国际对中国共产党领导的工人运动的评价是:

> 中国革命的无产阶级底独立的阶级行动(上海、香港、广州的政治罢工)……中国的运动,无疑地,有着全世界历史的意义,并且表明无产阶级世界革命底后备军在东方是如何不可度量地巨大。②

1926 年 11 月底,共产国际对中国共产党有了更充分的认识和评价,称:

> 中国共产党是一个有组织的力量。它有领袖,它锻炼出中坚分子,它领导群众。现在中国共产党的工作,已经有很广阔的范围及稳固的组织形式。③

---

① 杨奎松:《马克思主义中国化的历史进程》,郑州:河南人民出版社,1994年,第 1—6 页。

② 《共产国际执行委员会第六次扩大会议中国问题决议案》,中央档案馆编:《中共中央文件选集》第二册,北京:中共中央党校出版社,1989 年,第 603 页。

③ 《共产国际执行委员会第七次扩大全体会议关于中国问题决议案》,中央档案馆编:《中共中央文件选集》第二册,北京:中共中央党校出版社,1989 年,第 680 页。

对于这一现象,王奇生曾使用与"广州时期"时段大致相当的"陈独秀时期"作过评论,指出:"如果我们比较一下中共和其他各国共产党的早期历史,还是有差别的。我们都知道,世界各国共产党真正成功掌权的并不多,靠自己革命成功的更少。中共革命的成功,在国际共运史上不是常态而是变态。其实在中共早期,这个局面就已经初步形成了,那就是说,我们大大低估了'陈独秀时期'在中共历史上的重要性,我们过于强调毛泽东时代的成功,而忽视了陈独秀时期对中共崛起的重要意义。"①

广州时期共产国际对中国共产党的指导,固然也不能摆脱苏联国家利益优先的束缚,但是所要求的与民族主义政党进行联合、实行统一战线,是符合中国当时革命实际和中国共产党发展的实际的。与1927年后共产国际的指导总体上进退失据,不断造成中共党内的宗派主义和教条主义相比,中国共产党在广州时期无疑是幸运的。

二、中国共产党广州时期与新的革命力量的壮大

中国共产党广州时期的路线、政策以及成效,对后阶段的历史产生了深远的影响,为后来的各革命历史时期奠定了坚实的发展基础。

首先,在广州时期,中国共产党通过国共合作和以国共合作统一战线为中心的工人运动、农民运动、军事运动、学生运动等,取得了丰富的政治经验。

在国共合作中,既有合作也有斗争。中国共产党在国民党中发展势力,尽管有一定的客观条件,但是在较为复杂严峻的环境下进行的。在共产国际的指导下,中国共产党人针对国民党中的反共势力,采取了非常有效的政治策略。共产国际把国民党领导层划分为左、中、右,利

① 王奇生:《陈独秀与中共早期革命》,《江淮文史》2018年第1期,第148—149页。

用左派，争取中派，打击右派，由中国共产党人在实践中根据具体情势
的变化，因时制宜地调整和执行。这一策略在国共合作正式开展后不
久即已进行，中共虽在国民党内，但从策略上决不自居国民党左派，而
认国民党左派为自己的联合力量，并使国民党领导人成为左派的领袖；
同时严格地排斥国民党中的反共分子，将他们归为国民党右派，以使革
命阵容更为清晰。1925 年 9 月底至 10 月初，中共中央在北京召开了
四届二次执行委员会会议，会上陈独秀指出：

> 以前在我们的同志中，在国民党党员中，分析国民党为左中右
> 三派，把国民党的领袖们都列到中派，这不但在理论上不正确，而
> 且在策略上也不适当。第一个缺点是我们的同志不知不觉的忽略
> 了自己的地位，而完全成了一个左派的国民党党员；第二个缺点是
> 使国民党内左倾的分子误以为左派即共产党派之别名，凡未加入
> 共产党和共产主义青年团的人都以中派自居，把一切国民党应有
> 的左倾政策，都看做共产党的政策，而不肯赞同；第三个缺点是使
> 国民党中真正的右派（如戴季陶，邹鲁，邵元冲等）同〔目〕反动派为
> 右派而以中派自居。并且在事实上从前的所谓右派已公然反动，
> 已公然离开国民党了。从前的所谓中派一部分是现在的左派，一
> 部分变成了新右派，所以此时的国民党，只有左右两派。[①]

这种做法有效地维护了统一战线，而陷国民党右派于孤立，以至于
西山会议派后来攻击共产党："及总理逝世，共产党更积极进行其妨碍
本党之行动，不徒入据本党之策源地以自大，尤复极其离间挑拨之能
事，强析本党同志为左右派，以逞其迎拒，甚其暗中截断本党与民众之

---

① 《中国共产党与中国国民党关系议决案》，中央档案馆编：《中共中央文件选集》第一册，北京：中共中央党校出版社，1989 年，第 490 页。

声气,毁坏本党之信仰。"①

充分利用统一战线,利用国民党政权的力量,在广州的工人运动中也有很好的体现,"工人与国民党人的联系已有很长的历史"。②国共合作后,中国共产党一方面致力于国民革命运动,另一方面也通过民众运动来获得阶级基础的壮大。1925年省港大罢工是中国共产党在广州领导中国工人运动的一个高峰,省港大罢工能够形成巨大规模并持续很长的时间,与广东革命政权的支持密不可分,而中国共产党利用国民党政权同情工人运动的政策,发挥群众工作的优长,成为在国民党控制的地区主导工人运动的领导力量。在省港大罢工中,中国共产党既充分利用了国民政府来支持罢工和设法结束罢工,又有效地处理好与国民政府的关系,成功地掌控局面。"罢工委员会在广州实际上是某种'国中之国',但决不能说是广州的两个政权,因为在罢工委员会和国民政府之间在其存在的整个时期内始终没有发生任何尖锐的冲突,罢工委员会在政治上始终是同国民党左派联系在一起的"。③

总的来说,中国共产党通过联合国民党左派的策略,实现了对于国民革命运动的领导。这一成果,与决定国共合作初期的设想比较接近。在国共合作尚处于酝酿中时,"共产党人在国民党、无政府党或基督教所组织的工会里面活动,不得任意引导工人脱离已成的工会,我们的战术是要在他们势力下的工会里面,渐渐积成势力,推翻国民党无政府党

① 荣孟源主编、孙彩霞编:《中国国民党历次代表大会及中央全会资料》(上),北京:光明日报出版社,1985年,第404页。
② 《广州共产党的报告》,中央档案馆编:《中共中央文件选集》第一册,北京:中共中央党校出版社,1989年,第23页。
③ 《共产国际执行委员会远东局使团关于对广州政治关系和党派关系调查结果的报告》,中共中央党史研究室第一研究部译:《联共(布)、共产国际与中国国民革命运动(1926—1927)》上册,北京图书馆出版社,1998年,第466页。

或基督教的领袖地位,自己夺得领袖地位"。① 要追求"努力站在国民党
中心地位"。② 到了 1925 年 1 月,中共"四大"已经"对于中央执行委员
会领导本党在国民党及国民运动中的活动,使本党日渐与实际政治生
活接近而有可以领导中国国民运动之趋势,大致认为满意"。③ "四大"
要求在国民党中组织党团,从中支配国民党的活动。④ 1926 年底和
1927 年上半年,苏联和共产国际给中国共产党的策略方针虽然还是温
和地要求巩固统一战线,但明显带有进攻的性质,而鲍罗廷则已考虑如
何通过中共党员参加国民政府工作来增加中共在政权中的分量,作为
"无产阶级获得领导权的一个途径"了。⑤

其次,在广州时期,中国共产党人对革命的重大问题进行了深入的
思考,为以后的革命实践预先作了认识上和理论上的准备。

在广州时期,中国共产党人对于革命重要问题的认识,一是体现在
对农民问题的认识。和工人运动的基本经验相似,在开展农民运动的
过程中,中国共产党人也不难发现,农民运动的兴起,也与政权的支持
密切相关;农民运动的发动,首先也得益于国共合作的统一战线。北伐
战争开始后,谭平山向共产国际执行委员会东方书记处报告:"迄今为
止我们是以国民党的名义在农民中进行工作的,因为首先,国民党在广
州给了我们进行这种工作的各种机会,其次,这样做使我们更容易解决

---

① 《关于"工会运动与共产党"的议决案》,中央档案馆编:《中共中央文件选
集》第一册,北京:中共中央党校出版社,1989 年,第 81 页。
② 《国民运动进行计划决议案》,中央档案馆编:《中共中央文件选集》第一
册,北京:中共中央党校出版社,1989 年,第 201 页。
③ 《对于中央执行委员会报告之议决案》:《中共中央文件选集》第一册,北
京:中共中央党校出版社,1989 年,第 328 页。
④ 《对于组织问题之议决案》,中央档案馆编:《中共中央文件选集》第一册,
北京:中共中央党校出版社,1989 年,第 381 页。
⑤ 张国焘:《我的回忆》第二册,北京:东方出版社,1998 年,第 188 页。

财政问题。"①中共中央也指出：

> 归纳事实和工作的结果，可以说：只有国民党或国民军有政权的地方，这种议决能以实行而有成效。从发展农民运动的观点上来论，国民军和国民党的〈政〉权，有特别重要的意义。所以中国共产党应当特别努力于各方面的工作，以求推广这种政权于各省，以此扩大农民运动的基础，而使工农联合战线有真正的可能。②

基于这些经验，在国民革命运动中，中国共产党对于农民问题的认识达到了一个高峰。中共"三大"首次将农民问题写入党纲，所通过的《中国共产党党纲草案》已明确意识到，"至于农民当中国人口百分之七十以上，占非常重要地位，国民革命不得农民参加，也很难成功"，中国的无产阶级"应当最先竭尽全力参加促进此国民革命，并唤醒农民，与之联合而督促苟且偷安的资产阶级，以引导革命到底"。③ 1926 年 2月，中共中央在北京举行特别会议，通告党员："中国的革命，工人固然占着领导的地位，然非更取得广大的农民群众起来参加，不会成功。"④正是在发动农民、推动农民运动这个意义上，广东政府的北伐才具有推广政权的第一等重要的意义。当然另一方面，只有民众运动的发展，才能更加促进国民党、国民军的左倾。陈独秀鉴于"最大部分的中国领土是农民世界"，因而对广东、广西、湖南、湖北、河南、四川、陕西、江西这

---

① 《谭平山在共产国际执行委员会东方书记处书记会议上的报告》，中共中央党史研究室第一研究部译：《联共（布）、共产国际与中国国民革命运动（1926—1927）》上册，北京图书馆出版社，1998 年，第 552 页。

② 《关于现时政局与共产党的主要职任议决案》，中央档案馆编：《中共中央文件选集》第二册，北京：中共中央党校出版社，1989 年，第 55 页。

③ 《中国共产党党纲草案》，中共中央党史研究室、中央档案馆编：《中国共产党第三次全国代表大会档案文献选编》，北京：中共党史出版社，2014 年，第 7页。

④ 《中央通告第七十九号——关于二月北京中央特别会议》，中央档案馆编：《中共中央文件选集》第二册，北京：中共中央党校出版社，1989 年，第 82 页。

些省份,提出了"党到农民中去!"的口号。① 1926 年 11 月,中央政治局
与国际代表联席会议指出:"根据广东、湖南、湖北及其他诸省农民运动
的经验,现在已经能确信地说,没有满足农民群众要求的农业政策,则
国民党政权是不能维持长久的,整个解放斗争是要失败的。"②并据此
拟定和准备包括"武装农民"在内的政纲草案,提交共产国际第七次扩
大会议和党的"五大"。1927 年下半年,中共被迫转变革命策略,开展
武装反对国民党统治的斗争,共产党人到乡村去寻找中国革命的依托
力量,对农民进行动员并且取得成功,进而开辟农村革命道路,这一转
向与广州时期所获得的认识是分不开的。而土地革命时期充分利用政
权的力量,利用各地不同的地方社会特点去发动农民,都是在广州时期
取得的初步斗争经验。

二是关于中共早期的军事工作。这一点以往学术界一般作为教训
总结,评价不高。③毛泽东 1938 年对中国共产党早期军事工作的评价
带有权威性,他指出:"我们党虽然在 1921 年(中国共产党成立)至
1924 年(国民党第一次全国代表大会)的三四年中,不懂得直接准备战
争和组织军队的重要性;1924 年至 1927 年,乃至在其以后的一个时
期,对此也还认识不足。"④不谋求党全面掌握武装,是当时共产国际对
国共两党合作前提下进行国民革命的基本布置,如果要求中共当时就
全面掌握军队,实际上是超越客观历史条件的,1927 年共产国际《五月

---

① 《陈独秀给各级党部的信》,中央档案馆编:《中共中央文件选集》第二册,
北京:中共中央党校出版社,1989 年,第 636 页。

② 《中国共产党关于农民政纲的草案》,中央档案馆编:《中共中央文件选
集》第二册,北京:中共中央党校出版社,1989 年,第 434 页。

③ 王光银对大革命时期党的军事运动历史地位有新的评价,参阅王光银:
《对大革命时期党的军事运动历史地位的再认识》,《史学集刊》2006 年第 3 期。

④ 毛泽东:《战争和战略问题》,中共中央文献研究室、中国人民解放军军事
科学院编:《毛泽东军事文集》,北京:军事科学出版社、中央文献出版社,1993 年,
第 422 页。

指示》后,对中共建立自己的军队有明确的要求,事实上就不能实现。但这并不意味着中国共产党广州时期在军事工作方面无所成就,或微不足道。毛泽东在同一篇评论后紧接着就指出:

> 从一九二四年参加黄埔军事学校开始,已进到了新的阶段,开始懂得军事的重要了。经过援助国民党的广东战争和北伐战争,党已掌握了一部分军队。①

中国共产党内最早意识到军事工作重要性的,是在广东十分活跃的社会主义青年团的领导人。1922 年 3 月阮啸仙在《青年周刊》第 2 号撰文指出:"劳动者的革命,只有战争而胜,只有和资本家碰个死活。组织社会主义的军队——赤卫军——为保卫社会主义的进行……我们实不能不注意于军队中朋友了。"② 1926 年 7 月中国共产党中央扩大执行委员会的《军事运动议决案》已经认识到:"在民族革命的进程中,应该参加武装斗争的工作,助长进步的军事势力,摧毁反动的军阀势力,并渐次发展工农群众的武装势力。同时此项工作就是使本党获得有条理的准备武装暴动的经验。"③而在此之前的 1924 年冬,周恩来在中共广东区委成立了军事运动委员会("两广区委军委",又称"军事部"),这是中国共产党内成立的第一个军事工作机构。1925 年 8 月,共产国际执行委员会要求中国共产党"中央委员会和大的地方委员会应当组建以这些委员会执行机构中最有威望的成员为首的特别军事部……军事部的工作应当分为两个重要部分:积蓄、组织自己力量的工作

① 毛泽东:《战争和战略问题》,中共中央文献研究室、中国人民解放军军事科学院编:《毛泽东军事文集》,北京:军事科学出版社、中央文献出版社,1993 年,第 422 页。

② 阮啸仙:《社会主义与军人》,《阮啸仙文集》编辑组:《阮啸仙文集》,广州:广东人民出版社,1984 年,第 63 页。

③ 《军事运动议决案》,中央档案馆编:《中共中央文件选集》第二册,北京:中共中央党校出版社,1989 年,第 227 页。

和分化、利用敌对力量的工作"。①1926年上半年，中央决定"应建立一强有力的军委"。②1926年底"全国在军中工作同志有一千五百人左右"。③广州时期开展军事工作的经验，以及在实践中对国民党军队的观察，对中国共产党后来的军队建设，产生了非常深刻的影响。1927年8月中共中央指出："革命的经验，已经证明雇佣军队决不是革命的靠得住的工具……因此创造新的革命军队，不要有雇佣的性质，而要开始于志愿兵的征调，渐进于义务的征兵制，建立工农的革命军。"④总的来说，中共早期的军事工作，正如朱德曾经指出："大革命时代，许多进行军事运动的同志，当时中央军委的负责人周恩来、聂荣臻、李富春等同志，以及党所举办的秘密军事训练班的同志，对我军的创建是有功劳的。没有他们所进行的军事运动，就不能有独立团，就不能有南昌、秋收、广州、湘南等起义。"⑤

再次，在广州时期，中国共产党的未来政治领袖得到了革命实践的锻炼，为中国共产党第一代领导集体的诞生储备了人才条件。

在广州时期，中共的领袖形成机制尚不成熟，这一局面实际上一直延续到遵义会议。蔡和森曾说："从1925年以至北伐的革命高潮中，已经锻炼出广大的工农群众的革命势力，同时更锻炼出无数工农群众的领袖；然而我党的组织全未反映这种伟大的进步，指导机关始终未相当

①《共产国际执委会东方部关于中国共产党军事工作的指示草案》，中共中央党史研究室第一研究部译：《联共(布)、共产国际与中国国民革命运动(1920—1925)》，北京图书馆出版社，1997年，第657页。

②《北方区政治军事工作问题》，中央档案馆编：《中共中央文件选集》第二册，北京：中共中央党校出版社，1989年，第62页。

③《中央局报告(十、十一月份)》，中央档案馆编：《中共中央文件选集》第二册，北京：中共中央党校出版社，1989年，第504页。

④《中国共产党的政治任务与策略的议决案》，中央档案馆编：《中共中央文件选集》第三册，北京：中共中央党校出版社，1989年，第340页。

⑤朱德：《在编写红军一军团史座谈会上的讲话》，中共中央文献编辑委员会编：《朱德选集》，北京：人民出版社，1983年，第126页。

地吸收这些群众的斗争的领袖进去。"①但后来成为中国共产党和中国革命的领袖的主要代表人物,在这一时期得到实践的锻炼,也在各种领导岗位上逐步成长起来。

在中共贯彻国共合作的过程中,毛泽东开始受到共产国际代表的关注。1922年马林初步提出共产党员以个人身份加入国民党时,毛泽东领导的中共长沙党组织和李大钊领导的北京党组织一同立即响应通过。②在中共"三大"上,毛泽东主张"我们不应该害怕加入国民党","农民和小商人是国民党的好成分",③再一次和李大钊的观点一同比较接近于马林的要求。在马林指导下召开的中共"三大"提名毛泽东为中央执行委员,进入作为党的领导核心的中央局。1924年1月毛泽东参加了国民党"一大",在会议上表现活跃,会后担任国民党中央候补执行委员。1925年9月毛泽东来到广州后,国民党领袖汪精卫还推荐毛代理他兼任的国民党中央宣传部部长。毛泽东在第一次国共合作时期致力于农民运动,撰写了《湖南农民运动考察报告》,是对中共领导中国农民运动认识最深刻的领导人之一。1926年秋,中共中央任命毛泽东担任中央农民运动委员会书记,负责主办广州农民运动讲习所。1927年中共中央举行"八七会议"前后,毛泽东正在深入开展农民工作。这位从中国革命走出来的领袖,在中国共产党广州时期所得到的历练,为他以后成为中国共产党第一代集体领导核心,作了极其重要和充分的准备。

周恩来在领导旅欧中国共产主义青年团时,便积极响应国共合作。

---

① 蔡和森:《党的机会主义史》,《蔡和森文集》下册,北京:人民出版社,2013年,第913页。

② 《马林关于国共合作的笔记》,中共中央党史研究室第一研究部编:《共产国际、联共(布)与中国革命文献资料选辑(1917—1925)》,北京图书馆出版社,1997年,第332页。

③ 《斯内夫利特笔记》,中共中央党史研究室第一研究部编:《共产国际、联共(布)与中国革命文献资料选辑(1917—1925)》,北京图书馆出版社,1997年,第470页。

1924 年 10 月中共中央决定重建广东区委，周恩来被任命为委员长，随后兼黄埔军官学校政治部主任。中山舰事件后，周恩来主持中共广东区委军委工作，为北伐战争的准备和进展担任了大量的工作。正如研究者所言："统一战线问题，武装斗争问题，党的建设问题，是中国共产党在中国革命中的三个基本问题。周恩来在广东革命根据地工作期间，在这三个基本问题上都作了创造性的探索和尝试，取得了可贵的经验。这些经验，无论对周恩来自己还是对中国共产党的以后发展，都有着不可忽视的影响。"① 1926 年 12 月，周恩来又进入中共中央工作，兼任中央军委委员，作为党内最有军事工作领导经验的同志负责上海工人第三次武装起义，后直接负责党的军事工作。这些经历为周恩来迅速成为苏维埃运动时期中央核心领导成员奠定了基础。

1920 年代中期，广东通过国共合作领导的国民革命，以南国一域之作为，而撬动全国性政局发展。就民国史而言，开始了确立国民党全国统治的新局；就中共党史而言，奠定了中国共产党领导新民主主义革命的基础。1926 年上半年，蔡和森应莫斯科中山大学旅俄支部邀请作报告时，对当时广东的局势做了一个比喻："广东政府在中国的影响，就如苏联对世界资本主义国家影响一样……广东政府发展对中国革命前途有很大关系。"② 这一现象，在广东的历史上，自古至今，或为仅见。强调"中国共产党广州时期"，并非贬低中国共产党这一时期在全国各地开展各方面革命实践的意义。但揆诸史实，不难看到，此时党的主要事业及活动，特别是国共合作的实际工作，主要在广州；党在各地的组织工作、宣传工作、民众工作甚至军事工作，基本上是围绕以广州为中心的国民革命运动展开的；党的各方面革命实践真正取得实效，多取决

---

① 中共中央文献研究室编、金冲及主编：《周恩来传》，北京：中央文献出版社，1998 年，第 121—122 页。

② 蔡和森：《中国共产党史的发展（提纲）》，《蔡和森文集》下册，北京：人民出版社，2013 年，第 854 页。

于广州国民革命运动发展的程度和结果。对于中国共产党而言,这是在 1927 年能够成为国内政治舞台上举足轻重的革命领导政党的最主要因素。由此可见,就中国共产党领导新民主主义革命的整体历史而言,中国共产党广州时期是在瑞金时期、延安时期之前的重要奠基性历史阶段。

六、新世纪孙中山研究的史料与史学

　　进入 21 世纪以来，中国大陆的孙中山研究持续拓展，取得丰硕成果，保持了中国近现代史研究热点地位；另一方面，也显示繁荣有余而进展有限。与此同时，孙中山研究在史料建设方面取得的成绩令人鼓舞。借助于出版资金的增长和技术手段的更新，当前有关孙中山的重点档案，不仅更多地得到整理和出版，也大量以网络资源的形式开放，便利学术界的研究。各公私文博机构也积极征集、收藏、整理（或重新整理）、公布出版相关档案资料，许多珍贵文献文物因而进入学术界和公众视野。史料问题不仅仅是为具体研究多补充了几则佐证，实际上体现着整体史观的要求。正是因为在史料上有巨大进展，才有可能进一步拓展研究视野，突破研究低水平重复的瓶颈。就目前孙中山研究的前沿状况，学术创新还有完全出乎一般想象的巨大空间，而要在其中有所作为，需要具备整体贯通的史识，良好的学术训练基础，以及甘愿坐冷板凳、愿意专心或者至少付出较多精力的专才，求正、求广、求深，矫正故弄玄虚、贪走捷径的学风，经过长时间的积累，方能有所收获。

新世纪中国大陆的孙中山研究代表性著作和资料述评

如何评估近年来中国大陆的孙中山研究,是一个见仁见智的问题,这种评估首先关涉到标准的确定和比较的对象。据不完全统计,2000年至今,在中国大陆有一定知名度的期刊和学术会议上发表的关于孙中山的研究论文不下 500 篇,专著 60 部以上,如果算上学术辑刊和论文集,数量还不止于此。有论者认为,对于近年来大陆的孙中山研究,"理性、持续拓展,取得了丰硕成果,仍然是中国近现代史研究的热点之一"。①保持了一定的数量,并不能完全反映研究的实际推进程度。前辈学者茅家琦等人撰写《孙中山评传》一书,在第一部分回顾半个多世纪以来的孙中山研究时,就以"繁荣有余,争鸣不足"作为这一部分的标题。②然而检讨近年来的情况,大体上仍然延续了这种局面。一方面这一时期的孙中山研究有一定的进展,或者说有进一步发展的良好基础;而另一方面,也可以说是"繁荣有余,进展有限"。

---

① 王杰:《60 多年来的孙中山研究》,孙俊杰等主编:《孙中山与河南》,郑州:河南人民出版社,2015 年,第 23 页。

② 茅家琦:《孙中山评传》,南京大学出版社,2001 年,第 1 页。

孙中山虽然是一个历史人物，但他是近代中国一流政治人物中得到最大多数人共同认同的历史伟人，特别是在海峡两岸，一直受到共同尊崇，直到近年来，不同的声音才比较明显。正因为如此，大陆政界、学术界对于孙中山研究寄托了许多现实的诉求，高层领导人在重要的节日、纪念日都会强调加强孙中山研究，也在相当程度上提供了研究资源。其次，相关研究机构和社会组织以孙中山研究作为主要工作，中山大学设有孙中山研究所、广东省社科院设有历史与孙中山研究所，上海有中山学社，北京有孙中山国际研究中心，以及各地、各党派建立了孙中山研究会。一些重要的孙中山纪念地，如广东省中山市翠亨孙中山故居纪念馆、南京中山陵等，也设有研究部门；孙中山基金会、中国宋庆龄基金会在相关研究中也起到了重要的学术组织和支持作用。在以上因素的作用下，相关学术会议和纪念活动保持活跃，依靠逢五逢十的各种纪念性活动的推动，孙中山研究不时形成小的高潮，主要的研究成果也都与纪念性活动有关。这些活动包括孙中山诞辰 140 周年和 150 周年、辛亥革命 100 周年和 110 周年、同盟会成立 100 周年等纪念年份所举行的各类学术研讨会。

从地域上来看，广州是大陆研究孙中山的重镇，中山大学和广东省社会科学院在孙中山研究领域有着悠久的传统，基础雄厚。中山大学曾出版《孙中山与近代中国学术系列丛书》《纪念孙中山先生创办中山大学 90 周年校庆丛书》，多卷本《各方致孙中山函电汇编》《孙中山史事编年》等；广东省社科院编辑出版了《孙中山志》，在《广东社会科学》杂志开辟有"孙中山与辛亥革命"学术专栏；地处广州的孙中山基金会出版了《孙中山基金会丛书》，编辑《孙中山研究》辑刊（已出版 8 辑），都是大陆孙中山研究的主要代表性成果。除广州外，北京、上海、武汉等地也在孙中山研究及其重要相关领域占有一席之地，各地学者出版的著作和资料集，上海中山学社编辑的《近代中国》辑刊，上海孙中山宋庆龄文物管理委员会编辑的《孙中山宋庆龄文献与研究》辑刊,都具有重要的学术影响。面面俱到的罗列并不一定能够清楚反映研究的进展和实际状况,也不易阐述对研究状况的深入理解,故本节不拟就孙中山研究的所有成果进行清点和评述,①只是特别选取近年来在孙中山研究方面影响较大、有标志性意义的几部研究著作和资料的编辑,具体说明孙中山研究取得的进展和存在的困难。当然,在评述过程中,一些与这些代表性作品有紧密联系的研究成果,也会给予相应的关注。

一、《孙中山志》:孙中山研究成果总结的新形式

孙中山研究自孙中山在世时便已开展,百年以来,研究基数十分庞大。定期对研究状况进行总结,对于进一步开展研究,同时对于纪念活动,都有重要意义。一般而言,学术意义上的研究总结是通过综述性论文来实现的,而孙中山研究因其发展相对成熟,对该领域的学术总结则出现了更高的形式。1994 年出版的《孙中山辞典》和 2004 年出版的《孙中山志》是其中的重要代表。

《孙中山志》是《广东省志》的一种,由广东省政府于 2001 年 7 月立项,广东省地方史志办公室、广东省中山市地方志办公室和广东省社科院孙中山研究所共同编修完成。2004 年 11 月由广东人民出版

---

① 中国大陆近年来孙中山研究的一般情况,可以参阅尚明轩:《中国大陆半个多世纪来孙中山研究的回顾与展望》,《河南大学学报》2008 年第 5 期,第 16—22 页;王杰、张金超:《跨世纪的孙中山研究(1997—2006)》,中国社会科学院近代史研究所编:《纪念孙中山诞辰 140 周年国际学术研讨会论文集》上卷,北京:社会科学文献出版社,2009 年,第 7—45 页;刘玉青:《近十年来关于孙中山研究的新观点综述》,《湖北第二师范学院学报》2010 年第 3 期,第 58—59 页;王杰:《60 多年来的孙中山研究》,孙俊杰等主编:《孙中山与河南》,河南人民出版社 2015 年;李在全:《孙中山研究 60 年》,《兰州学刊》2016 年第 1 期,第 86—94 页。因为广州在孙中山研究方面具有独特的地位,成果也最为突出,《孙中山研究》上也多次刊文,对于广州的孙中山研究和在广州举行的学术会议进行综述,《广州社会科学年鉴》自 2010 年以来,几乎每年都有对广州地区孙中山研究的简要介绍。

社出版发行。全书总篇幅达 104 万字，另收录各种图片 400 多幅。内容的时间跨度上，自孙中山诞生的 1866 年始，至该志编成的 2004 年终，近 140 年。该志出版后，被誉为"孙中山研究的小百科全书"。①

从体裁上来说，《孙中山志》是以方志规范编修的人物专志，既不是单纯的工具书，也不是一般性的专著，因而既具有知识性、研究性、前沿性、集成性的多重性质，也要考虑学术界最新成果与共识之间的平衡、官方口径与个人研究见解之间的平衡，以及相关知识的全面性与专志的中心线索之间的平衡。这使得《孙中山志》兼有各种复杂的特点，也在特定的体例限制下作了有益的探索。

从成果集成和工具书的性质来看，《孙中山志》与 1994 年出版的《孙中山辞典》相比，在内容上要丰富得多。《孙中山辞典》以词条的形式，主要介绍孙中山著译作、历史文献、人物、政治制度、机构、事件、经济财政、教育、军事、中外关系、思想理论、会社党团派系、报刊、史迹纪念、场地、研究机构、学术会议、其他，共 15 大类，以及《孙中山研究论著、史料汇编简介》和《中国大陆发表的孙中山研究论文资料目录索引》(1949—1992)两个附录。②而《孙中山志》所覆盖的范围、规模和篇幅都远远超过《孙中山辞典》。当然，《孙中山志》本身不是专为工具书的目标而编，这在相当大程度上决定了本志具有更为灵活的形式，更具有对学术界最新成果的容纳能力。该志编撰者本身长期参与孙中山研究，对于相关研究成果具有较强的判断力，在学术界最新成果与共识之间，极力吸收当时学术界研究的主流观点，采纳了不少新说，采用了不少新史料，纠正了孙中山史事中一些原本失实的说法。

---

① 王杰、张金超：《跨世纪的孙中山研究(1997—2006)》，中国社会科学院近代史研究所：《纪念孙中山诞辰 140 周年国际学术研讨会论文集》上卷，北京：社会科学文献出版社，2009 年，第 8 页。

② 张磊主编：《孙中山辞典》，广州：广东人民出版社，1994 年。

作为志书的一种,《孙中山志》尽量采取平直的记叙方式,但也在一定的范围内体现编撰者个人的研究。对学术界存在的个别不同说法,如孙中山的祖籍问题等,编撰者采取双说、多说的方式予以记录。对于一些有争议的问题,在叙述中也尽量避免异议,采用中性、客观的表述。如关于孙中山晚年"联共"的问题,孙中山在世时,无论孙本人,还是相关的历史文献,都没有"联共"这一提法,本志在引用国民党文件《致全体党员书》及阐述相关的事件时,使用"容共"一词,加双引号,并说明其内涵即"联共"、党内合作。这看上去只是技术问题,但也在一定程度上反映出编撰者严谨的学术取向。

同样是因为体例的原因,《孙中山志》虽然可以相对地吸收学术界的最新成果,但毕竟不是从问题出发,无法如一般论著那样对重要问题展开深入讨论,学术对话在整体上显得不够充分,历史的整体性以及史事之间的相互关联不易显现。作为"百科全书"式的知识集成,涉及面广,而个人研究有限,未必在所有的方面都能够保证研究的深度和精度,当然这是带有工具书性质的著作都普遍存在的问题。无论如何,《孙中山志》对于孙中山研究具有基础性的意义,特别是对于孙中山研究初猎者,能够提供入门引导的作用,从一个方面可以代表这一时期的孙中山研究的成果总结。从方志的角度而言,设立《孙中山志》显示了这一历史人物的重要性,是一个创举;同样从孙中山研究的角度看,以志书的形式记录孙中山研究的成果和进展,是一种有益的尝试。

二、两部《孙中山评传》:孙中山学术传记突破的尝试

自 1980 年代以来的任何时期,大陆的孙中山研究的专门著作都保持了增长的势头。其中关于孙中山的传记作品已经很多,但是其学术成就并不能够令人满意。正因为如此,有学者感慨,有关孙中山的著作,说多也算多,说少其实也很少;确认一部"全面的、深刻的、科学的"

孙中山传记还不容易。①在这种情况下，撰写新的孙中山传记无疑是一个挑战。近年来出版的孙中山传记中，有两部同名作品，即南京大学茅家琦主编的《孙中山评传》，以及中山大学林家有、广东省社科院张磊共同主编的《孙中山评传》，就是在这种格局下的新成果，可视为孙中山传记作品的代表性成果。

茅家琦主编的《孙中山评传》（以下简称茅著）由南京大学出版社2001 年出版，是"中国思想家评传丛书"的一种。茅著重点从思想的角度来叙述传主，本书的最后一章也正落实于此，对孙中山的理论、精神、思想贡献、思想来源，对其政治、经济各方面的思想主张的历史价值进行了详细的阐述。作者鉴于既往的孙中山传记存在较大的缺陷，有针对性地体现本书的特别立意，强调开展综合研究。据主编者所述，所谓综合研究，应包括两个方面，一是对孙中山的某一个具体问题要联系到这个具体问题的前因后果、左右前后的各种关联，从多方面进行综合性的观察；二是对孙中山一生的思想活动要联系到整个社会发展，从总体上进行综合评论。②作者在主要的篇幅中都努力地实践这一思路，实现这一目标。笔者认为，这一目标实现的程度，实际上是没有止境的，该书的成就，反而体现在将综合研究与历史的细节实证研究有较好的结合。在各种孙中山研究著作中，本书对于一些具体问题的研究是十分细致的，运用了许多档案原始材料，也很重视在国外的各种一手材料，在不少问题上作了详细考证。作者在进行一些微观研究时，如研究孙中山对于五四运动的态度、关于 1915 年《中日盟约》问题，十分注意把

---

① 李文海：《换个角度思考》，中国孙中山研究会、孙中山故居纪念馆编：《孙中山·辛亥革命回顾与前瞻高峰论坛纪实》，北京：社会科学文献出版社，2011 年，第 53 页；张磊、张萍：《锲而不舍，深化拓展——关于孙中山研究的浅见》，《孙中山·辛亥革命回顾与前瞻高峰论坛纪实》，第 85 页

② 茅家琦：《孙中山研究中值得注意的几个问题》，《江苏社会科学》1999 年第 1 期，第 85—89 页。

这些问题放到历史大环境中和错综复杂的关系中进行考察,从而能够得到较他人更为深刻的认识。

林家有、张磊主编的《孙中山评传》(以下简称林著)由广东人民出版社于 2014 年出版,分上、下两册,共计 120 万字。该书与前述茅著有一定的相似性,也有共同的学术追求。两书都以孙中山的思想作为论述的重心,都在最后以重笔专章来专门阐述孙中山的思想。林著前七章在叙述孙中山的生平时,实际上也是结合孙中山的思想论述的。生平与思想相结合,是本书的一个重要特点。除此以外,从章节的分布上可以看出,与一般孙中山传记对辛亥革命时期比较重视的习惯有所不用,林著对辛亥革命后的孙中山花费了大量的篇幅,尤其是 1923 年至 1925 年的孙中山,占据了前七章中的三章。这与本书作者对于国民革命时期的历史有较强的研究基础有关,也凸显了主编者对于孙中山一生事功的一个重要认识,即孙中山的历史贡献绝非局限或主要表现于辛亥革命,无论是对于孙中山本人,还是对于中国现代历史的实际影响,孙中山晚年领导的国民革命应当具有更不可忽视的意义。该书主编者提出了一个饶有趣味的比喻,将孙中山的整个政治生涯比作一个"弧形"加以半个"弧形",第一个"弧形"是孙中山在"旧民主主义革命时期",从兴中会、同盟会构成升弧,辛亥革命构成顶点;二次革命、反袁、护法则显示为降弧。第二个"半弧形"反映了"新民主主义革命时期"的孙中山,其顶点为中国国民党第一次全国代表大会、弭平广州商团叛乱和北上;而孙中山的逝世则中断了这一"弧形"的高扬。①

在对孙中山思想的论述中,林著特别重视孙中山的建设主张。本书对于孙中山作为一个建设者的论述主要体现在两个方面,一是对孙中山在革命困厄时期从事理论著述给予了高度重视,对于《孙文学说》、

① 林家有、张磊主编:《孙中山评传》,广州:广东人民出版社,2014 年,第 2 页。

《实业计划》《民权初步》的撰著及其意义都给予专节论述。二是在第八章关于孙中山近代化理论的论述中，对于孙中山三民主义、五权宪法、革命程序等基本理论，都从对于中国近代化的意义上给予阐述。这一章篇幅之大，为前面各章不能相比。这也与作者的长期研究实践和研究基础有关。关于孙中山的建设思想，主编者在其他著作中，已经有了较为深入的成果，林家有此前出版的《孙中山社会建设思想研究》，为本书对孙中山的认识提供了基础。[①]该书出版时恰逢中国大陆重视和提倡社会建设之际，但并不是应景之作，而是作者对孙中山研究长期思考的结果，即将孙中山研究由"革命模式"转变为"现代化模式"，研究孙中山的国家建设、社会建设、经济建设、文化建设、城市建设、乡村建设、国防建设。林家有又对 1990 年代出版的原作《孙中山与中国近代化道路研究》一书作了较大篇幅的修订，特别是从孙中山的国家建设思想的视角，进行了大量的增补和修改，将书名改为《孙中山国家建设思想研究》。[②]这些研究的视角和思路，在 2014 年版《孙中山评传》里得到了较多体现，从而使孙中山在现代中国的历史地位从各方面得到更丰富的呈现。

两部《孙中山评传》都注意避免对孙中山的评价溢美、神化。茅著将对孙中山的两面认识作为另一个学术目标，对于孙中山思想和策略上的缺陷、不足和局限性，有非常深入的探讨，对于这些缺陷根源的挖掘，如从孙中山的科学修养不足、对国情和形势缺乏深刻分析、滋长个人权威思想来剖析孙中山的局限，也达到了一定的深度。[③]林著也不回

---

① 林家有：《孙中山社会建设思想研究》，广州：中山大学出版社，2009 年第 1 版，2014 年修订再版。

② 林家有：《孙中山与中国近代化道路研究》，广州：广东教育出版社，1999 年；林家有：《孙中山国家思想建设研究》，广州：广东人民出版社，2013 年。

③ 茅家琦主编：《孙中山评传》，南京大学出版社，2001 年，第 16 章，第 866—955 页。

避孙中山的缺点和局限,指出他"思想上、斗争策略上、行动上都有不足",自觉不夸大孙中山的作用和贡献。①两部著作对于孙中山负面评价的处理,是公允和可取的,可以作出客观评论、深刻剖析,但也不渲染,不夸张。实际上,对孙中山研究越深入的学者,对其局限、不足了解越详细,并非一般泛泛而论者所指责的"保守"、"一味赞美",但历史学者的旨趣,在于揭示历史大势,总结教训,自然不以翻案为创见,或以猎奇为新颖。至于哪些是应当认识到的缺陷,可留待学术讨论。

三、《孙中山全集》的增补:艰难而似无止境的努力

关于孙中山的文集,自 1920 年代以来,就有许多版本。对于学术界最为重要的,当属中国社会科学院近代史研究所民国史研究室、广东省社会科学院历史研究室、中山大学孙中山研究室合编,由中华书局从 1981 年至 1986 年陆续出版的 11 卷《孙中山全集》。稍后不久,台北于 1989 年出版了由秦孝仪主编、近代中国出版社出版的 12 册《国父全集》。这两种《全集》被公认较为完备,是从事孙中山研究的必备资料。但是,在两部《全集》编辑之后,关于孙中山的言论、手迹不断发现,许多资料陆续在一些期刊上刊载,也有一些资料通过研究者撰写论文时引用或披露,两部《全集》以外的资料越来越多,对《全集》的补充已经成为学术界的当务之急。在大陆,几乎同时有三支队伍在进行补订和新编《全集》的工作,并且分别将由三家出版社承担出版工作。

一是黄彦主持的《孙文全集》,共 20 册(含索引),1400 万字。②这是目前规模最大的孙中山全集,大大超过了上述早期出版的两种《全集》。编者先期编辑出版的《孙文选集》3 册,已由广东人民出版社

---

① 林家有、张磊主编:《孙中山评传》下册,广州:广东人民出版社,2014 年,第 952 页。

② 黄彦主编:《孙文全集》(20 卷),广州:广东人民出版社,2021 年。

2005 年出版，收辑孙中山著述共 238 篇，有 61 篇文章改用新的底本，有 38 篇文章更改著述时间，有 22 篇为《国父全集》未收录之文件。①并主持选编孙中山故居纪念馆和中山市孙中山研究《孙中山著作丛书》（该丛书由广东人民出版社 2007 年以来陆续出版）。《孙文全集》在文献底本的选择和内容的校勘、标题的拟定、著述时间的订正等方面着力尤多，尽可能使用原件、选用初刊本或具有权威性的早期印本，采用今已罕见的当年报刊和官方公报，对多种早期报纸进行比较选择，重视校勘文字。

二是中山大学林家有、李吉奎、邱捷、周兴樑、李兴国、张文苑等编《孙中山全集续编》5 卷，将 1980 年代中华书局版《孙中山全集》出版后新披露并公开出版的各种孙中山文献，以续编的方式，接续于原《孙中山全集》后。《续编》沿用《孙中山全集》的编排体例和校勘规范，按照时间顺序，辑录《孙中山全集》出版后国内外出版的有关文献、档案、电文等约 190 万字，吸收了《孙中山集外集》《孙中山集外集补编》《国父全集》《国父全集补编》等新出资料集的整理成果，收录了许多个人发表在报刊和著作中的孙中山遗文，并加以考订，厘清了一些讹误。②

三是中国社科院近代史研究所尚明轩主编的《孙中山全集》（以下简称尚编《全集》），中国社会科学院近代史研究所、北京大学、清华大学等单位的 9 位近代史研究专家组成学术编辑委员会，各单位的学者参加了各分卷的编辑工作。全书连同附录并分为 13 大类、16 卷，在篇目和总字数上有了大量的增补。尚编《全集》收集整理稿件共 11500 余

---

① 参阅黄彦：《介绍新出版的〈孙文选集〉》，《近代中国》第 17 辑，上海社科院出版社，2007 年，第 139－165 页；刘维开：《孙中山文集整理之回顾与发展——兼评介黄彦〈孙文选集〉》，《史林》2009 年第 1 期，第 162－179 页。

② 林家有，李吉奎、邱捷、周兴樑等编：《孙中山全集续编》（全 5 卷），北京：中华书局，2017 年。

篇,计 1000 余万字,与中华书局版和台北近代中国出版社版的两部《全集》相比,比前者增多 3000 余篇,增加 501 余万字;比后者增多 2000 余篇,增加 410 余万字。因为此前已有各种版本的孙中山文集,尚编《全集》以"版本从优"作为编辑原则,采用"百衲本"的方式,即每一篇都选择一个最优版本,然后在该版本基础上再做加工,同时吸收近些年中外各界最新研究成果。对于原始文件、影印件、初刊本优先采用,对于发表在不同图书报刊的同一文献,先行考证,取其一说,其余在注释中说明。有的文本除选其一篇作为主文外,还以"同题异文"形式保留多种文献。据主编者介绍,新《全集》重新核校了大部分原始底稿,修正了一些文字上的错误,还在吸收前人成果基础上,对 200 余篇文件做了进一步的考释辨正,使其准确无误,并且收录了有 20 余篇从未发表或从未在国内发表的新文件。①尚编《全集》改变了中华书局版《孙中山全集》按时间为序编辑文献的做法,大体采取《国父全集》的体例而加以改进:注重校订和考释,对不少文献进行了订正,如 1912 年 3 月 6 日孙中山致黎元洪及各省都督电,原《孙中山全集》依据《黎副总统政书》辑录,错误较多,尚编《全集》依据《申报》1912 年 3 月 9 日所载《南京孙总统电》另行收录,并且考订了准确的时间。②

《全集》不全,似乎是所有文献编辑者的共同感慨。随着时间的推移,新的文献不断发现,任何《全集》,都会面临不断增补的问题,这本是常态,不可苛求。在技术方面,编辑人物文集更大的问题,是如何确认其本人的准确言论。个人著述不成问题,但报刊上辑录的文字,特别是各种报道中辑录的演讲、谈话,从性质上来说,并不是孙中山讲话的原文。同一讲话,不同的记者可能有不同的记载重点,搜集

---

① 尚明轩:《新版〈孙中山全集〉的创新》,《博览群书》2016 年第 1 期,第 35—40 页。

② 尚明轩主编:《孙中山全集》第 6 卷(文电),北京:人民出版社,2015 年,第 102 页。

全集资料的标准愈放开，这一类问题就愈突出。而且从记者叙述性的报道中将演讲、谈话"辑"出，离开了语境，对于所选辑言论的意义，也不易说明。如何吸收年谱长编形式上的优长，对不同情况加以区分，在《全集》编辑过程中或者还可以找到新的途径。同时考辨工作是新的各种《全集》的一大进展，只是这一工作实在工程庞大，还留有许多余地。

四、《各方致孙中山函电汇编》：整体性研究资料的扩展

桑兵主编的《各方致孙中山函电汇编》（以下简称《函电汇编》），2012 年由社会科学文献出版社出版。《函电汇编》是中山大学近代中国研究中心、孙中山研究所列入学科建设规划的重要史料编辑成果，由中山大学近代中国研究中心和孙中山研究所历时数年，搜集和辑录各方致孙中山的公私函电，并附孙中山逝世后的唁函、唁电等，共 7600 多通，约 479 万字，经过甄别参校，以时间为序，编为 10 卷。该编尽可能将学术界已发表的各机构和人物致孙中山的函电收录，更多的是直接从各种原始资料中加以辑录。其主要资料来源有：（一）档案及汇编。如第二历史档案馆《中华民国档案资料汇编》各卷、上海档案馆的《盛宣怀档案资料选辑》、国民党党史会《革命文献》等，也有直接从各机构原始档案中校订的档案，如中山市翠亨孙中山故居纪念馆所藏档案。（二）报刊。《函电汇编》大量采录了当时各种报刊上刊登的函电，其中有重要的影响较大的报纸，如《申报》《时报》《民国日报》《大公报》，也有《临时政府公报》《军政府公报》《陆海军大元帅大本营公报》等公报。报刊资料是本资料集中最有价值、费工最大的部分，因同一函电可能在不同报纸中都有所反映，所以在这一部分，校勘和考订的工夫也下得最深。（三）文集。包含与孙中山关系密切、函电往来频繁的各类人物的文集，如蔡锷、蔡元培、陈炯明、邓演达、冯玉祥、黄兴、蒋介石、居正、李烈钧、梁启超、廖仲恺、马君武、

谭人凤、吴稚晖、熊希龄、徐绍桢、于右任、张謇、张继、章太炎等。
（四）辑出文献。如冯自由著《革命逸史》、陆丹林著《革命史谭》，以及一些已经公开出版或发表的成果，如陈锡祺主编《孙中山年谱长编》以及许多学者在一些论著中使用过的资料。

《函电汇编》虽然是资料集，但在孙中山研究中意义巨大。首先，目前学术界关于孙中山本人的文字、言论，已有多种版本的《全集》《选集》《集外集》及补编，但他人致孙中山的函电等相关资料，一直没有系统的搜集和编辑出版，难以相互参证联系，利用极为不便。《函电汇编》虽不能与以孙中山为主体发出的相关函电一一对应（也不以此为目标），但与已有的孙中山研究资料形成重要的互补，许多内容可以相互参照，有利于理解众多事件的来龙去脉和语境，深究史事和文本。《函电汇编》的编成，体现了历史的整体观念。将孙中山置于近代中国整体历史背景下进行认识和考察，不仅是孙中山研究本身走向深入的需要，也是深化整个中国近代史研究的重要取径。《函电汇编》以孙中山为中心，涉及国内外各方面的人物和组织、团体，贯穿孙中山从事政治活动直至逝世的全部历史过程，对于进一步研究孙中山的生平和思想、孙中山与各方的关系，以及与孙中山相关的各种重大事件和重要人物，乃至于领悟和理解近代以来中国观念文物制度的变化，都具有重要的史料价值。

笔者承担了《函电汇编》中 1912 年底以前的部分。以笔者的经验来看，各方致孙中山函电在具体问题的研究中，不仅具有较高的史料价值，而且也提示了新的研究视角和新的问题。许多函电揭示双方对于革命精英倡导的新概念各取所需，在涉及经济利益的各类争夺中极力利用，争取实际利益，对于新的问题意识的产生，实有启发。①

---

① 参阅赵立彬：《辛亥后革命精英观念的民间承接——以东南、华南城镇为例》，《近代史研究》2012 年第 3 期，第 63—71 页。

问题在于，这一类的资料还远远没有穷尽。《函电汇编》依据各种目录索引先进行系统的检索，将前人已知和已编的资料尽量汇集，最重要的突破还在于报刊原始资料的搜集。通过这一程序搜得资料，已经是相当艰巨的工作，也是相当大的贡献。但报刊搜集的范围本可以无限扩张，各种地方性报纸、出版时间较短的报纸，还未来得及重视。另外，在各种原始档案中应还存有大量的各类函电，如国民党党史会所藏环龙路档案和五部档案，就有为数甚多的各方函电，可资补充。在一些机构的收藏品里，如广州孙中山大元帅府纪念馆最近收集的文物中，也有新发现的函电。此外，《函电汇编》所录主要是"函电"，而在各方至孙中山的文件中，即使除却公文性质的呈文，也还有许多私人性质的但在"函电"体例边际上的各种文件，有些并未在《函电汇编》中反映。史料编纂，对于校勘、句读，考验最大。当代利用互联网技术，在考订方面已有不少便利，但解读史料，依靠的还是包括知识面在内的基本功。因时间和精力集中上的困难，这一方面欠缺不少，他日修订，当有较多改观之处。

总的说来，近年来大陆的孙中山研究，最重要的进展不是由专著，反而是由资料建设工作体现的。除上述《孙中山全集》的各种增补工程，及《各方致孙中山函电汇编》外，在各种期刊上发表的资料考证，也反映了研究工作的扎实深入。与大量冷饭热炒、随意发挥的所谓论著相比，这些资料性工作反而经得起时间检验，也为下一步的研究提供了基础。如有学者在长沙《大公报》发现了一批孙中山的谈话、函电、通信、委任状及有关孙的活动的报道70余件；根据报刊的原始报道，辑录并相互参校了孙中山1922年7月与香港《士蔑西报》记者和纽约《万国新闻》社访员的谈话，补充了《国父全集》和《孙中山全集》相关篇目的内容；译录了1909年3月9日孙中山致何香凝的英文函；辑录了孙中山与萨尔曼之谈话、在沪江大学的演说、致《工业杂志》克劳的信函等佚文。①还有学者利用泰国国家档案馆馆藏有关孙中山 1903 年访曼谷的资料，介绍了孙中山 1903 年 5 月、6 月之间在曼谷的活动，在资料和研究方面都具有新意。②相比之下，研究专著和期刊论文虽然数量庞大，而其中真正有学术进展者，并不占多数。

　　一般性论著的泛滥，说明孙中山研究有较大的"市场"；而高水平的、有学术进展的作品不多，说明按照学术的要求，孙中山研究的"门槛"实际上不低。就目前孙中山研究所处的前沿状况，研究的深入还有完全出乎一般想象的巨大空间，而要在其中有所作为，需要具备整体贯通的史识，良好的学术训练基础，以及甘愿坐冷板凳、愿意专心或者至少付出较多精力的专才，结成团队，切磋砥砺，经过长时间的积累，方能有所收获。从本节评述的几部作品中，既可以看到研究推进之不易，也应当对于孙中山研究的真正提升，保持乐观的信心。

　　① 张金超、刘海彬：《长沙〈大公报〉刊载的有关孙中山资料》，《民国档案》2007 年第 1 期，第 3—19 页；张金超：《陈炯明事变后孙中山的一次重要谈话》，《学术研究》2005 年第 7 期，第 144—145 页；张金超：《孙中山致何香凝函》，《广东社会科学》2008 年第 2 期，第 72 页。
　　② 余定邦：《1903 年孙中山在曼谷的活动——读泰国国家档案馆馆藏有关孙中山 1903 年访曼谷的资料》，《孙中山研究》（第四辑），广州：广东人民出版社，2012 年，第 305—323 页。

公私藏档中孙中山与辛亥革命的史料挖掘

孙中山与辛亥革命研究是中国近代史研究的显学，研究起点较高，常令新人望而生畏，发掘整理原始资料成为学术成长必不可少的突破口。自上世纪 80、90 年代起，黄彦、李伯新选编翠亨孙中山故居藏档，俞辛焞、王振锁等选编日本外务省档案中孙中山在日本的活动资料，中国第二历史档案馆编辑馆藏辛亥革命时期档案，广东省档案馆选译粤海关档案中与孙中山活动有关的资料，第二历史档案馆等影印出版南京临时政府档案，以及各种学术期刊对于散见珍贵档案资料的公布，深刻反映了这一趋势。①笔者近年来也参与了宋庆龄基金会主持的宫崎家藏民国人物书信整理和翠亨孙中山故居纪念馆藏中文档案的整理，

---

① 黄彦、李伯新编：《孙中山藏档选编（辛亥革命前后）》，北京：中华书局，1986 年；俞辛焞、王振锁编译：《孙中山在日活动密录——日本外务省档案》，天津：南开大学出版社，1990 年；中国第二历史档案馆编：《中华民国史档案资料汇编》第 1 辑《辛亥革命》，南京：江苏古籍出版社，1991 年；广东省档案馆编译：《孙中山与广东——广东省档案馆库藏海关档案选译》，广州：广东人民出版社，1996 年；第二历史档案馆等编：《南京临时政府遗存珍档》，南京：凤凰出版社，2011 年。

同时因工作关系,接触、了解到不少公私机构在孙中山和辛亥革命史料收集和整理的一些情况。兹就了解的情况和工作的心得,试述对于公私藏档中孙中山与辛亥革命史料挖掘、整理与利用的些许认识。

一、公私藏档是孙中山与辛亥革命史料的"富矿"

孙中山与辛亥革命研究史料具有数量大、分布广的特点。众所周知,台北的原中国国民党党史馆、"国史馆",大陆的第二历史档案馆,以及日本的外务省档案馆,俄罗斯国家档案馆及其他各国各地的档案馆,是收藏相关档案资料的最重要的机构,重点档案不仅较多地得到整理和出版,也大量以网络资源的形式开放,便利学术界的研究。除此以外,各公私文博机构也积极征集、收藏、整理(或重新整理)、公布出版相关档案资料,许多珍贵文献文物逐步进入学术界和公众视野。

日本的宫崎滔天家族收藏的孙中山、中华革命党和各方名人的书信、手迹,在上世纪 80 年代初就受到中国近代史学界的初步关注,并积极通过各种渠道合作整理刊布。近年来,宫崎家族与中国宋庆龄基金会合作,陆续将所藏珍贵文献系统公布,2011 年已出版《宫崎滔天家藏——来自日本的中国革命文献》。①这些文件中,何天炯致宫崎滔天的信函、字幅等 100 余件,由李长莉、久保田文次、宫崎黄石选编入《何天炯集》。②随后宋庆龄基金会又专门立项,持续进行整理,近期以《宫崎滔天家藏民国人物书札手迹》为名,分 8 卷逐卷出版,③绝大多数史料为首次面世,涵盖了笔谈、信函、题词、书画等诸多种类。

① 中国宋庆龄基金会编:《宫崎滔天家藏——来自日本的中国革命文献》,北京:人民美术出版社,2011 年。
② 李长莉、久保田文次、宫崎黄石编:《何天炯集》,北京:中国社会科学出版社,2018 年。
③ 中国宋庆龄基金会研究中心编:《宫崎滔天家藏民国人物书札手迹》,北京:华文出版社,2021 年。其中第1、第2卷已于2016年先期出版。

翠亨孙中山故居纪念馆藏是孙中山与辛亥革命史料专题收藏的重镇。馆藏辛亥革命前后孙中山档案，共 1001 件，其中中文 656 件，外文 345 件，主要包括：1. 1912 年 4 月孙中山卸任临时大总统后，离开南京时带出的部分政府文书和旧存私人函电；2. 孙中山离开南京后在各地特别是在广州时所收到和发出的函电和文书；3. 随孙中山南下的胡汉民、汪精卫等提供的各种文件；4. 当时印刷的传单、小册子等。据前辈介绍，这批珍贵资料长期由孙中山的女婿戴恩赛保存，1949 年后戴居住于澳门，1955 年逝世，由戴恩赛的女儿保存，1980 年代再从澳门捐赠给中山翠亨孙中山故居纪念馆。其中中文部分电报所占件数最多，大部分为收到的电码译稿，小部分为发出的电文原稿。西文部分主要是英文，亦有法文、日文及其他文种，主要是当时外人致孙中山的信件。藏档涉及国内及欧美、日本等各界知名人士和辛亥前后重大历史事件，上世纪 80 年代，黄彦、李伯新选编了中文藏档中的大部分，出版《孙中山藏档选编（辛亥革命前后）》，极受学术界重视，利用率非常高，但仍有小部分由于各种原因未得到整理公布。邓丽兰 1996 年利用部分英文藏档撰写出版了《临时大总统和他的支持者——孙中山英文藏档透视》（北京：中国文史出版社出版），但大部分至今未公布。承蒙黄彦先生鼓励和指导，笔者受馆方委托，最近校勘了全部中文藏档；全部英文档案约 300 件仍由邓丽兰负责翻译整理；法文藏档 30 件，由中山大学历史学系周立红和广州外语外贸大学王淑艳完成翻译；其他文种有 9 件。中、西文藏档于近期由广东人民出版社一并出版，①并且已列入该馆工作规划，实现全文数据库上线和资源公开。

除此以外，还有许多公私机构积极征集、收藏相关文献文物。广东中山小榄"揽月阁美术馆"是一家独具特色的私立文博机构，收集了

---

① 孙中山故居纪念馆编：《馆藏辛亥革命前后中外文档案》，广州：广东人民出版社，2021 年。

1913 年—1916 年间孙中山、中华革命党与日本友人的大量文物资料，其中包括《中华革命党十七次会议纪要》，以及一批辛亥、戊戌及民国政要名人，如孙中山、廖仲恺、朱执信、伍廷芳、古应芬、陈炯明、汪精卫、程璧光等的墨迹文献。《中华革命党十七次会议纪要》的内容虽早已刊载于《近代史资料》总 61 号，①但馆藏原件保存的信息十分丰富，具有很高的文物价值和研究价值。②与此类似，广州博物馆藏孙中山及其同志有关筹饷手札集，除部分文献系首次发现外，也对已刊孙中山文献具有十分重要的补充作用。如藏品中多件手札，较中华书局版《孙中山全集》均有内容上的补正及他人的按语及印文。③广州孙中山大元帅府纪念馆收藏与帅府相关人物如古应芬等人的大量文献文物，编辑整理了重要的未刊资料。④ 广州辛亥革命纪念馆藏有邓泽如后人捐赠的与邓泽如有关的珍贵照片和文件，因邓泽如与孙中山密切关系，这些藏档中的相关资料十分丰富。⑤该馆还收藏了辛亥革命前后在法国出版的包含大量辛亥革命报道的法文杂志，和辛亥革命时期的漫画，形成了极具特色的专题收藏，编有相关展陈资料。⑥广州博物馆藏晚清著名官员邓华熙的文件，亦有不少涉及辛亥前后广东的政情社情，业已整理出

---

① 《中华革命党议事录》，中国社会科学院近代史研究所近代史资料编辑组编：《近代史资料》总 61 号，北京：中国社会科学出版社，1986 年，第 22—32 页。

② 《中华革命党十七次会议纪要》（原件），中山市揽月阁美术馆藏。

③ 程存洁：《南洋筹饷——广州博物馆藏孙中山及其同志有关筹饷手札集》，北京：文物出版社，2011 年。

④ 李穗梅主编，李兴国、朱晓秋整理：《古应芬家藏未刊函电文稿辑释》，广州出版社，2011 年；李穗梅主编，李兴国、曾舒慧撰稿：《孙中山与帅府名人文物与未刊资料选编》，广州：广东科技出版社，2011 年。

⑤ 邓泽如先生文献资料（原件），广州辛亥革命纪念馆藏。

⑥ 辛亥革命纪念馆编：《历史的放大镜：辛亥革命时期漫画展》，该馆自印，2014 年。

版。① 广州华侨博物馆作为一个刚刚建立的新馆,也努力征集相关历史文物,藏有邓泽如致孙中山函等珍贵文献。②杭州逸仙钱币纪念馆作为一个私立的专业博物馆,也收藏大量与孙中山相关的各类纸币、硬币,以及中华革命军银票、中华革命党债券等文物。③

各地的公私收藏远远不止这些。就笔者非常狭窄的了解,国内外各文博机构、社团组织、名人后裔、私人藏家手上,还有相当多的各类文献文物。例如在海外星罗棋布的各地侨团中,就有非常丰富、尚未整理的历史档案,迄今整理非常有限。因此对公私机构中的孙中山与辛亥革命史料进行深入的调查挖掘,不仅必要,而且一定能有重要的收获。如果能够找到合适的途径,专门以孙中山与辛亥革命文献和文物为主题,在全球范围做一次普查,可能将对公私新旧馆藏有比较全面的统计了解,极大地推动相关资料的整理和研究的推进。

二、公私藏档对孙中山和辛亥革命研究价值重大

无论是新藏档资料的发现,还是已公布藏资料的重新整理,对于孙中山和辛亥革命研究,都具有极其重要的意义。

一是以新资料带动新课题,开辟新的研究空间。

宫崎家藏历史资料因刚刚面世,到目前为止,绝大部分还未得到学术界充分利用。藏档中除了有大量的孙中山与宫崎滔天之间的笔谈记录和信函外,还包括大量辛亥革命至民国期间各方人物(以中华革命党人、国民党人为主,也有共产党人),其中有黄兴、廖仲恺、宋教仁、戴季陶、胡汉民、汪精卫、朱执信、陈其美、吴玉章、李大钊、毛泽东等,对于相

---

① 广州博物馆编:《广州博物馆藏邓华熙家族文书信札选编》,广州:广东人民出版社,2021年。

② 邓泽如致孙中山函(原件),广州华侨博物馆藏。

③ (杭州)逸仙钱币纪念馆、(中山)孙中山故居纪念馆编:《知难行易——孙中山货币文化展》,该馆自印,2019年。

关革命史实、人际关系提供了广阔的研究空间。相当多的信函是当时革命党人在"二次革命"至护国、护法运动期间向宫崎滔天及其夫人请求财政援助的信,反映了在极端困难的情况下,革命党人不惜毁家纾难、竭尽全力从事革命的精神,也反映了各地在革命前后的经济、政治、社会状况。在这些函件中,屡屡见到"务望我兄尽力救助,俾吾辈民党数年所抱之政策,达到圆满之目的"的请求,对宫崎一家"扶持中国、援助民党之盛意"的感谢。革命党人也想尽办法,请求宫崎滔天及其家人介绍日本资本家向革命党人提供借贷,或投资于党人掌握的矿产,以为革命取得经费,如柳聘农"乞我老友一为思之"、"援助成其事";许冀公建议宫崎介绍"适当道德资本家",通过各种办法克服障碍,投资矿产,间接帮助革命。①据知,除已整理出版的书信、手迹外,宫崎家族还收藏有许多与中国人士交流过程中得到的新思潮书刊、马克思主义思想出版物,对于反映辛亥至中国共产党成立之间进步思潮的演进和青年思想的转变,具有重要的研究价值。

藏档中的新资料,有时也可提示以往学术界关注不充分的一些问题。如外人对中国辛亥革命的观感,以及外人在中国的人际交往。翠亨孙中山故居藏档中有一件韩人全秉薰 1912 年 2 月呈孙中山的中文函件,抄录了自己的五首诗作。②这一函件除见韩国士人中学造诣之高,也可观察其在中国革命后的心态与期望。全秉薰(1858—1927)少习理学,任过高官,主张改革,后遭贬谪;1907 年辞官流亡中国,与中国官场、士人交往密切,交游者有张人骏、王树枏、严复、蒋式芬、林世焘、茅谦、康有为、王秉恩、华衮、徐绍桢、萧运藩、张一麟、丁梦刹、江寿琪、

---

① 陈策、孙毓筠、柳聘农、许冀公致宫崎滔天函,均见中国宋庆龄基金会收集宫崎滔天家藏民国人物书札手迹复印件,编号分别为 1406、1367、1511－1、1614。

② 《全秉薰呈孙中山祭明孝陵诗》,翠亨孙中山故居纪念馆藏档,档号:GJ004324。

江瀚、庄蕴宽，还有端方、黎元洪、徐世昌、张绍曾、黄郛等，这封呈孙中山的诗和信，是与中国政界要人交际的一个插曲，或是一种接触、联系的尝试，在全氏自身固然重要，在革命一端也颇能反映各方的依附与诉求。

二是提示新的证据，辨正史事，提出新的有待解决的问题。

广州华侨博物馆收有一件孙中山致邓泽如函，希望邓泽如联络英属南洋同志，为安葬陈其美开筹经费。此函内容早经刊布，在1927年出版的《孙中山全集补编》（三民图书公司）中，记作"一月八日"；①当年邓泽如编《孙中山先生二十年来手札》由广州述志公司影印出版，此件以影印方式刊布。但在后来的一系列资料和著述中，如陈一尤编《中山书牍大全》（大通书局1927年）、胡汉民编《总理全集》第三集（民智书局1930年）、邓泽如编《中国国民党二十年史迹》（正中书局1948年）中均记作"（六年）一月廿八日"，上世纪80年代中华书局版《孙中山全集》也根据《孙中山先生廿年来手札》影印本，认作"一月二十八日"。② 今看原件，署时处月、日之间有明显的删划痕迹，究竟是"八日"，抑或是"廿八日"，或许还需要继续搜集资料予以核定。

有的文件还需要进一步搜集资料作出解读，开展研究。翠亨孙中山故居藏有一页黄兴的手迹，内容很短，全文为："逾桓同志一生事业，亦足千古，得兄诔辞，可慰九原矣。谨将大稿奉璧。诸同志致意不一一。黄兴。廿八。"③此件虽只有一页，却不似残片，"逾桓同志"经查最有可能还是白逾桓，他在黄兴在世时是黄系的重要同志，但一直生活到

① 三民公司编：《孙中山全集续集》第1集，三民图书公司，出版时间不详，第2辑"历年书牍函电"，第70页。

② 孙中山：《致邓泽如函》，中国社科院近代史研究所中华民国史研究室、中山大学历史系孙中山研究室、广东省社会科学院历史研究室编：《孙中山全集》第4卷，北京：中华书局，1985年，第7页。

③ 《黄兴手迹》，翠亨孙中山故居纪念馆藏档，档号：GJ006889

1935年，因亲日在天津被刺杀，由此还引发了华北事变。黄兴这件手迹的意思为何，尚待更多史料予以辨正。初步估计，可能是当时有关于白逾桓死亡之误传，黄兴借此在同志们中间开了一个玩笑，而其背后是否隐藏故事，值得关注和追踪。

三、充分利用新技术手段高效释读、勘订和整理

原始资料的整理需要相当深厚的历史学、文献学功力，中文藏档因基本上都是手写原件，且多简称、化名，辨认、句读十分不易，当下学者在这一方面训练不足；而且资料整理工作在大多数学校和科研机构里，很难进入学术评价体系，致使平时实践较少，经验不足，因此在学问基础和实践技能方面，远远不能与前辈学者相比。但是凭借新技术手段，藏档的辨识、校勘、考订仍然可以进行，而且在某些方面，还能得到一定的优势和便利。

从笔者参与的宫崎档案整理和翠亨孙中山故居中文藏档整理的经验，可以深刻感受到网络资源和数据库对原始文献整理带来的巨大便利。

一是利用网络资源，部分电文补译工作远较过去快捷。就明码电报而言，中文电码自近代引入时起，一直沿用至今未变，利用"美成达中文电码查询系统"进行电码补译，较之过去从纸本电码本查询要简便得多。翠亨孙中山故居中文藏档中有个别电报，或者当年整理时有差错，或者当时未译。利用电码查询系统，并通过电码—汉字、汉字—电码反复查验，互相印证，可以较快地进行文字订正和补译，个别电文依靠电码系统还可以完全重译。如《张作霖等致蔡元培电》，其中"南北满地，近接畿邦，强邻势□，日甚一日；内外蒙古，鬼□洪荒，东西绵□，数□余里，地接俄疆，垂涎已久。"及"列弥〔强〕定约□后，各国使□〔馆〕林立燕京，共和民国，楞〔?〕重交涉，倘总统舍北，恐外国使臣未必从□之南，征论是否认可；若再建□使□，□□赀费，何以酬答。以外交论之，不宜

南者三也。"①系完全根据电码补译。这种情况在《孙中山藏档选编——辛亥革命前后》未收的孙中山故居纪念馆藏档各件中较多。

二是辨识专用名词。许多文献涉及的地名、人名，有时非常冷僻，不易辨识。过去许多高质量的文献整理成果中，也不免有断错之处。如少数民族聚居地区的地名和地方性人物，除当地人外，一般都不会熟悉。现在利用网络技术，能够相对集中地进行排比检索。翠亨孙中山故居纪念馆有《内蒙古王公阿穆尔灵圭等致袁世凯函》②，其中落款"喀拉沁多罗贝勒熙凌阿土什业图贝勒凯毕土"、"科尔沁辅国公达赉翁牛特辅国公达尔玛巴拉"等处原无句读，甚为难断，当年初次整理时所断错误。经利用网络资源进行比排，前者应断为"喀拉沁多罗贝勒熙凌阿、土什业图贝勒凯毕土"，其中"喀拉沁多罗"、"土什业图"是地名，"熙凌阿"、"凯毕土"为人名；后者应断为"科尔沁辅国公达赉、翁牛特辅国公达尔玛巴拉"，其中"科尔沁"、"翁牛特"是地名，"达赉"、"达尔玛巴拉"为人名。因为原件不清、电文错误等原因，造成人名不能识别，在以前的释读中较为常见，利用数据库进行比对，能够较快地补充和纠正以前依据不足的条件下难以确证的人名。翠亨孙中山故居纪念馆藏1912年2月28日自济南所发署名"鼎痹"的致蔡元培等电，力主袁世凯在北京就临时大总统职，现根据相关信息在多种数据库进行比对，可以初步推断发电人为吴鼎元，时任山东陆军司令；自奉天朝阳所发署名"弹怀玉"致蔡元培等电，"代东北各族同胞请命"，要求袁留北京，经考订发电人应为梅怀玉，时任热河练军统领。③广州博物馆藏清代官员邓华熙家族史料中有一篇《邓宫保九十正寿征诗文启》，其中有"龙江龙山

---

① 《张作霖等致蔡元培电》，翠亨孙中山故居纪念馆藏档，档号：GJ 000247。

② 《内蒙古王公阿穆尔灵圭等致袁世凯函》，翠亨孙中山故居纪念馆藏档，档号：GJ 000209。

③ 《吴鼎元致蔡元培等电》，翠亨孙中山故居纪念馆藏档，档号 GJ000196；《梅怀玉、姚致远致蔡元培等电》，翠亨孙中山故居纪念馆藏档，档号GJ000218。

□乡间陈独漉张药房温□坡诸名宿先后”一句,起初无法辨断。经查,陈独漉、张药房、温笃坡分别为当地人物,问题遂迎刃而解。①这些都是在利用数据库的条件下迅速进行考订的实例。

三是识别典故、成语,帮助断句。对于一些不常见的用典和今已罕见的用语,利用数据库能够予以辨识或确认。翠亨孙中山故居有《陆荣廷致袁世凯、孙中山等电》,②其中一句此前被标断为“公所务者,国用固鸿,因载清天步,有何纤介,容此嫌疑,”读者不能理解其意义。经过多次造词匹配,确定应断为“公所务者国,用固鸿因〔图〕,载清天步,有何纤介,容此嫌疑”。“克固鸿图,载清天步”语出《晋书》,今人少用,而数据库可以帮助较快检索出来。宫崎家藏文献中有两幅题字,是当时革命党人分别各题一句(有长有短,长则引古人语录,短则一字),赠与宫崎滔天。因题字人众、题字时间不一、字体纷杂、排列参差,有时造成辨认困难。如可见一列为“雄且杰恢宇”,而前一列“是何意态”,下又有署名“永福”,易使人误以为两人分别题在两列。经查,“是何意态雄且杰”出自杜甫《天育骠骑歌》,本为一句,字幅中分处两列的整句都是邓恢宇所题,张永福所题的是旁边横向自右往左的“廿载神交”一句。同一字幅中有大字“人言愁我始□愁”,第六字不清晰,看上去像“歆”字,有解读者即作此认,并就“歆”字作了文学性的发挥。通过数据库可以查证,“人言愁我始欲愁”为顾梁汾评纳兰性德词的用句,故判断此字为“欲”字。③这类知识性的问题,对于古典功底深厚者,自不成问题,而利用数据库高效检索查证,亦不失为弥补之道。

资料整理是一件苦差事,不易出成果,也难以做到圆满不出差错,

① 《邓宫保九十正寿征诗文启》,广州博物馆藏邓华熙家族文件。

② 《陆荣廷致袁世凯、孙中山等电》,翠亨孙中山故居纪念馆藏档,档号:GJ000607。

③ 《众民国人物题字》,中国宋庆龄基金会收集宫崎滔天家藏民国人物书札手迹复印件,编号:GQ2002。

但总是嘉惠学林的好事，值得有识之士倾注心血。其中共同的前提，则是"打破砂锅问到底"的求知欲，和"不到黄河不死心"的责任感。用心整理原始资料，也是延续"板凳要坐十年冷，文章不写一字空"（范文澜语）的学术精神，这在当下仍然关系着某种意义上的学术命脉，对于故弄玄虚、贪走捷径的不良学风，可以成为一种矫正。

后　记

　　20世纪的一部中国历史表明,中国成长为现代国家,其中面临的最大问题,一方面在于需要引导走向现代国家的顶层设计,明确方向;另一方面更需要培育现代国家所需要的社会基础,面对现实。历史学家黄仁宇在1940年代作为下级军官时,在乡下屡屡观察到当时的中国社会与现代政治脱节的种种情形,作为历史的亲历者,他在对中国近代史的论述中,使用了一个"大历史"(macro-history)的概念,即从长达百年的历史眼光来审视中国的进步历程。黄仁宇指出,中国过去150年内经过人类历史上规模最大的一次革命,从一个闭关自守中世纪的国家蜕变而为一个现代国家,影响到十亿人口的思想信仰、婚姻教育与衣食住行,其情形不容许我们用寻常尺度衡量。而藉以"大历史"的尺度来衡量的话,必然看到,一个古老帝国要变成现代国家,必须组织成为一种运动,透过政治、经济、法律、思想和社会诸部门,使全体人民一体卷入,才有改革的希望。这将是一个漫长的过程,上面要重新创设高层结构,下面要翻转低层结构,中间还要新订上下之间法制性的联系,这样的改造少则三五十年,多则近百年或超过一个世纪。[1]

　　近代中国,幸而有孙中山,自年轻时代便从现代西方世界获取新

_____

[1]　参阅黄仁宇:《中国大历史》中文版自序,北京:三联书店,2007年,序第8页;《蒋介石的历史地位》,《现代中国的历程》,北京:中华书局,2011年,第205页;《为什么威尼斯?》,《地北天南叙古今》,北京:三联书店,2007年,第176—177页。

知,吸收了最进步的思想资源,成为当时中国一流政治人物中最具有现代意识的代表性人物,对于现代中国的理想,具有他人难以企及的深刻理解。同时又从中国的政治和社会实际出发,为中国走向现代国家提供切合实际和独创的方案,在实现现代国家的路径上,有自己的独到思考。即使放在世界范围内来进行观察,他的主要思想,在整个 20 世纪的世界历史上,都具有领先和示范的意义。而孙中山又决不是仅仅以一个思想家的身份贡献于自己的祖国,他以"吾志所向,一往无前,愈挫愈奋,再接再厉"①的精神,领导辛亥革命,领导捍卫民主共和的斗争,晚年与中国共产党合作领导国民革命,无论从思想上还是从实践上,都对 20 世纪中国历史产生了直接的影响。孙中山之于中国成为现代国家,是当之无愧的先驱。

笔者有幸在孙中山先生创办、以孙中山先生的名字命名的大学开展专业学习和从事中国近代史的教学、研究工作。记得还在这里攻读博士学位时,中山大学历史学系的研究生培养,保持着一个很好的传统:作为中山大学的中国近现代史专业研究生,在读期间不管做哪一个具体的研究课题,都至少要写一篇跟孙中山有关的文章。因而我的第一篇与孙中山研究有关的论文,当时就是在我的老师、孙中山研究的权威学者林家有教授指导下撰写的,并受林老师的派遣,和另外两位老师一起去台湾参加了以青年学者和学生为主的两岸孙学学术研讨会。后来因为教学和研究课题的需要,不断积累和发表了一些文稿,参加海内外的学术交流和研讨,也参与了一些中国孙中山研究会、孙中山基金会的学术组织工作,孙中山研究遂成为自己学术生命的重要组成部分。虽然个人禀赋有限,在学术上不免进寸退尺,见树忘林,但检索十余年来自己发表的各篇论文,居然自觉还能找出一些稍有心得、不蹈空言并

---

① 孙中山:《建国方略》,中山大学历史系孙中山研究室、广东省社会科学院历史研究室、中国社会科学院近代史研究所中华民国史研究室编:《孙中山全集》第 6 卷,北京:中华书局,1985 年,第 157 页。

且能够相互联系的篇章,在师友们的鼓励和支持下,缀成此稿。

本书以若干篇精选的学术论文为基础,从内容上联结成各成单元又紧密联系的几个专题,共同呈现"孙中山与现代中国"的主题。选编和修改的原则,是精炼详实,不求全面,但求有心得、有材料。但即使以如此的低标准,发现值得入选的篇目也不多,因而主动控制篇幅,以稍减灾梨祸枣的程度。各篇论文发表的时间跨度较大,原发表刊物的要求不一,为避免观点和史料利用的重复,并尽量相互衔接,做到体例一致,各篇论文都经过了较大程度的修改,包括标题的修改、内容的调整和注释的重新规范。个别长文还作了删削和拆分,以求篇幅上的大致平衡。其中受学术界已有研究成果启发很多,也有少许个人思考所得,谬误难免,乞请方家指正!

从学以来,受各位前辈、师友的提携、指导、关照甚多,如要一一列举,恐非几页篇幅所能容纳。在此谨一并表示衷心感谢!需要铭记的,不仅仅是人生和学术道路上的恩情友情,更有鼓舞自己不断自我坚持、努力前行的精神力量。仅就本书的出版而言,直接得益于以下师友的指导和帮助。首先是我的老师、孙中山研究知名专家、中山大学孙中山研究所前所长林家有教授,是我进入孙中山研究的引路人,并指导我参与他主持的《孙中山社会建设思想研究》课题。本书的一些篇章,就是参加这一课题研究的成果。广东省社会科学院黄彦先生,多年前指示和鼓励我全面校订整理翠亨孙中山故居纪念馆馆藏档案,并赐予所保存的外文档案复印件。外文档案整理工作完全超出我个人的学术能力,幸有南开大学邓丽兰教授、中山大学周立红教授等分别翻译整理了英、法文档案,我系统校勘、考订、整理了藏档的中文部分,算是共同完成了黄彦老师的嘱托。这批珍贵藏档的整理,对于本书的许多篇章都具有极其重要的意义,许多专题研究就是在这批资料的基础上得以完成的。浙江大学资深教授、原中山大学近代中国研究中心主任与孙中山研究所所长桑兵教授在中山大学任教期间,带领我们编辑了多卷本

《各方致孙中山函电汇编》，编撰多卷本《孙中山史事编年》，我承担了其中辛亥革命前后的相关卷册，得到十分重要的学术指导和训练。本书的一些篇章，是在本人承担《函电汇编》和《史事编年》工作的基础上形成的。现任澳门理工学院名誉教授、原台北中国文化大学社会科学院院长邵宗海教授2014年、2016年两度邀请我在台湾从事共计近三个月的学术访问，本书中所利用台湾各图书馆、档案馆的资料，大多是在这两次访学期间收集的。感谢中山大学历史学系学术委员会主任、近代中国研究中心主任吴义雄教授，以及现任系主任谢湜教授，系副主任江滢河教授、安东强教授，同意将本书纳入本系的"中大史学文丛"出版，我以拙作能够成为该系列丛书的一种，深感荣幸！感谢中华书局近代史编辑部主任欧阳红女士和书局工作人员，提供了许多宝贵意见，精心编校，提升了本书的质量。各篇论文分别在各地的重要学术期刊发表过，也参加过在海峡两岸举办的国际、国内学术研讨会或两岸学术研讨会，得到各位编辑老师和参会专家的悉心指教。在此，谨向《近代史研究》《史学月刊》《史林》《社会科学辑刊》《中山大学学报》《广东社会科学》《历史教学问题》《安徽史学》《近代中国》（上海）、《孙学研究》（台北）各位编辑老师，以及海峡两岸各地会议主办机构、会议召集人致以崇高的敬意和谢意！在研究中利用了北京、广州、中山等地各纪念馆、博物馆的珍贵资料，在资料整理中也得到他们的资助和其他各种形式的帮助，特别要向中国宋庆龄基金会研究中心、中山市孙中山故居纪念馆、广东革命博物馆、广州博物馆、广州孙中山大元帅府纪念馆、广州辛亥革命纪念馆、广州华侨博物馆等单位的领导和工作人员表示衷心感谢！在资料整理和利用中，同事李爱丽、周立红、朱玫分别在英文、法文、韩文方面提供了帮助，日文部分请教过懂日语的同学；《北华捷报》相关内容的翻译初稿，是由我的学生胡洁滢、周卫思提供的。特致谢意！

　　是为记。

2022年1月10日